AMERICAN AVANT-GARDE MOVIE

アメリカン・アヴァンガルド・ムーヴィ

西村智弘
金子　遊＝編

森話社

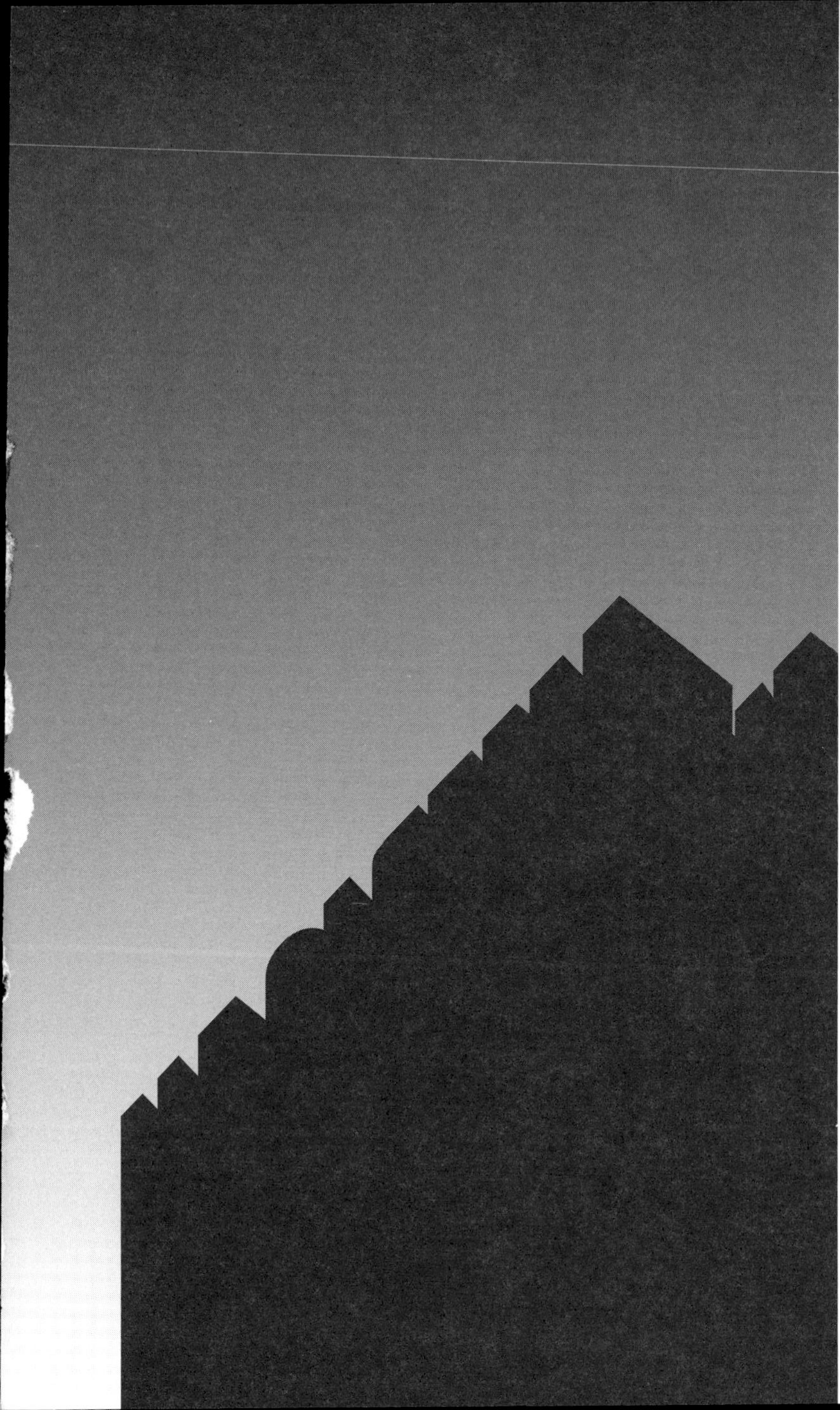

カヴァー図版：マヤ・デレン『午後の網目』（1943）図版提供：ダゲレオ出版 © Re:Voir Video

目次

3

〔凡例〕

- 映画、映像作品、書籍は『　』、美術作品、パフォーマンスは〈　〉《　》、論文、記事などは「　」、展覧会、イベント名は〈　〉で括った。
- 映画、映像作品名には、各章の初出で（　）内に発表年を記した。
- 作品名の原題はイタリックで示した。
- 引用文中の〔　〕は引用者による注記である。
- 引用文の略は〔……〕で示した。

1

1

1

I

モダニズムの臨界点と、その先へ

アメリカ実験映画の史的考察

越後谷卓司

実験映画の歴史的位置

実験映画とは、一九一〇―二〇年代にかけて、ヨーロッパで興ったアヴァンギャルド映画（前衛映画）運動を源流として、一九五〇―六〇年代にアメリカを中心に世界的な広がりと、広範な影響を及ぼしたアンダーグラウンド映画（地下映画）のムーヴメントを総称した、映画の重要な一ジャンルとして規定されている。商業的に映画館で公開される劇映画に対する、作家個人の主体性を重視した表現として、カメラで実景を撮影することから生じる再現性を離れ、ピントのボケやカメラのブレなどをもボキャブラリーとした非再現性や、ハンス・リヒターやレン・ライらを創始とする抽象性、時間芸術である映画を構築する際に必然的な要件となる劇構造や物語性へのアンチテーゼといった側面を掘り下げて、映画のメディアとしての純粋性を追求しつつ、その可能性を押し広げる役割を果たしてきたといえる。その発生から、一九二〇年代と六〇年代の二つのピークをへて、欧米では、実験映画は、劇映画、ドキュメンタリーと並ぶ映画の重要なジャンルとしての位置付けを、ほぼ確立しているといっていい[†1]。

しかしながら、このような認識は、果たして今日、映画研究者などの専門家を別にして、広く一般にも共有されていると言い切れるものであろうか。リュミエール兄弟がシネマトグラフを公開した一八九五年から数えて、一〇〇年目の節目を迎えた一九九〇年代には、まだ実験映画という呼称は一般にも通じるところがあったが、二〇〇〇年代以降、その影響力は低下しているように思えてならない。

そこには、映画そのものを取り巻く環境の変化が、少なからず作用しているのではなかろうか。

かつて映画は映画館で上映されるものであったが、現在では映画はシネマ・コンプレックス（シネコン）で上映されることが一般的となった。このことが、映画そのもののあり方に大きく影響している事実は、興行に携わる者を含めた映画関係者の間でも共通する認識になっていよう。今日、それは過去のほぼ喪失したものとなって初めて気づくのだが、映画を上映する独立した施設であったかつての映画館は、上映している作品のスチル写真を基にしつつも、ちょっとケバケバしい色彩で誇張した泥臭い絵看板などの要素も含めて、街中に確実に映画が存在していることを示していた。ショッピング・モールなどの一画に位置するシネコンには、こうした映画の存在感は希薄であると言わざるを得ない。

またシネコンは、大中小の異なる大きさの劇場を複数有しているので、観客の入りを見ながら、観客を多く集める作品を大スクリーンに、そうでない作品を小スクリーンに廻す、収益性を基準にしたドラスティックな判断が容易に出来る。映画館の場合、観客動員が困難と思われる作品でも、スクリーンが一つである以上、配給された映画で勝負しなければならないので、その作品のテーマやストーリー、あるいは登場人物などの要素から、どのようにすれば観客にアプローチできるかを、あの手この手で探ろうとする営業努力があった。それは商業的な必然によるものであったとしても、映画を観客に届けようとする行為となっていたのだ。

実験映画は、商業公開されるものは極めて稀で、そのほとんどが自主制作、自主公開によるものだ。大々的な宣伝によって広く人々に印象を残してゆく商業的な劇映画に比べれば、規模としては比較に

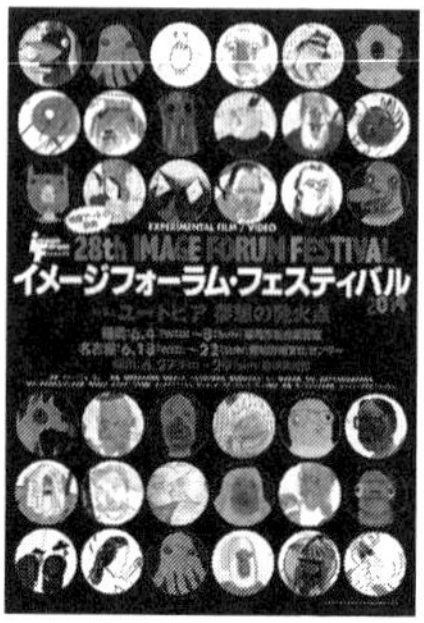

図1　〈イメージフォーラム・フェスティバル2014〉チラシ

図2　図1の部分拡大

ならない小ささであったとしても、一本一本の映画を届けようとする映画館の時代にあっては、例えば東京の四谷三丁目にあった、かつてのイメージフォーラム・シネマテークのような自主上映の小スペースでも、商業映画に対抗する場として成立することは可能であった。マスメディアを通じた浸透度ではかなわずとも、それだからこそ逆に、ジョナス・メカスの『時を数えて砂漠に立つ』(1985)のようにカリスマ的な絶対性を際立せることで、ロングラン上映を成立させることも可能になったのである。あるいは、大学の学園祭などでの自主上映の積み重ねが、結果的に商業映画の観客数にも比肩するに到ったという、大林宣彦の『EMOTION＝伝説の午後＝いつか見たドラキュラ』(1966)のような出来事も起こりえた。[†2]

イメージフォーラムは渋谷に拠点を移し、独自の番組編成を行うユニークなミニシアターとなったが、その中にシネマテークは存続し、実験映画の上映活動は継続している。またより大掛かりなイベントとしては〈イメージフォーラム・フェスティバル〉(以下、ＩＦＦと表記)があり、東京では五月の連休「ゴールデン・ウィーク」の恒例行事として定着し、地方への巡回も行われている。〈ＩＦＦ〉は、渋谷の西武百貨店にあった、様々なジャンルの実験的な表現を取り上げるスペース「スタジオ２００」で行われていた「実験映画祭」が発展したものだが、二〇一四年開催の〈ＩＦＦ〉のポスター、チラシ[図1]にはEXPERIMENTAL FILMという英語表記が残っているものの、キャッチ・

コピーには「映像アートの祭典」〔図2〕という言葉が用いられている。〈ＩＦＦ〉はそのスタート時点で、実験映画のみならず、ビデオアートやインスタレーション展示も含めた、総合的な映像フェスティバルという形態を取っていたので、このキャッチ・コピーは実体に則したものといえる。しかし、それと同時に、一般観客にとって実験映画という言葉が、やや縁遠いものとなってしまっていることを、同時に感じない訳にはゆかないのだ。

こうした状況にあるからこそ、現在の映画シーンのみならず、現代美術の領域にも多大な影響を与えた実験映画を、その最大のムーヴメントといっていいアメリカ実験映画の歴史を振り返りながら検証することは、大きな意義があると言わねばならない。

第二次世界大戦の戦火を逃れて

美術ではヨーロッパでの二度に及ぶ大戦を避けて、マルセル・デュシャンやハンス・リヒターといったアーティストがアメリカに渡っているが、劇映画ではジャン・ルノワールやフリッツ・ラングらが、第二次世界大戦の戦火を逃れようとアメリカに移った。こうした人材が戦後アメリカ芸術に大きな影響を及ぼしているが、実験映画の世界でもヨーロッパから優秀な人材がアメリカへと亡命・移住し、彼らがこの地で活動することを通じて、文化的・芸術的な基盤を作り、やがてはそのイニシアチブをアメリカが握るに到る流れが起きる。

ドイツ生まれのユダヤ系アーティストで、抽象アニメーションのパイオニアの一人であるオスカー・フィッシンガー[†3]も、こうした人物に数えられるだろう。戦前のアヴァンギャルド映画は、おおむね一九一〇―二〇年代のサイレント映画が表現様式や技術面において完成を迎える時期に、もっとも盛んであったといえる。一九三〇年代からトーキー映画が主流になると、映像と音声をシンクロさせるなど技術レベルにおいてより高い次元が求められ、より多くのスタッフが必要となり、映画制作のマス・プロダクション化が進行する。あくまでも作家の主体性が尊ばれ、デュシャンやマン・レイ、フェルナン・レジェといった美術家が、表現メディアの可能性を広げる意図で参入することが出来た映画の世界は、個人レベルでの制作が難しくなってしまう。アヴァンギャルド映画衰退の一因はこの点にあるのだが、音響と映像の有機的なシンクロを追求したフィッシンガーは、むしろトーキー以降に活躍している点が特徴的である。実際、彼は一九二九から三二年にかけて、音楽と映像を完全にシンクロさせることを試みた「スタディ」シリーズを手掛けるとともに、その成果の応用ともいえる『ムラッティの行進』（1934）や『ムラッティのダンス』（1935）といった作品を、煙草のコマーシャル・フィルムとして完成させている事例もあり、実験性と商業性のバランスを取って制作を続けることが出来た。この点で彼は、純然たる非商業、個人ベースで活動した作家だということは出来ない[†4]。

しかしアニメーションの可能性を最大限に押し広げた重要作家といえるノーマン・マクラレンをはじめ、実験映画のジョーダン・ベルソンからジョンとその弟のジェイムス・ホイットニーをへてコンピュータ・グラフィックスへと到る映像の分野に留まらず、インド哲学や仏教に関する造詣は、二〇世紀音楽の真の革命者であり最重要人物といえるジョン・ケージに示唆を与えたと言われ、ジャンルを越えて広範な影響を与えた点で、フィッシンガーはやはり実験映画を語る上で外すことのできない人物といっていい。

フィッシンガーにおいて注目すべきは、ヨーロッパとアメリカを架橋するかのような、その活動の連続性だろう。アヴァンギャルド映画は前述した美術家のみならず、ルネ・クレールやジャン・ルノワール、ルイス・ブニュエルといった映画監督らも作品制作を行うという具合に、ジャンルの境界を越えて多彩な人材がその運動に参加したことが特徴の一つであるが、一九一〇—二〇年代のピーク期を過ぎると衰退し、こうした映画系の作家たちも撤退していった。しかしながら、フィッシンガーはアメリカ移住後もヨーロッパ時代を継承した抽象作品を作り続けていて、一九四三年の『ラジオ・ダイナミクス』のように、楽曲を廃しあえてサイレントで制作し、オプティカル・ミュージックと呼ばれる「目で見る音楽」の概念を提示した点は、特筆すべきであろう。

その一方で、フィッシンガーのアメリカ亡命後の困難さを語る、比較的よく知られたエピソードとして、ウォルト・ディズニーの長編アニメーション『ファンタジア』(1940、監督：ベン・シャープスティーン)への参加をめぐる顚末がある。『ファンタジア』は、バッハやチャイコフスキー、ベートーベン、ムソルグスキー、ストラヴィンスキーといった作曲家によるクラシック音楽を映像化するという、ディズニーが製作した作品の中でも最も実験的な企画といえるものだ。この音楽を映像化するプラン自体が、もともとはフィッシンガーの提案によるものであったが、音楽の映像化というアイディアは受け入れられたものの、ミッキー・マウスに代表されるキャラクターが登場することを前提としたアニメーションを製作しているディズニー側とは、結局、折り合いが付かなかった。純粋な芸術性・抽象性を志向するフィッシンガーのアイディアは、最終的には作品の冒頭部に位置するバッハ

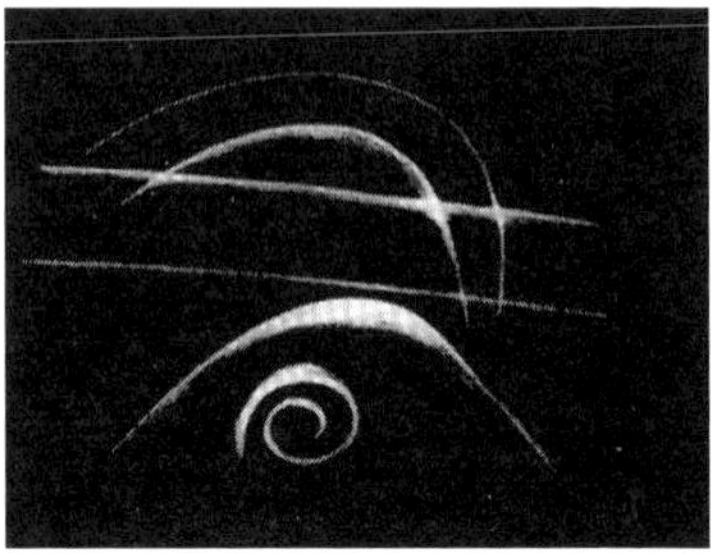

図3　オスカー・フィッシンガー『スタディ No.7』（1931）

「トッカータとフーガ」のパートに、かろうじてその痕跡が認められる程度であったといわれている。

このエピソードからはもう一つ、アヴァンギャルド映画とアンダーグラウンド映画を分かつ特徴をうかがい知ることが出来る。それは、アヴァンギャルドといいつつも、その実験性は、商業的な劇映画と必ずしも隔絶したものではない、という点である。フィッシンガーを例に取れば、「スタディ」シリーズの代表作で、ブラームスの「ハンガリー舞曲第5番」を映像化した『スタディ No.7』（1931）〔図3〕は、ドイツのウーファ社が配給し、世界各国で上映され、彼の名を広く一般に知らしめることに一役買っている。フィッシンガーは一九二八から二九年にかけてウーファ社の社員として働いてもいて、フリッツ・ラングのSF映画『月世界の女』（1928）などの特撮シーンに参加していた。アンダーグラウンド映画のアンダーグラウンドたる所以は、ハリウッドでは倫理的な制約上描けないテーマを扱うとか、純粋に個人的、私的表現として映画に向き合うといった、商業主義と隔絶した、独立した姿勢にあり、このことは前者と後者を分かつ、鮮明な違いといえるだろう。

アヴァンギャルドはサイレント期の、映画それ自体が誕生してまだ年月の浅い、若く可能性に満ちていた時代を象徴する出来事として、映画史の文脈で語られたり、あるいは美術家が新興のメディアに積極的に取り組んだ、今日のメディア・アートに到る最初期の事例として、美術史でも語られており、アンダーグラウンドと比較して、ある程度歴史的位置付けが明瞭である。この違いも、時代的な背景に依るものなのかもしれない。

なお本節冒頭に記した美術家のハンス・リヒターは、『リズム21』(1921)などの抽象アニメーションを手掛けた前衛映画の担い手の一人で、戦後アメリカではデュシャン、マン・レイ、マックス・エルンストらと共同で、戦前のアヴァンギャルドをカタログ的に集成した七〇分の長編『金で買える夢』(1946)を監督している。また、後の節で言及する「日記映画」の創始者ジョナス・メカスは、一九五一年にリヒターの講義を何度か受けていたという。彼も戦前・戦後を通じ実作に関わり、ヨーロッパとアメリカを橋渡しした人物といえよう。

シュルレアリスムの影響下で

実験映画という総称があるにせよ、アメリカのアンダーグラウンド映画は、ヨーロッパを中心とするアヴァンギャルド映画とは一線を画するものである。しかしながらアンダーグラウンド映画の独自性は、草創期からいきなり確立された訳ではない。映画に限らず、美術や音楽などの芸術全般においても、また政治、経済においても、第二次世界大戦後の二〇世紀後半の時代でアメリカは世界の主導的な立場として、いわばイニシアチブを取ってゆくのであるが、その過程においては、やはりかつてヨーロッパが占めていたその位置にいかにして代わるかとともに、その影響をどう脱するかが大きな課題となるのだった。

図4　マヤ・デレン『午後の網目』（1943）
図版提供：ダゲレオ出版 © Re:Voir Video

〝アメリカ実験映画の母〟とも呼ばれるマヤ・デレンは、アメリカの実験映画史を語る上で、まず最初に触れなければならない独自の作品世界を形成した重要人物であるが、その作品からは同時にヨーロッパを震源地とするシュルレアリスムの影響が強く感じられることも確かだ。彼女がパートナーであるアレクサンダー・ハミッドと共同で監督した『午後の網目』[†5]（1943）〔図4〕は、陽が傾きかけているのであろうか、路上に長く伸びる影や、窓辺から差し込む光が、柔らかく繊細に捉えられているショットが印象的である。撮影は屋内とその周辺とおぼしき場所で、かなり限定された形で行われたと察せられるが、マヤ・デレン自身が演じる主人公が、外界へ出ようとしても何時の間にか屋内に戻ってしまう様が、繰り返しを多用して描写される。小道具の使い方も印象的で、例えば鍵は屋内と外界をつなぐアイテムといえるが、その融通無碍な登場ぶりが主人公を戸惑わせ、翻弄するかのようである。主人公が口腔から付き出す舌の上に鍵があり、それがナイフに変容する描写は、鍵という小さな物体が彼女を屋内に留め置き、さらには拘束し、束縛する制度としての家の暗示ともいえる。明確なストーリーやそれを進行させる要素としてのセリフがない分、観客側の解釈に自由度が広がる、サイコドラマ（心理劇）の特性が有効に機能しているといっていい。マヤ・デレンはロシアのキエフ出身で、その容貌にはエキゾチックな魅力があるが、こうしたエッセンスは、サウンド・トラックに用いられたテイジ・イトーの東洋的な楽曲とも相乗効果を上げて、先行するヨーロッパ作品にはなかったものだった。

しかしながらその一方で、アヴァンギャルド映画の影響を強く感じさせる側面もまた見て取ることができる。ここで、シュルレアリスム映画を代表する、ルイス・ブニュエルと画家のサルバドール・ダリの『アンダルシアの犬』（1928）を思い出してみよう。この映画で最もインパクトがある代表的なイメージといえば、まず作品冒頭にある床屋が散髪に来た客の眼を、カミソリで横一文字に切り裂いてしまうショットだろう。そこには、なぜ床屋が眼にカミソリを入れたのか、心理的な動機も語られないし、ストーリー的な必然性もまったくない。劇映画的に解釈しようとすれば、非常に唐突な行動でしかないのだが、それゆえにこそ視覚的なインパクトは強烈であり、絶大だ。だがこの行為は、まったくの突然という訳ではなく、一種の動因ともいえるショットがその直前に配されている。それは、夜空に浮かぶ月の上を、横に薄く長く伸びた雲が不意に横切るショットである。心理的、物語的必然性はないが、視覚的な類似性がこれら二つのショットにあるため、観る者は映画としての流れを受け入れつつ、視覚的インパクトに巧みに誘導されてしまうという仕掛けがあるのだ。

そしてもう一つ、月のショットの挿入は、物語的には床屋が月を見るという意味をも形成しており、見ることが続くアクションの動因ともなっている点も見逃してはならない。『アンダルシアの犬』において、眼を切り裂くショットとともに強い印象を残すのは、手のひらに穿たれた穴から無数の蟻が這い出してくるショットだが、ここでもまた視線を投げかける行為が、非現実的で不条理な状況を誘導するという構造が繰り返されている。この手法は『午後の網目』でも多用されており、『アンダルシアの犬』のような強烈さは薄いため画面の印象は異なるものの、屋内空間に迷宮的に捕らわれてし

まう主人公の不条理的状況を描き出すことに深く関与しているのである。[†6]
まだ十分にシュルレアリスムなどのヨーロッパ発の思潮から脱していないからであろうか、マヤ・デレンらの第二次世界大戦中に活動を始めたこの時期について、シェルドン・レナンは著書『アンダーグラウンド映画』で「第二次アヴァンギャルド」の呼称を用いている。[†7] これに対して、アンダーグラウンド映画の先鞭を付けた作家として、まず最初に挙げられるのがケネス・アンガーであろう。子役としてハリウッド映画に出演した経歴を持ち、また九歳の頃には既に映画を撮り始めていた早熟の天才という、伝説的なエピソードに彩られた人物である。初期の代表作『花火』（1947）は、アンガー自身が演じる主人公の青年が、水兵の一団から暴行を受けるという内容である。しかし、単に暴行を受けただけでなく、そのことがある種のエクスタシーを喚起させるものとして描写される、彼特有の倒錯的ニュアンスが濃厚に横溢しているのだ。ハリウッドに代表されるメジャーな映画では、暴力描写自体に規制があることに加え、サディズムやマゾヒズムにも通じるような感覚は、この当時タブーであった。

また、男同志が暴力を振るい、それがエクスタシーに結びついてゆく構造は、ホモセクシャルを匂わせてもいる。タイトルの花火は、水兵の一人のペニスが打ち上げ花火として表現されていることに由来するが、それが作品のクライマックスを形成する点で、この作品は性的なニュアンスを多分に含んでいる。今日では同性愛は性的マイノリティとして、人権的観点から擁護されるようになった。しかしこの時代のメジャー作品では、描写すること自体が許されていない。性的描写への規制が大きく解放された今日の目から見れば、あくまでも隠喩的、象徴的な表現に留まるものであり、戯画的、漫画的ニュアンスすら感じさせる描写であったとしても、非常に刺激的でスキャンダラスだったことは想像に難くない。この暴力性と、タブーにあえて触れようとする志向性こそが、アヴァンギャルドとは異なる、アンダーグラウンドの最も特徴的な性質の一つである、隠喩や象徴性を介さない、直接的な表現という傾向へつながってゆくことは、強く認識しておいていいだろう。

アンダーグラウンド映画の形成

ケネス・アンガーの『花火』において、象徴性を帯びた形で、萌芽的に示されたアンダーグラウンド映画における直接性という志向を、より明確に強く打ち出していったのはスタン・ブラッケージであった。ブラッケージは一九五〇年代のアンダーグラウンド映画最初期の動向に深く関与しつつ、一九六〇年代の、いわゆる〝アングラ・ブーム〟の中核的存在となる。しかし、こうした社会的な流行現象とは一線を画し、二〇〇三年に亡くなるまでコンスタントに作品を作り続け、息長く持続的な活動を行った。その総作品数は約四〇〇本ともいわれ、短編作品が多い実験映画の領域とはいえ、個人制作でこれほどの本数を手掛けた人物は、空前絶後といえるだろう。

ブラッケージも最初期にはマヤ・デレンに通じるサイコ・ドラマ的傾向の作品を手掛けていたが、『夜への前ぶれ』(1958)を制作し転機を迎える。それ以前の自作にまだ残存していた、物語や文学からインスピレーションを得て、それを映像化するというアプローチを脱し、より直接的に見ること、さらには人間の視覚や認識の問題に正面から向き合うようになったのである。例えばブニュエルとダリによる『アンダルシアの犬』ではカミソリであるとか、デレンの『午後の網目』であれば鍵といった具合に、登場する小道具に込められた象徴的意味合いを読解するという観客側のアプローチが可能であった。しかしながらブラッケージ作品では、画面に登場するモノたちは、象徴性を廃して、より直接的にそれそのものとして表される。『夜への前ぶれ』における光と影が織りなす効果は、この作品のテーマである死を象徴的に表現するニュアンスが多分に残存している。そうではあるものの、彼が捉える光の独特な輝きや、子供たちが遊ぶ姿を収めたショットなどは、象徴性を越えて、イメージの力強さが観る者によりストレートに伝わってくる。

　ブラッケージは、『夜への前ぶれ』以降も、死という問題を自作の中で継続的に取り組んでいるが、例えば彼の代表作の一つで、実験映画の典型的な作品の一本ともいえる『モスライト』（1963）は、電球のまわりに落ちていた死んだ蛾の羽を拾い集め、それをフィルムに直接貼り付けることでイメージを作り出している。[†8] 死を、俳優がドラマを演じることによって描写するのでもなく、詩的あるいは象徴的に表現するのでもなく、死んでしまった蛾の羽を直接写し取ることによって、死を映像化しようというアプローチである。虫とはいえ生物の死骸の一部を用いてフィルムを制作するという手法は、生理的、倫理的に受け容れられない観客が存在するであろうし、このような映画の作り方はスキャンダラスといえよう。しかしながら、実際にこの作品を観てみると、蛾の羽が持つ紋様がランダムにスクリーンに投影されて、抽象的な光の乱舞に変換する様に驚かされてしまう。作品の印象は、端的にいって美しい。そして死んだ蛾の羽が映写機を通過することで、運動性が導入され、死が生に転化するような感覚を抱かせる。死が生へと一挙に転換する手法の鮮やかさと、テーマ的な振幅の大きさ、広がりこそ、ブラッケージの真骨頂であり、彼がアメリカ実験映画最大の作家とも称される所以だろう。

『ドッグ・スター・マン』(1961-64)〔図5〕は、全五部で構成された七五分の大作である。劇映画においては、作品を構築する上で必然的に向き合わざるを得ない物語という要素を意図的に廃し、イメージそれ自体によって語ることを主旨とする実験映画では、通常、上映時間は一〇分前後で、三〇分クラスになると大作の部類に入る。『ドッグ・スター・マン』の七五分は、九〇分が標準的な時間の劇映画とくらべれば、やや短いくらいの長さであるが、実験映画としては画期的な長編といえるものだった。

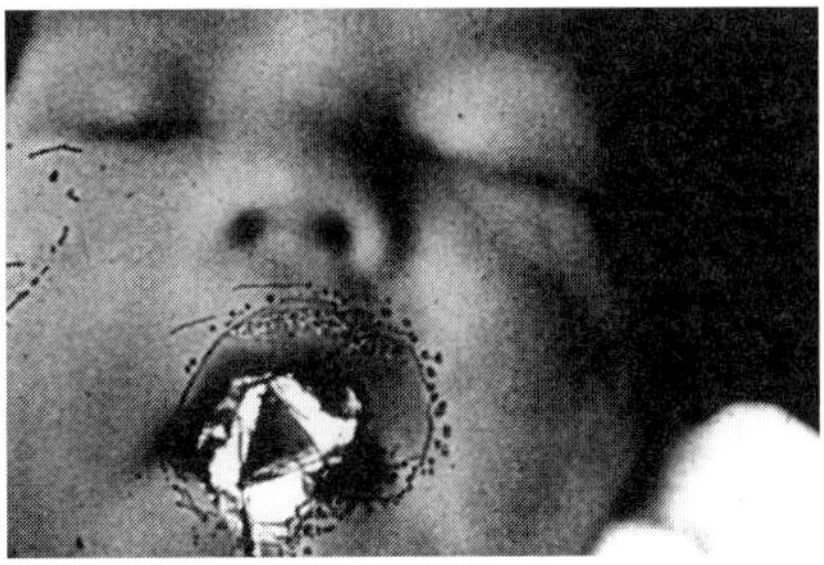

図5　スタン・ブラッケージ『ドッグ・スター・マン』(1961-64)　図版提供：株式会社ミストラルジャパン

この作品の主調をなすイメージは、日々山に登り、木を伐って生活する木こりの姿で、作中に繰り返して描き出される。またこの男が暮らす周辺の情景として、犬や猫といった動物や赤ん坊のイメージも提示される。さらに、血液や内臓を捉えたミクロ的な視点から、太陽のコロナを写した天体撮影のマクロ的な視点に到る、全地球的ないし宇宙的なイメージが示されて、作品全体に統一感を持たせ、巨視的に包み込んでゆく。興味深いのは、長編として作品を構築するためであろうか、即物性や直接性といったアプローチに加えて、叙事詩的なニュアンスが導入されている点である。

これはドラマ的な要素といってもいいものだが、しかし長編とはいえ劇映画ではないので、登場人物がセリフをしゃべったり、ナレーションで状況を説明するといったことはない。ブラッケージが長編を構築する手段として用いたのが、繰り返しという手法である。この作品には、木こりが山を登る姿が、それが何かを説明することなく、繰り返し繰り返し描かれる。木こりが一体どんな人物であるのか、何を考え行動しているかは一切語られないが、繰り返しの手法が強調の効果を生み、彼が作品中の重要な存在であることが分かる。そして、日々の暮らしやそれを取り巻く自然、細胞レベルから天体的な世界を、有機的に結び付ける役割を果たしていることが、時間の経過とともに徐々に伝わってくる。

ブラッケージはここで、物語的な構造ないしドラマ的な展開を意図的に導入している。彼の初期作品にあった文学性は、一度は捨象されたものであるが、ここでは以前とは異なる次元で登場し、機能することになる。ブラッケージ作品の魅力とは、純粋化を志向しつつも、一方でその対極にある夾雑物的な要素が残存し、一種、未整理で混濁した様相を呈していることだろう。そうであるからこそ、純粋なアートとしての映像ではない、どこかに通俗的な側面を残した映画としかいいようのない魅力を備えている。『ドッグ・スター・マン』には、純粋性、抽象性とともに、具体性、具象性を兼ねそなえた、極めてユニークなハイブリッド映画という側面がある。そしてこれ以降、美術のミニマル・アートやコンセプチュアル・アート（概念芸術）と共振するような、構造映画†9の動向の先駆をなすとともに、それとも一線を画した独特の存在として屹立している。

アメリカの実験映画は、ブラッケージの他にも、彼に比肩するとも劣らない個性的な作家と作品を生み出して、〝一人一派〟とも呼ばれる活況を呈してゆく。占い師としても活躍した、神秘性を帯びた抽象アニメーション作家のハリー・スミス、制作にコンピューターを導入し抽象図形の厳密な運動のコントロールに成功し、今日のコンピュータ・グラフィックスへと到る直接的な道筋を作ったジョンとジェイムスのホイットニー兄弟、高度で的確な撮影技術によりドキュメンタリー的な硬質さで事物や風景、人物を捉えつつ、それをオーバーラップなどのテクニックで詩的に抽象化したブルース・ベイリー、既存の映画を素材にして、元のフィルムのストーリーや意味を無視し、ユーモアを交えたナンセンスさで再構成する、ファウンドフッテージと呼ばれる手法を創始した『A MOVIE』(1958)などで知られるブルース・コナー、映画をその最少の要素たるコマ単位に還元し、光を直接透過させる素抜けとそれを遮蔽する黒味のみで構成する、究極的なミニマリズム映画『フリッカー』(1966)を制作したトニー・コンラッド、フリッカーに色彩の要素を導入するとともに、人間の精神性の問題をも追求していったポール・シャリッツ等々。戦前ヨーロッパの未来派やダダ、シュルレアリスムといった芸術を革新する運動では、ひとつのイズムに基づき、その運動に参加した作家たちがイズムの具現化として作品を作り出していた。しかしアメリカの実験映画では、あくまでも作家がそれぞれの個性を際立たせることで作品を生み出し、その活動全体が、一種の運動体として機能している点が新しさであり、その強みでもあった。

モダニズムを越えて

アメリカ実験映画は、一人ひとりの作家が個性を競い合う形でぶつかり、互いに研き合うような、一種の運動体として機能していた訳であるが、それを推進する力とは何だったのだろう。アメリカ実験映画のピークである一九五〇年代から六〇年代にかけては、劇映画においても、また美術などの他の表現ジャンルにおいても、活発で激しい変化がみられる時代だった。例えば美術では、抽象表現主義→ネオダダ→ポップアート→ミニマリズム→コンセプチュアル・アートというように、新しい思潮が次々と現れる展開があった。これは、戦前のダダから連綿として続いているもので、物事の本質を探究し、それを究極的に突き詰めて、純粋かつ単純化しようという志向の表れといえよう。そのベクトルは科学的、合理的精神性とも一致するもので、この点において二〇世紀の芸術もまたモダニズムの思想を推進力にしていたといえる。一九六〇年代は、この動きが一つの極を迎えるとともに、その限界をどう脱してゆくかという、今日につらなる問題が最初に露わになった時代であった。

実験映画において、モダニズムのベクトルの一つの究極的な到達点となったのが、構造映画と呼称された一群の作品である。それは手描きのやや稚拙なニュアンスを残す抽象アニメーションから、人間の手わざなどに残存する計算外の要素を排除して、コンピュータ・グラフィックスの先駆をなす厳密にコントロールされた運動の領域へ、さらにイメージすら捨象して光と闇の要素のみで映画を構成しようという、一種の純粋化へと到る展開として表れる。その一方で、フィルムのメディア的な特性それ自体を露わにしてゆこうという、マテリアル還元主義ともいうべきベクトルも並走し、その代表的作例としては、フィルムを映写機で走行させるために必要なスプロケットと呼ばれる穴や、走行時に付着してしまう本来であればイメージを見せるためには不要なゴミなどを、あえてそのまま見せようと意図した、ジョージ・ランドウの『エッジ・レタリング、ごみ、スプロケット穴などが現れるフィルム』（1966）などが生み出されることになる。

また、ポップ・アーティストとして著名なアンディ・ウォーホルは、実験映画においても重要な存在であるが、『スリープ』（1963-64）などの初期作品で提示した、動かない、あるいは動きのほとんどない対象物を、フィックスの据えっぱなしのカメラでひたすら撮り続けるアプローチは、構造映画へと到る最も早い動向として位置づけられている（ただし厳密には、秒間1/24コマのトーキーの回転数で撮影したフィルムを、上映時には1/16コマのサイレント回転で映写するため、緩慢な遅延というか、ゆるやかなスローモーション効果が生じるため、その映像には現実とは微妙に異なる、一種の異化効果が生じている）。

ホリス・フランプトンの『ノスタルジア』（1971）も、歴史的な位置づけとしては構造映画の一本に数えられているが、作品を観た印象はこれらとはやや異なったものを我々に与える。この映画は作者がストックしている過去の写真を一枚ずつ取り出し、電熱器の上に載せてそれらが少しずつ焼け焦げて、黒くなってイメージが判別できなくなる様子を、フィックスで撮影したものだ。作者は一定の時間的な間隔を保ちながら、電熱器に写真を載せてゆく。そこには感情的なものは差し挟まれず、機械的に坦々となされてゆく。その一方で作者は、提示する写真について、それぞれにまつわる思い出をナレーションとして語ってゆくのだが、実は写真とナレーションは、ちょうど一枚分、時間的にズラした状態になっている。具体的には画面上で写真のイメージを提示するのに一枚分先立って、その写真についてコメントしている。そのため、我々は一つ前の写真についてのコメントを思い出しつつ、現在のイメージを目にすることになる。これによって観る者は、つい今しがた語られたナレーションを思い出しながら、同時に目は提示されている写真について語られるであろうコメントに思いをはせる、という状況に置かれるのだ。単純な操作といってもいい仕掛けだが、作者自身が思い出を語るとともに、我々も一枚分ズラされた写真のコメントを思い出さねばならない二重構造が生じている。作品はシンプルな構造を持っているものの、単純な純粋化や、原理的探求とは異なる、複雑な感情の交錯が生じてゆく。

フランプトンの『ノスタルジア』には、思い出という個人的な感情を導入した作品という側面があるといっていい。それはタイトル自体に既に反映されているともいえるが、映画に個人的、私的な要素を投影するアプローチは、この時代、実は他にも見出すことができるものだ。中でも、ジョナス・メカスが提示した日記映画の概念は重要といえる。一九二二年、リトアニアに生まれたメカスは、四二年に故国を占領したナチス・ドイツに対し、地下新聞を発行するなどの抵抗運動に参加する。しかし、四四年にそれが発覚する危険が生じたため、故国を脱出、収容所生活をへて、四九年にニューヨークにたどり着いた。メカスはリトアニアに在住していた頃から詩人として活動しており、映画への関心も持っていたが、彼自身が映画を撮るようになった動機としては、英語が不自由であるために、コミュニケーションのツールとして映画を用いるという意図もあったという。

メカスは作家としてだけでなく、アメリカの実験映画を一つの運動体としてまとめ上げてゆくうえで、オルガナイザーとしての重要な役割も果たしている。映画理論誌として雑誌『フィルム・カルチャー』を創刊・発行するとともに、作品の配給活動を行う「フィルムメーカーズ・コーポラティヴ」を組織し、フィルムの収集・保存を目的とした「アンソロジー・フィルム・アーカイヴス」を設立する。映画は作られるだけでは、単にそれはフィルムという物体でしかなく、フィルムは映写されなければ存在しないに等しい。作品配給などのメカスの活動は、いわば作品を映画たらしめる行為であったといっていい。彼はまた「新しい世代の映画作家への呼びかけ」や「ニュー・アメリカン・シネマのための第一宣言[†10]」といった宣言文や、後に『メカスの映画日記[†11]』としてまとめられる、『ヴィレッジ・ヴォイス』誌に連載されたコラム「ムービー・ジャーナル」での批評など、執筆活動も積極的に行った。日本では、こうした活動をトータルに捉えた上でも、メカスは日記映画を創始した作家という印象が強いが、アメリカでは実験映画を代表する作家はブラッケージであり、メカスはむしろオルガナイザーとして重要人物である、という認識が大勢を占めている。

図6　ジョナス・メカス『リトアニアへの旅の追憶』(1972)　図版提供：ダゲレオ出版

しかしながら、日本では特殊な受け止め方がされているかもしれないが、メカスの作家としての重要度はやはり高く見るべきではないだろうか。メカスの代表作『リトアニアへの旅の追憶』（1972）［図6］は、メカスと弟のアドルファスが二七年ぶりに故国リトアニアを訪れ、母親や友人たちとの再会を果たす旅の模様をメカス自身が撮影し、写し出している。しかしこの映画は、単純に旅を記録したドキュメンタリーではない。まず、その撮影テクニックが、常識的なドキュメンタリーとは大きく異なっている。これは、他のメカス作品にも共通してみられる特徴だが、人物の動作など一連の動きとして撮るべきものを、ブチブチと動きが途切れるような断片的なショットとして撮影する。そのため観客には、細切れの断片的映像が次々と提示され、眼がチカチカするような印象を与えることになる。それと同時に、細切れだからこそ、一つひとつの短いショットが、連続して撮影する以上に、強い印象を残すことにもなる。メカス自身はこうした撮影を、心臓の鼓動に基づくものだ、といった主旨で説明してもいるが、彼の感情的高揚が観る者に直接的に反映される効果が、このテクニックにあると認めることが出来よう。

もう一つ重要なのは、メカスの旅には第二次世界大戦とその後の世界情勢に翻弄されたリトアニア人という、いわば大文字の歴史を見い出すことも出来なくはないが、それ以上に、こうした歴史的・社会的背景を負いつつも、それをあくまで一人の個人の立場で写し出そうとした態度である。二〇世紀芸術の歴史が、モダニズムのベクトルに裏付けられた、原理主義的な純粋化の希求にあるとすれば、夾雑物でしかない個人的な感情の高まりや、ノスタルジックな思い出といったものを、あえて作品を構築する上での骨格に据えようとする態度は、一種のモダニズムへの批判と解釈することも可能だろう。こうしたメカスの姿勢は、より高い次元での客観的な公式さを前提としていたドキュメンタリーに、個人を基軸に歴史や事件を捉えることを肯定的に打ち出した、プライベート・ドキュメンタリーと呼ばれる、一九九〇年代からはっきりと顕在化してきた動向の、はるか前にあって、その先鞭をつけるものだったのではないか。ドキュメンタリー映画の歴史上でも、メカスが重要な存在であることは、例えば小川紳介や土本典昭といった、正統的なドキュメンタリーの系譜に連なる作り手として位置付けられる佐藤真が、著書『ドキュメンタリー映画の地平——世界を批判的に受けとめるために』[†12]の第4章「私的小宇宙の広がり」で、小川プロ出身の福田克彦とともに、メカスにも大きく紙幅を割いて言及していることからも首肯されよう。

メカスはまた、映画のみならず、美術やダンスの領域とも積極的に関わりを持った人物でもある。あえて取るに足らないもの、微細で無視されかねないものを通して世界を見ようとする彼の基本的な姿勢には、同じリトアニア出身で、反芸術の重要な活動であるフルクサスを主導した、ジョージ・マチューナスとの交友が反映しているのかもしれない。

その継承と発展

メカスの『リトアニアへの旅の追憶』で、さらにもう一つ留意しておきたいのは、それが一九七二年に制作されたということである。アンダーグラウンド映画が社会的に注目され、流行現象となったのは一九五〇—六〇年代で、一般的な認識としては〝アングラは六〇年代〟という印象が強い。七〇年代に入ると、アンダーグラウンドの熱気は急速に冷え込んでしまったという印象もあるが、今日でも上映の機会が持たれビデオ・ソフトなども発売されている、最大の成果でありマスターピースともいうべき本作は、むしろ退潮期ともいうべき時期に発表されていた。イズムに基づいた芸術運動であれ、アンダーグラウンド映画のような複数の作家による有機的な活動であれ、流行現象のピークではなく、そこから少しズレた、やや落ち着いた時期に入って、運動を総括するように収斂させた作品が実際には登場している。例えばシュルレアリスム映画の代表作である『アンダルシアの犬』は、サイレント末期の一九二八年に完成しているが、初のトーキー映画といわれる『ジャズ・シンガー』（監督：アラン・クロスランド）が公開されたのは一九二七年で、既にサイレントからトーキーへの移行期に入っていた。また、ロシア・アヴァンギャルドの最大の成果とも評される、ジガ・ヴェルトノの『カメラを持った男』（旧題：これがロシアだ）も、一九二九年の作品である。

ブームが起きることによって、限られた関係者たちの間で地道に行われていた活動が、広く一般の目に触れ、知られるようになることは決して悪いことではない。しかしながら、常に新しい刺激を追い求める現代社会においては、ブームは一時的な流行として、急速に消費されてしまう。アンダーグラウンド映画も、同時期の実験的なダンスや演劇などと関連付けられ、とりわけ過激な性的表現がクローズアップされる形で注目を集め、やがて新たに刺激を喚起するものが登場し、廃れていってしまう。『リトアニアへの旅の追憶』が、アンダーグラウンド映画の文脈のみで鑑賞されたとしたら、これほど持続的な影響力を持つことはなかったであろう。さらに、これを一本のドキュメンタリー映画として鑑賞し、読み解いてゆこうとするには、ある程度の時間を置く必要があった。作品それ自体に力があることは前提だが、自主上映や映画祭、美術館などでの上映会といった機会により、それが何らかの形で人目に触れていたのは、重要なことだった。

アンダーグラウンド映画末期の作品には、それがビデオアートへと移行してゆくことを予言するかのようなものも登場している。スタン・ヴァンダービークは、初期には『なにが、だれが、どうして』（1957）のようなアニメーションを手掛け、やがて『サイエンス・フリクション』（1959、『科学の衝突』の訳題もあり）や『ブレスデス』（1964、『呼吸死』の訳題もあり）などのコラージュの手法を用いた作品へと進む。これを突き進める形で、メディアそれ自体をコラージュする試みに向かう。二〇世紀のダンスの歴史において偶然性の概念を導入し、モダン・ダンスからの脱却を図ったマース・カニングハムとのコラボレーション公演『ヴァリエーション5』（1965）への参加は、その一例といえる。また、単に映画を上映するのではなく、映像によってトータルな環境を形成しようとするエクスパンデッド・シネマ（拡張映画）の実験にも積極的で、ニューヨークに「ムービー・ドローム」という施設を建設している。こうした実験は、ビデオアートの時代をへて、今日では映像パフォーマンス、映像インスタレーションと呼ばれる表現の、遥かな先駆をなすものといえる。一九七〇年の『ビデオスペース』は、ビデオを用いた画像処理をフィルムに移管させる試みで、ここではフィルムとビデオのメディア的な差異が、ほぼ無くなっている事態が早々と生じている。

一九七三年にはナム・ジュン・パイクが、ビデオアートの分野で繰り返し鑑賞される強度を持つ、マスターピースと呼びうる作品『グローバル・グルーヴ』（1973、共作：ジョン・J・ゴットフリー）を完成させている。パイクは、技術者の阿部修也と共同で、パイク＝アベ・ビデオ・シンセサイザーを開発し、フィルムとは全く異なるビデオ独自の画像操作、変換技術を確立し、この作品ではその成果が活かされている。その一方で、パイクに続くビデオアート第二世代を代表するビル・ヴィオラの作品は、テクニック的にはオーソドックスなカット編集やスローモーションを用いるなど、映画的なボキャブラリーを取り入れている。ヴィオラの『歯のすき間の空間』(1976)は、長い廊下のどん詰まりの壁に座った男(ヴィオラ自身が演じている)が絶叫し、それに誘因されるかのようにカメラが廊下を移動する、という構造で成立している。このシークエンスで印象深いのは、フレーム編集と呼ばれる、撮影した映像をフレーム単位に細かく分断し、つなぎ合わせる編集法だ。これは、フィルムでも可能なテクニックであるが、映像と同時に音声も記録できるビデオを用いると、映像と音声が同期して分断/再構成され、フィルムにはない臨場感を観る者に与えるのだ。叫ぶという行為に着目すると、彼の精神世界への関心の表れとも取れるが、一九七〇—八〇年代には、この作品は構造映画の成果を踏まえつつ、その限界を乗り越えるものとして注目されたのである。

ヴィオラは現在では、ビデオアートという枠組みを越えて、アメリカを代表する美術家の一人と目されるようになった。今日、彼が発表している映像作品は、展示を前提にしているものであり、『歯のすき間の空間』のようなシングル・チャンネルのテープ作品にあった映画的構造を、そこで見ることはない。実験映画はストーリーを廃していたとはいえ、音楽的な構造によって作品を構築するなど、今日の目で見るとストーリー性の残滓があった。現在の美術の文脈で発表される映像作品には、音楽的な構造からも脱却し、観る者の感情移入を拒むかのように、ただそこに映像があるという状態を作り出すものが多い。しかしながらヴィオラが多用するスローモーションの技法が、シングル・チャンネル時代の『初夢』(1981)などにおいて既に用いられていて、それをより研ぎ澄ましてゆく形で形成していったことを忘れてはならない。

今日、実験映画というジャンルの枠組みが曖昧化し、その輪郭線が崩れつつあることをはじめに指摘した。その一方で、ジャン＝リュック・ゴダールがビデオによる大作『映画史』（1988-98）で、テクニックと概念の両面において、ブルース・コナーが創始したファンド・フッテージに多くを負っていることは否定できないだろう。アンダーグラウンド映画を起源とする実験映画の方法論やテクニックは、今や映画から美術におよぶ広範な領域に波及していると見ることも出来るかもしれないのだ。

†1　ルイス・ジアネッティ『映画技法のリテラシーⅠ』（堤和子・増田珠子・堤龍一郎訳、フィルムアート社、二〇〇三年）一六頁掲載の図1-2「映画のスタイルとタイプの分類表」では、フィクションを中心に、リアリズムの側へ寄るとドキュメンタリーへ、フォーマリズムにシフトすると前衛映画へ、という映画ジャンルの枠組みが示されている。

†2　ビデオ・ソフト「大林宣彦青春回顧録第三集　風速1.6センチの大冒険！」（ＶＡＰ、一九九七年）での『EMOTION＝伝説の午後＝いつか見たドラキュラ』への自作解説による。なお同ソフトは、二〇〇一年に同社より「大林宣彦青春回顧録 **DVD SPECIAL EDITION**」として再発売された。

†3　フィッシンガーについてはＬＤ「映像の先駆者」シリーズ『オスカー・フィッシンガーの世界』（パイオニア、一九八六年）を参照した。

†4　ヨーロッパからアメリカに移り、商業／非商業の二つの領域で活動したアニメーション作家としては、他にレン・ライやノーマン・マクラレンの名が挙げられる。

†5　『午後の網目』を含めたデレンの映画作品は以下のＤＶＤに収録されている。「マヤ・デレン全映画＆ドキュメンタリー」（ダゲレオ出版、二〇一〇年）。

†6　『アンダルシアの犬』が『午後の網目』に与えた影響を示すもう一つの例として、ラストに象徴的な意味を

帯びて海のシーンが登場することが挙げられる。しかし、このラストシーンの海（もしくは水）のイメージについては、『午後の網目』のみならず実験映画ないしインディペンデント映画全般にも影響を与えたとも言いうるものだ。例えば、はじめの節で言及した大林の『EMOTION＝伝説の午後＝いつか見たドラキュラ』のラストも海であり、さらには一九七〇年代のビル・ヴィオラのビデオアート作品（ex.『歯のすき間の空間』や『ムーンブラッド』〔1977-79〕など）、近年では美術家・山城知佳子の映像作品にも認められる。この点において『アンダルシアの犬』はインディペンデント系作品の一つの原基として、今日まで影響を及ぼし続けていると言っても過言ではない。

†7 シェルドン・レナン『アンダーグラウンド映画』波多野哲朗訳、三一書房、一九六九年、一〇四頁。

†8 『ブラッケージ・アイズ 2003-2004』ブラッケージ・アイズ実行委員会、二〇〇三年、一七頁。

†9 これについては次節で触れるが、P・アダムス・シトニー「構造映画」（アダムス・シトニー編『アメリカの実験映画〈フィルム・カルチャー映画論集〉』石崎浩一郎訳、フィルムアート社、一九七二年、一八七―二一五頁）も参照されたい。

†10 いずれも、シトニー編『アメリカの実験映画』所収。

†11 ジョナス・メカス『メカスの映画日記――ニュー・アメリカン・シネマの起源 1959-1971』飯村昭子訳、フィルムアート社、一九七四年（一九九二年に同社より改訂版）。

†12 佐藤真『ドキュメンタリー映画の地平――世界を批判的に受けとめるために』上下巻、凱風社、二〇〇一年。第4章は上巻に所収。二〇〇九年、同社より一巻本として再刊。

1

II

民族誌家としてのアーティスト

マヤ・デレンとヴードゥー信仰

金子 遊

西アフリカ起源のフォークロア

南半球の三月は、晩夏の季節だと言っていい。ブラジルで生まれ育った学生時代からの友人Aさんと、サンパウロから車で二時間も走っただろうか。のどが乾いたので、道ばたにある休憩所に寄った。公園に置いてありそうな粗末なウッドテーブルに、フルーツやお菓子をならべている。ほんのり赤みがかったおいしそうなマンゴーを買った。

「あんたたち、すぐに食べるのかい?」

太った黒人の奥さんが言うので、手渡すとナイフで切ってくれた。そのままかぶりつくと、舌先に少ししびれるようなあわい苦みを感じ、甘みが口全体に広がっていく。ブラジルのドライヴでは飲料水を買う必要などないのだ。サンパウロ郊外にあるソロカバ市を通りすぎ、カーナビゲーションを見ながら、Aさんは赤土の大地がむきだしになった道路を四駆でわけ入っていく。しばらく行くと、まわりを白い漆喰の塀でかこまれた敷地のなかに、ウンバンダのテヘイロ（寺院）があった。

ウンバンダの儀式は長時間にわたるので、中庭には屋台や売店が出ている。壁が水色に塗られたテヘイロに入ると、海の女神イェマンジャの巨大な壁画があった。テヘイロは祭儀がおこなわれるペリスティル（広間）と、一メートルほどの高さの仕切りがあって信者や部外者たちが座る礼拝所にわかれている。ペリスティルには美しい白砂が敷きつめてあった。奥に祭壇があって、白いドレスを着た黒人の太陽神オシャラや、盾と剣をもった黒人剣士で秩序と法の神オグンなど、アフリカ系の神々の

図1　ウンバンダの祭壇（撮影筆者、2013）

像が飾ってある〔図1〕。精巧につくられた人形といったサイズだ。その他に伝統的なインディアンの衣裳をまとったカボクロの神も、十字架やキリスト像もあった。大航海時代に奴隷として南米へ連れてこられた人たちの西アフリカ起源の宗教とインディオの信仰、それにカトリックが習合しており、それらが祭壇で共存しているのが見てとれた。私はAさんに言った。

「アフリカの神さまだけじゃなくて、先住民や支配層の神さまも祀るなんて寛容だね」

「ここの霊媒の女性は、黒人とインディオの混血なんだって話してたよ」

と、Aさんはポルトガル語を解さない私のために通訳してくれる。目の前で白装束の男性が少年ら数人とならんで、アタバキと呼ばれる円錐形の打楽器を練習しはじめた。するとバイーア風の白いドレスを着て、首にネックレスを下げた霊媒の女性が入ってきた。彼女はマンイ・

ヂ・サント（聖なる母）と呼ばれる女性の司祭だった。寺院のなかは人でいっぱいになってきた。アタバキの激しいパーカッション音楽のなかで、白い衣裳の信者たちが踊りだす。少年や少女も多い。神霊《オリシャ》を召還する儀式であるらしく、激しく踊りながら歌をうたう。女性司祭はさかんに葉巻をふかして祈りの言葉をとなえ、自在に砂上を移動しながらクルクルとまわるように踊る。私は写真を撮っていいものか迷いながら、音楽にあわせてステップを踏んでいた。ふとマンイ・ヂ・サントの動きが止まり、トランス状態になった彼女の体がひくひくと痙攣する。そして、すべての力を放出したかのように脱力してうな垂れた。頭に神霊が憑依したのである。途端に彼女の表情や所作が変わり、川の女神オシュンとして振るまうようになった。しばらくすると、踊っていた信者たちの頭にも次々と見えない存在が憑依していき、ペリスティルのなかは神霊たちで満たされた。

ウンバンダの儀式は午後にはじまって、しばしば夜中まで長時間におよぶ。やはり驚くのは、神霊が人間に憑依するそのダイレクトさだ。降臨した神霊によっては呪医として病気や体の悪い人を治癒したり、占いや呪術をほどこしたりしてくれる〔図2〕。酒やタバコを飲み、いたずらや性的なジョークが好きな人間くさい神霊もいる。私も祭壇の前にいざなわれて、マンイ・ヂ・サントに憑依した女神に占ってもらった。それは戦慄するような経験だった。その日に初めて会ったばかりなのに、女神は触診するように私の胸と背中をさわっただけで「どうしてあなたは世界の紛争地ばかりをめぐっているのか」と訊いた。たしかに私はこれまでイラク、パレスチナ、旧ユーゴスラビア、印中国境地帯を旅していた。どうしてそんなことがわかるのか、ふしぎでならなかった。私は女神のまえで神妙な気持ちになり、若くして亡くなった近しい人のことをいろいろとたずねた。

図2　ウンバンダのマンイ・ジ・サント（同）

妙に疲れて中庭のベンチに腰かけていたら、Aさんがテヘイロから出てきた。目には涙をうかべている。どうしたのかと訊くと、彼女はマンイ・ヂ・サントに憑依した川の女神オシュンに初対面で「あなたは大いなる愛を失った」と言われて、そこでどっと涙があふれてしまったのだという。一〇年ほど前にAさんは結婚まで考えていた交際相手と別れてしまい、長いあいだ精神的に苦しんでいた。川の女神は彼女に「別れた男性には根っこというものがなく、ふらふらとして物ごとへのこだわりがない人間だ」と助言した。そして、ひとつの呪術を実践するようにAさんに命じた。家の近くにある滝へ入って、川の女神にあいさつをする。黄色いバラを七本とひょうたんを半分に割ったものを持っていき、ひょうたんの内側をよく水で洗う。それから川の水とオレンジのエキスで体を清めて、七本のバラを川に流しなさい、そうすれば別の愛がやってくるだろうとのことだった。

Aさんは手のひらを開いて、マンイ・ヂ・サントの助手が書いてくれたメモを見せてくれた。そこに書かれたポルトガル語を見て、目がしらが急に熱くなった。大きな声をだして叫びたいような衝動にかられた。その瞬間、庭で繁茂しているデンデヤシの葉がざわめいた気がした。私はそのとき誰がなんと言おうと、この呪術の力を肯定しようと心に誓った。先ほど占いが終わっておずおずと「ペリスティルの内部を撮影しても良いですか」とたずねたときに、川の女神はこう言ってくれたからだ。

「写真を二枚だけなら、かまわないよ」

それは私にとって、とても寛容な神的存在にふれたはじめての経験だった。ウンバンダのテヘイロで起きたことは、それまでもっていた信仰に対する私の先入観をくつがえし、ブラジル内陸部の風景のなかで神々に対するイメージを根底から変えてしまったのである。

アマチュアの全人性

ヴードゥーは、環カリブ世界に広がるアフリカ的な習俗信仰である。ニューオリンズやハイチではヴードゥー、キューバではサンテリーア、ブラジルではカントンブレやウンバンダと呼ばれるが、それらは奴隷制時代に西アフリカの大西洋岸地域から伝わったとされる起源をもつ。それらは先住民であるインディオの信仰やヨーロッパ人が伝えたキリスト教と習合しながら地域ごとに多様化していったが、そこで信仰される人間くさい多神教的な神々の種類と、神霊がトランス状態にはいった人間の頭に憑依するという核心部分では共通している。それは民衆が暮らしのなかで育んできた精霊信仰であり、年中行事や歳時記と結びつき、民話や芸能をも含んでいる。そのような意味では、宗教という限定された言葉よりは、広く民俗（フォークロア）としてとらえたほうがいい。

マヤ・デレンはアメリカのアヴァンギャルド映画を代表する作家であり、『午後の網目』*Meshes of the Afternoon*（1943）をはじめとする六本の美しい短編映画と数本の未完成フィルムを残した。その一方で、彼女が足かけ八年にわたってカリブ海のハイチへ通い、合計で二一ヶ月をヴードゥー信仰の撮影と研究のためにその地で費やしたことも知られている。しかし、前衛的な映画のつくり手が、どうしてヴードゥーの民俗的な宇宙にふかく沈潜することになったのか、十全に解明されてきたとは言いがたい。それはダンサーとして活動していた女性がやがて前衛映画を撮るようになり、晩年に文化人類学の研究にいそしんだ、という年譜的な時系列で理解できる性質のものではない。現にマヤ・デレンは一九四七年という早い時期に、グッゲンハイムの助成金を得てヴードゥーの祭儀におけるダンスを研究し、それを記録映画におさめるためにハイチへわたったのだ。ところが、その映画は完成されずに一万八千フィートにおよぶ未編集のフィルムが残されて、かわりに彼女は数年がかりで『聖なる騎士たち――ハイチの生きた神々†』*Divine Horsemen: The Living Gods of Haiti*（1952）という民族誌的な大著を執筆することになった。マヤ・デレンがそれだけの学究的な知識と情熱をもっていたことに驚かされるが、どうしてそれは映画ではなく民族誌の記述というかたちをとったのだろうか。

マヤ・デレンは四四歳という若さで一九六一年に亡くなった。それから月日が経ち、八七年にマヤ・デレンがヴードゥーの儀式を撮ったフィルムは、三番目の夫であるテイジ・イトーらの手で編集されて映画『聖なる騎士たち：ハイチの生きた神々』*Divine Horsemen: The Living Gods of Haiti*（1985）

として完成した。それはマヤ・デレンが撮った映像と録音をつかい、彼女の著書『聖なる騎士たち』の文章からの引用をナレーションとしてかぶせた作品になっている。マヤ・デレンの作品と言うことはできないが、彼女とヴードゥー信仰の関係を考察するときに多くの示唆をあたえてくれる第一級の資料である。同時にマヤ・デレンの伝記的な研究が進み、評伝やドキュメンタリー映画のなかで関係者の証言が得られてきて、ようやく深いまなざしで彼女のハイチでの営みを考える準備ができてきたといえる。マヤ・デレンのヴードゥー信仰の研究と記録映像の撮影は、映画作家としての活動の余技や思いつきでは決してなく、それが一つの到達点といえるほど、彼女の内奥から出てきたものであったのだと思われる。

政治活動家、詩人、ダンサー、振付家、女優、映画作家、ドキュメンタリー作家、文化人類学者。マヤ・デレンという人を社会的な肩書きに当てはめようとしても、どうしてもそこにおさまりきらない感じが残る。さらにいえば、アメリカのアヴァンギャルド映画のミューズだったマヤ・デレンのイメージと、ヴードゥー信仰についての民族誌の書き手としてのイメージもうまく結びつかない。はたして世間が考えるように、ひとりの人間は経験を積んで何かの分野における専門性を身につけ、社会的にプロフェッショナル（専門家）として活躍できる人生のゴールを目ざして、自己のアイデンティティを形成していくものなのであろうか。マヤ・デレンはそのような価値観に対して、みずから「アマチュア」を目ざすことで、早い時期から理論的に挑戦していた。

個人映画の作家にとって大きな障害は、商業映画の制作方法に対する劣等感でしょう。個人映画を「アマチュア映画」と分類することこそが、弁解がましい区分を生みだしているといえます。しかし、ラテン語の「amator」から派生した「愛好者」という意味のこの言葉は、経済的理由や必要性からというよりも、愛情が動機となって何かをする人を意味しているのです。そしてこれこそが、個人映画の作家自身が手がかりとするべき糸口なのです。個人映画の作家は、脚本や台本の作家、ベテラン俳優、優秀なスタッフやセット、膨大な制作費などを駆使する商業映画に劣等感を抱いたりせず、商業映画の制作者が羨んでやまない大きな利点、つまり芸術的、身体的自由を駆使すべきです。†2

英語や日本語においてアマチュアという言葉は、何かを職業としてではなく趣味としておこなう「素人」や「愛好家」、あるいは「未熟な人」という意味で使用されている。しかし、マヤ・デレンはそれをラテン語にもどせば「愛によって何かをする者」との原義が立ちあらわれるという。商業的な価値を生みだすためのハリウッドのような産業としての映画ではなく、もう一つの「芸術形式としての映画」を希求したマヤ・デレンにとって、プロフェッショナル（職業的）になることはあまり重要ではなかった。大資本を背景にした映画産業における職業的な作品のほとんどが、それまでの文学や演劇から影響を受けた既成の形式を逃れられていないと考えていたからである。

そこでマヤ・デレンは映像文化における新しい事態についてある提言をした。ドキュメンタリー映画『鏡の中のマヤ・デレン』*In the mirror of Maya Deren*（2011）で引用される彼女の肉声はこんなふうに語る。「映画カメラや映画というメディアが、電信手段や飛行機などの工業的なものの発達と同じ時期、同じ環境のなかで発展してきたということを思いだしてください。そして、あるとき人間の精神に何かが起きたんです。〔ハリウッド的な〕映画システムがフィルムに閉じ込めてきたものを破壊しなければいけないと思うようになった。この考えが私を魅了しました。あなたが映画作家になるのは、文学や絵画など他の表現手段ではできない、映画にしか提示できない何かがあると思うからでしょう」[†3]。映画や映像にしかできないものは何かと問うときに、詩を紙に書きつける詩人のように、絵画をキャンバスに描く画家のように、ひとりの個人が創造性を十全に発揮するためには映画の「アマチュア」として芸術としての自由を追求すべきだとマヤ・デレンは考えたのだ。

　何かのアマチュアであり続けることと、未開社会における生のあり方には、実は深い関係がある。マヤ・デレンがダンサーであり、映画作家であり、人類学者であると言うと、近現代の社会においてはひとつの専門性を身につけることができない、どっちつかずの人物と見なされかねない。ところが未開社会や深いルーツを残す文化では、そのような生の様態のほうがむしろ当たり前であった。そこではひとりの人間は、すぐれた狩人であり農業家である。家屋や納屋を建築することもあれば、農具や工具をつくり被服を編まなくてはならないこともある。また、共同体の一員として政治家や宗教家として振るまう場面もあり、行事や祭祀では詩人や歌い手として、踊り手として躍動する必要もあるだろう。職業分化が進む以前の社会では、ひとりの人間のなかにアマチュアとしての農業者、技術者、政治家、宗教家、芸能者が自然なかたちで共存していた。自分のなかに複数の「私」や職能者をもち、それぞれの能力を磨きあげて活発にわき立たせることは、人格障害や成人としての未熟さとはまったく関係がなかった。生きていくための知識や技能をもち、その場その場において、さまざまな感情や意志を十分に発揮することを「全人性」という。アマチュアとしてのマヤ・デレンの芸術形式や彼女の生のあり方には、未開社会と響きあう全人性がすでにあったのだ。私たちは彼女のアヴァンギャルド映画とハイチのヴードゥー信仰とのあいだに、一つの架橋をしなくてはならない。

鏡のイメージと複数の私

マヤ・デレンことエレノーラ・デレンコフスキーは、一九一七年にウクライナの首都キエフでロシア系ユダヤ人の精神科医の家に生まれた。幼年時代に家族とともにユダヤ人への迫害を逃れてニューヨークへ亡命し、大学では政治学とジャーナリズムを専攻した。若い時期には社会主義運動にのめりこみ、政治活動家と最初の結婚をしている。その後一九四一年に、カリブ海のダンスや民俗研究をしながら黒人的なダンス・パフォーマンスをしていた振付家で文化人類学者のキャサリン・ダナムの秘書になった。マヤ・デレンはダナムとともにカリフォルニアへ移動して、ハリウッドの周辺でさまざまなアーティストと交友するうちに、当時はドキュメンタリー映画の共同監督や撮影を手がけていたチェコスロヴァキア出身の映像作家アレクサンダー・ハミッドと出会う。ふたりはこれからの映画が進むべき道について意気投合し、電撃的に結婚して、その二年後に撮った共同監督作が『午後の網目』である。彼女が二六歳のときの作品であった。[+4]

一九五五年に書いた手紙のなかで、マヤ・デレンは最初の映画『午後の網目』を撮った背景をこんなふうに説明する。彼女はそれまで詩人として生きてきたが、頭のなかにあるイメージをうまく言葉に翻訳することができなかった。この映画に着手したとき、イメージを言葉に置きかえるという無理な回路を経ないで、直接的にイメージを扱えるのでとても楽になった。自分にとって映画という新しいメディアを発見したというよりも、とうとう母国語のように話せる語意、構文、文法をもったイメージの世界へ帰ってきた気がしたというのである。[†5] 言葉や物語によって構築する劇映画とはまったく別の発想で、文学の散文と対比される詩のようなあり方から、マヤ・デレンが映画を撮りはじめたことが見てとれよう。話し言葉や書き言葉とはちがう位相にあって、視覚や聴覚などの知覚、意識（心）や記憶、そして夢や無意識を構成する要素である「イメージ」の無尽蔵な世界に、彼女が映画との出会いによってふれたことを確認しておきたい。

『午後の網目』はマヤ・デレンとアレクサンダー・ハミッドのふたりが、当時暮らしていた家で二週間かけて一六ミリカメラで撮影し、ふたりが出演もしている「アマチュア」映画である。異様に長い女の手が空から伸びてきて、一輪の花を坂道の真んなかに置き、突然消える。ひとりの若い女の影が近より、それを拾ってにおいを嗅ぐと、道の先で男の影が消える。女の影は階段をあがって家をノックするが返事はない。玄関のとびらを鍵であけて家へ入ると、部屋のなかには広げられた新聞、ナイフの突き刺さったパン、受話器の外れた電話が目に入る。若い女の足が階段をあがっていくが、二階の寝室のカーテンは風にたなびいており、レコードが空転している。女はリビングへもどり、椅子に腰かけて目を閉じる。すると寝入った女の横に女の分身が出現して、窓の外をながめる。そこから、夢のなかのようなふしぎなできごとが次々に起きていく。

この映画では、文学や演劇が築いてきた物語形式を詩的に乗りこえるべく、個人の意識のなかで起きるできごとを動くイメージで表現しようと「夢」を媒介につかう。そのような意味ではシュルレアリスム寄りの作品だが、心の内面の探求は映画の物語構造とも同期しており、観る者を抜けだすことがむずかしい迷宮へといざなう。最初に登場した若い女が眠りにおち、夢のなかでもうひとりの自分（分身）が活動をはじめる。もうひとりの自分は、先ほどの帰り道で起きたできごとの、無意識によってゆがめられたヴァージョンを経験する。そこには顔が鏡になった人物がいて振りかえり、女の身体は瞬間的に移動し、ベッドのなかには強迫観念の象徴であるナイフがある、といった夢の世界である［図3］。彼女はリビングへもどって、座椅子でもとの自分（オリジナル）が眠っている姿を見つける。ところが窓外を見ると、三番目の自分（夢のなかの分身が見る白昼夢）が坂道をかけあがってくる……。

図3　『午後の網目』（1943）

私たちは「夢のなかの分身が見る白昼夢」という仕かけによって、マヤ・デレンの分身が増殖するプロセスを目の当たりにして、だんだんと「夢のなかの夢のなかの夢のなか……」に迷いこむ。同時に、不変であるように思っていたもとの若い女（オリジナル）の知覚でさえも、異様に長い手を見たり、階段をスローモーションであがったり、信用のならない主観ショットで撮られていたことを思いだし、すべてが最初から夢だったのではないかという不安をおぼえる。それを裏づけるかのように、目をさましたはずの若い女が、夢のなかで目ざめたにすぎなかったことが判明するラストが用意されている。そのような迷宮的な物語構造と「夢のまた夢」や「分身のまた分身」の階層構造

図4　三人の分身が一堂に会する（『午後の網目』）

が一致するおもしろさ以上に興味をひくのは、鏡や分身を媒介としながらマヤ・デレンが「複数の私」を描いているところだ。夢や狂気によって日常的な意識の状態が変容し、ひとつの統合的な「私」という幻想が割れた鏡のように粉々になってしまえば、その先には「複数の私」がランダムに跋扈する無意識の世界が広がっている。『午後の網目』のように夢や無意識の世界もまた具体的なイメージでできているが、自分の体が場所から場所へ瞬時に移動したり、手のひらの上の鍵が突然ナイフに変わったりするような不安定な世界なのだ。無意識における「複数の私」は、映画で複数のマヤ・デレンがそれぞれ独自の表情や行動様式をもつのと同様に、ひとつの同一性に統合できるものではない。無理に統合しようとすれば、映画のラストショットで割れた鏡と血にまみれて息絶えるマヤ・デレンの姿のように、内なる闘争の末に自己が引き裂かれてしまうだろう。また、はっきりと分身の形をとらないまでも、鏡やナイフに映るような刹那的な「私」はそこら中に散らばっている。

『午後の網目』で特筆すべきなのは、四人目のマヤ・デレンが玄関から入ってきて、リビングのテーブルで三人の分身が一堂に会するシーンである［図4］。四人目は鍵ではなく、最初からナイフを手にもっていて攻撃的である。クジ引きでもするかのように三人の分身が鍵を手にとる動作をくり返すと、結局四人目が昼寝をするオリジナルを殺しにいくことが決まる。分身たちは自分らを統合するメタレベルの「私」を殺そうとするのだ。映画のいたるところに、コンピュータグラフィックスなど存在しない時代における可能なかぎりのトリック撮影が使われている。四人目のマヤ・デレンがオリジナルを殺しにいくシーンでは、四人目がナイフをかまえて椅子から立ち上がるとき、頭上には青空が広がり、足を一歩踏みだすとそこは波打ち際であり、次の一歩で草原へ移動し、次に舗道を踏んで、最後にリビングのじゅうたんの上にもどる。このように一連の連続する動作を別の場所で撮ったショットでつなぐことで、場所から場所へ移動してしまうような夢や無意識におけるリアリティを擬似的に生みだすのである。

図5　『陸地にて』(1944)

映画作家にとって演出手法の発明は何よりも重要であり、マヤ・デレンにとっては、夢のリアリティを生みだすモンタージュはその後の作品を貫くスタイルになった。次の作品『陸地にて』*At Land* (1944)の冒頭のシーンでは、海から砂浜へ打ちあげられたマヤ・デレンが巨大な流木を這うようにあがっていくと、人びとが会話に興じる長テーブルの上へとでてしまう〔図5〕。『午後の網目』で夢や無意識の質感をだすためにつかわれた手法は、ここではそれらのテーマと関連づけられていない。『陸地にて』の冒頭のシーンで海から陸に打ちあげられたマヤ・デレンの姿は、神話の世界における海の女神のようであり、そのような神霊的な存在のもつ寓話性や、それにまつわる物ごとの神秘性をかもしだすために、同じアクションカットのつなぎの映画編集

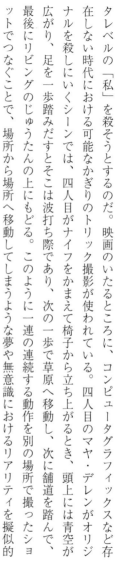

のテクニックが使われているのだ。

瞠目すべきは、その次に作られた四分の映画『カメラのための振付けの研究』*A study in Choreography for Camera*（1945）である。この映画では夢のリアリティを出すためのモンタージュは、別のものに変貌している。マヤ・デレンが書いた「カメラのための振付けの研究」という文章を参照しながら簡単な分析をしてみたい。[†6]『カメラための振付けの研究』の最初のシークエンスで、林のなかをカメラが右から左へゆっくりとパンをしながら、三六〇度の回転をするあいだに、同じダンサーが別の位置で四回出現する。なめらかなひとつのショットに見えるように、四つのショットをつないでいるからだ［図6］。また、夢のリアリティのようにダンサーがひとつの連続的な動作をしているように見せるので、あたかもダンサーが別の位置へ瞬間移動をくり返しながらダンスをしているか、あるいは同じ動きをする四人のダンサーの分身がいるかのようなふしぎな錯覚を与えるのだ。

図6　『カメラのための振付けの研究』（1945）

マヤ・デレンは、このように映画編集によってダンサーの身体を空間や重力から解き放つ手法を「フィルム・ダンス」と呼び、ダンサーだけでなくカメラをも振り付けているのだと主張する。つまり、夢や無意識のリアリティをつくるための演出手法は、『陸地にて』における神話性を発揮するための効果を経て、フィルム・ダンスへとたどり着いたのである。撮影対象との関係性のなかでカメラの動きは振り付けられ、いわばダンサーとともにカメラは踊っている。『鏡の中のマヤ・デレン』では彼女がこのカメラワークを振り付けたときの絵コンテが紹介されているが、それを見ると、一つひとつのショットが緻密に計算された上で撮影され、編集されていたことがわかる。同じドキュメンタリー映画のなかで、ジョナス・メカスは次のように語る。

マヤが彼女の映画のなかでやったことは凝縮された状態や強烈さ、それに完璧さを創りあげることで、映画を詩のようにすることでした。散文は物語的で水平的であり、対照的に詩は垂直的なものなのだとマヤは言いました。映画の詩では、一つひとつのディテールを積み重ねていき、数分後にこれ以上は行けないという強度まで持っていくのです。その地点では、すべてが配置され、使い果たされ、完璧になるのです[*7]。

マヤ・デレンの「フィルム・ダンス」では、ダンサーの身体とカメラとのあいだに新しい関係性が構築されている。ふつうの場合、被写体とカメラの関係は主にレンズ、アングル、フレーミング、カメラワーク、モンタージュなどで決められるが、自身がダンサーであり振付家であったマヤ・デレンは、ダンサーへの振り付けで彼を演劇的な身体所作から解放し、カメラ自体を振り付けることで一定の空間に縛りつけられる身体や、地上のすべてに重くのしかかる重力から身体を自由にした。映画カメラを振り付けることは、アマチュア映画として、それまでのナラティブな映画文法から芸術的な自由を確保する試みでもあった。被写体となる身体とカメラのあいだの関係を、ハリウッド映画のように自明の文法によって完成形へ導くのではなく、それを根本的なところから覆そうとしたのであり、ジョナス・メカスはそれを「映画を詩のようにすること」と呼んだのである。

憑依現象のアヴァンギャルド性

マヤ・デレンのアヴァンギャルド映画を夢や無意識のリアリティ、神話的なイメージの醸成、フィルム・ダンスの観点から見直すとき、彼女がハイチのヴードゥー信仰を研究して記録フィルムを撮影をした行為がなんであったのか、ようやくその片鱗が見えてくる。ハイチに八年ものあいだ通い続けて、ヴードゥーの祭儀を映像と音声で記録したマヤ・デレンが、どうしてそれを映画として完成することができず、民族誌的な書物『聖なる騎士たち』に著したのかという謎にも、それはある程度答えてくれることだろう。たしかにマヤ・デレンがダンスと人類学に目ざめたのは、黒人舞踊家で文化人類学者のキャサリン・ダナムの影響が大きかった。ドキュメンタリー映画『鏡の中のマヤ・デレン』では、一九三六年からハイチでダンスと文化人類学の研究活動をしていたダナムが登場して「最初はマヤに自分の業績を横どりされたようで腹が立ったが、彼女が真剣な人間であり、ハイチの人々に受け入れられていたので許すことにした」と証言している。

それは事実なのだろうが、他方では一九四七年にハイチへわたるまで、マヤ・デレンが『午後の網目』をはじめとする無意識と神話とダンスをめぐる映画を四本完成していたことも忘れないでおきたい。はたから見て、いかに彼女のアヴァンギャルド映画とヴードゥー信仰の記録フィルムがかけ離れた試みに見えようとも、それは彼女のなかでは四本の映画の次にくるべきプロジェクトとしてつながっていたのだ。親交のあった文化人類学者のマーガレット・ミードやグレゴリー・ベイトソンがバリ島で撮影した、祭儀のなかでトランス状態になる人びとのフィルムを観て、マヤ・デレンは刺激を受けたという。そして、グッゲンハイム財団の公的芸術支援の基金を受けるためにミード、ベイトソン、神話学者のジョーゼフ・キャンベルらの支援を得た。彼女はハイチでの研究活動の目的を、ヴードゥーの祭儀におけるダンスの研究と、それに関する記録映画の製作とした。最初は何よりもダンスの研究者として、記録映画のつくり手として、つまりは芸術家としてカリブ海の島へわたったのである。マヤ・デレンは一九四七年の九月に、八ヶ月間滞在するためにハイチに上陸する［図7］。それから八年のあいだに計二一ヶ月をハイチですごしたが、その映画が完成されることはなかった。ハイチでの滞在中、彼女の身にいったい何が起きたというのか。マヤ・デレンに『聖なる騎士たち——ハイチの生きた神々』の書籍執筆を勧めたジョーゼフ・キャンベルは、本に寄せた「編者による前書き」で次のように書く。

図7　ハイチでのマヤ・デレン

「人類学者が到着するとき、神々は去ってしまう」という、私が耳にしたハイチの諺がある。一方でマヤ・デレンは学者ではなく芸術家であり、その点においては、神話のフィクションをとおして心に与えられる事実を認識するための隠された能力を持っていた。最初にハイチを訪れる前に完成していた彼女のアヴァンギャルド映画（『午後の網目』『変形された時間での儀礼』『陸地にて』『カメラのための振付けの研究』）は、夢や視覚や幻のなかで起きるイメージからなるできごとを、彼女が理解できることを示していた。彼女が「序文」でも説明しているように、最初マヤ・デレンはハイチのダンスを主題にした映画を撮るためにハイチへ入ったのである。ところが、ヴードゥーの祭儀における恍惚のあらわれがはじめに彼女を魅了し、次に心をつかんで、彼女が知っていたあらゆる芸術のむこう側へと彼女を連れ去ってしまった。彼女はその神秘のふかい泉に十全に自分を開いて、よろこびと敬意をもって、そこから言葉の仲介を必要としないメッセージを受けとったのである。[†8]

当初、マヤ・デレンが目指していたハイチにおける記録映画の制作は、ヴードゥーの祭儀におけるトランス状態の法悦があまりにパワフルだったので、どこかへ吹き飛んでしまったというのだ。それはアートを創造したり研究したりする経験とは比べようもないほど、強烈に彼女の心をつかんだ。それで、ヴードゥーのロア（神霊）に憑依される経験は映画にまとめられるものではないと判断し、彼女はその神話と儀礼を記述することのほうを選んだというのか。そうであるなら、どうして文化人類学的な民族誌は書けたというのか。『聖なる騎士たち』を読んでいると、ヴードゥーを信仰する人びとがよそからきた白人女性に対して、よくもこれだけ多くのことを明かしたものだと感心してしまう。それは私がブラジルで体験したウンバンダの多神教的で、開けっぴろげで、先住民の神や、支配者の宗教であるカトリックの要素をおおらかに受け入れた上で、それらを自分たちのものとしてしまっている、あの寛容さや混淆性と関係しているにちがいない。

『鏡の中のマヤ・デレン』には、一九四〇年代から五〇年代に彼女が滞在したときに通訳をつとめたハイチ人女性のマーサ・ガブリエルが登場して、カメラをヴードゥー寺院の跡地へと案内するシーンがある。「マヤは寺院で奉公をしました。彼女はヴードゥーの通過儀礼に参加して、守護してくれる神霊《ロア》を手に入れたのです。カンゾー（入信儀礼）を経験するなかで、彼女の頭はすっかり洗われました。それが終わると彼女はパワフルになり、ハイチのどこへ行っても動けるようになったのです。どこへいって写真を撮っても、映画を撮っても許されるようになりました」とマーサはいう。マーサの証言は貴重であると同時に、それが本当であるならばきわめて興味ぶかい。

「カンゾー」は将来的にウンガン（司祭）やマンボ（女性司祭）になる者、祭儀のなかで重要な役目を担いたいものがおこなう一週間ほどのイニシエーションであり、秘儀とされている。「儀礼的な死」としての清めの沐浴、断食、特製スープを飲むこと、魔よけのヤシの葉を着ること、イニシエーション用の小屋にこもって象徴的な死と再生を体験することからなる。そして、このカンゾーのあいだに入信者がトランス状態に入り、そのときに憑依したロア（神霊）がその人にとってのメット・テット（頭の支配者）となるのだ。[†9] ここで登場する神々の種類は、ハイチのヴードゥー、アフロ・キューバのサンテリーア、アフロ・ブラジルのカントンブレやウンバンダなど、西アフリカの遺産を引きつぐカリブ世界の民衆信仰のなかで共通するものが多い。有名なところでいうと、鉄の神オグン、生と死とセックスの神ゲデ、海の神アグウェ、愛の女神エジリ、十字路の神レグバ、農業の神アザカ、先住民の神カボクロ、それにヨーロッパ起源の神々もいる。マヤ・デレンの守護神となったのは、愛の女神エジリ・フレイダであった。恋愛や女性の美しさやセックス・シンボルをつかさどる女神であり、もとは他の神々と一緒に海で暮らしていたが、現在は川岸に棲んでいるという。ブラジルで私の友人Aさんが呪術をおこなうように女性司祭から勧められたのは、この愛の女神エジリに会いにいくためだったのかもしれない。ヴードゥーの祭儀では、エジリに憑依された女性はアクセサリーや香水で自身の身を飾りつけ、男性を挑発するようなダンスをするとされている。

マヤ・デレンは著書『聖なる騎士たち』のイニシエーションについて書いた項で、ロア（神霊）が人間に憑依することの意義についてふかい洞察をしている。それによれば、ハイチのヴードゥー信仰の人たちは、キリスト教のような人間の肉体の復活を信じていない。肉体はかんたんに疲労し、疫病にやられ、食欲やほかの欲望にまみれていて、不滅からはほど遠い制限された存在にすぎないからだ。植物が育ち、それを食べる動物たちがいて、両者を食料とする人間たちがいるという自然の食物連鎖に気がつけば、人間の肉体の永遠性について過剰な幻想を抱くことはできない。あくまでも肉体は物質世界に属するものであり、それは人間の魂か、あるいはロアによって生命を吹きこまれるものなのだ。肉体はそれ自体としては物質にすぎないから、必ずや死がおとずれる。信じることができるのは、魂と神霊のほうである。もしもある人が、知識が足りなくてまちがった生をおくり、呪術や事故や病気などのせいでまちがった死に方をするならば、おそろしいことに死んだ肉体がゾンビになってしまうかもしれない。ゾンビは魂のない死体であり、欲望のままに行動して道徳心や自制心をもたない、まちがった肉体の復活である。[†10] ここには、ヴードゥー信仰における魂と肉体の二元論の発生がとらえられている。入信儀礼や祭儀において、ある人がロアに憑依されることは、われを失って狂人になってしまうような、おそろしいできごとなのではまったくないのだ。むしろ、西アフリカから連れてこられた人たちがアフリカ大陸における精神的な遺産を継承しながら、生と死のサイクルを理性的に考察した末に、より良く生き、より良く肉体の死をむかえるべく、家族や子孫やまわりの人たちのために伝えてきた死生観と知恵なのだと言えよう。

マヤ・デレンの著作と映画のタイトルになった「Divine Horsemen（聖なる騎士たち）」という言葉は、ヴードゥーの祭儀において神がかりになる人間の頭が、ロア（神霊）が憑依してまたがるための乗りもの、つまり「神の馬」にすぎないというところからきている。神霊が騎士であり、人間の頭は馬なのだ。彼女の記録フィルムにあるように、ある人がアフリカンなパーカッションの複雑なリズムにあわせて体を動かし、踊っているうちに、その人の頭のなかがまっ白になり、そこへロアが降りてくる

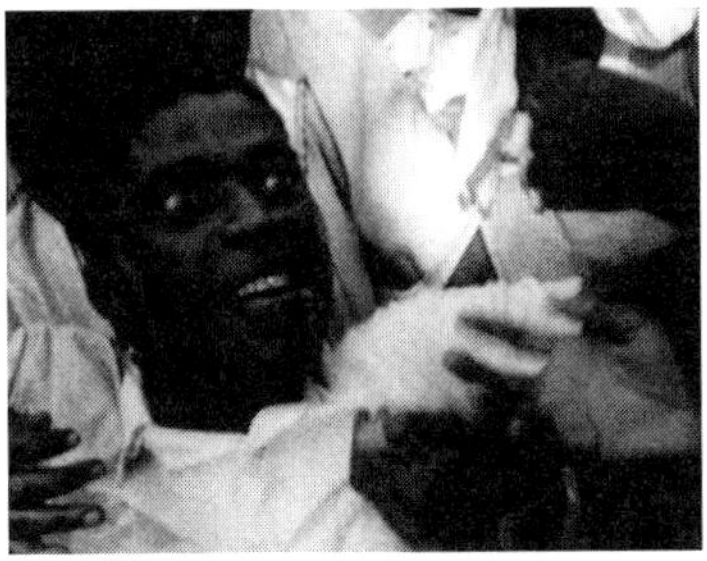
図8 『聖なる騎士たち：ハイチの生きた神々』(1985)

［図8］。マヤ・デレンは自分の経験から、それを「白い闇」と呼んだ。すると、その人は祭儀のあいだはトリックスター、死とセックスの神、海の神、愛の女神、鉄と戦いの神といったキャラクターとして振るまうようになり、そのあいだの記憶はすっかり消えてしまうという。

多くの原始的な宗教やシャーマニズムの祭儀において、神や精霊が召還されるものだが、私はそれが人間に直接降りてくる姿を見たときに、やはり畏怖心をおぼえて涙を流してしまった。しかし、それは心底おそろしい経験であるとか、エキゾティックで奇異な経験だとか、神霊を拝むことができてありがたいといった種類のもので

はなかった。誤解をおそれずにいえば、街頭などの政治的なデモンストレーションにおいて群衆がひとつになる瞬間や、同じように音楽のコンサートやダンスクラブにおいて人びとが一体になる刹那、あるいは映画館においてすばらしい作品のクライマックスを多くの人たちとともに経験する時間に似ているような気がした。そうはいっても、憑依される人の内面のことまではわからない。ヴードゥーの祭儀においてトランスして、自己を失う忘我状態になることをマヤ・デレンは「複数の私」の経験、つまり鏡や分身のイメージと結びつけて記述しており、それは彼女のアヴァンギャルド映画と地続きのところにあったのだと思う。

ときどき夢のなかでおこるように、そこでわたしは自分自身を見おろしている。踊っている自分の白いスカートのへりが、太鼓のリズムに合わせて揺れるのを喜びとともに眺めている。鏡に向かっているときのように、わたしの表情のなかから、唇がやわらかくおし開かれながら微笑が生まれ、それが輝かしい笑いへと広がっていくのがわかる。いままで見たことのない美しい光景。わたしはくるりと回転しながら、となりで踊る人物に呼びかけるように言う。「見て、なんて美しいのでしょう!」と。すると、他の人たちが離れたところへ移動し、衆目のなかにある人の輪へもどっていることに気づく。やがて畏怖の電光がわたしを刺し貫くように実感する。わたしが見ているのはもはやわたし自身ではない、ということを。だが、それはやはり自分自身でもあった。なぜなら畏怖の衝撃とともに、大地に根を生やしたかのように思える左足を軸にして、二人のわたしはふたたび一つになるからだ。そして畏怖心だけが残った。「これなのね!」。体重をのせている左足に、大地から麻痺の感覚があがってくる。樹液が木の幹をゆっくりとたっぷり満たすように、それは骨の髄のあたりをのぼってくる。麻痺というのは正確ではない。自分自身に対しても厳密にいえば、それは純粋な瞑想状態だと言える。そうだとしか考えられない。わたしはそれを「白い闇」と呼ぶことにしよう。〔……〕ふたたび私の自己意識が二つにわかれていく。鏡を見るときのように、不可視の敷居をへだてて、わたしが分離していく。[†11]

ヴードゥーの祭儀におけるダンスの輪のなかで、マヤ・デレンは自身の映画『午後の網目』において探求した、人間の夢や無意識のイメージの世界を実際に自分の身体で体験しているかのようだ。そしてまた、無意識から神話的なイメージに変遷していった『陸地にて』のように、そこには自身が神的存在と合致することの欲望が潜伏している。祭儀のなかでトランス状態になり、ロアにまたがられた彼女が経験したのは、一つの統合された「私」が弱体化していき、意識が白い闇におおわれる経験であった。それは大地から身体へとむけて何かがのぼってくる感覚をあたえ、意識の薄明のなかで、鏡や分身の喩でたとえることができるように私が複数化していく。それはつよい悦びをともなった畏怖心をおぼえさせるもので、瞑想のように静かな充実感にみたされたものであった。少なくともマヤ・デレンの言葉によれば、そのようなことになるだろう。

マヤ・デレンの守護神は愛の女神エズリになったが、祭儀の場には複数の神々がおりてきて、非日常としての乱痴気さわぎがおこなわれるのが常である。ハイチへの調査旅行を重ねた人類学者のゾラ・ニール・ハーストンの著書『ヴードゥーの神々』には、人間にまちがって邪悪なロアが乗りうつったり、憑依した神に願いごとを頼んでも拒否されたり、頭に憑依した神霊が儀式の後も数日間離れなかった例などが報告されており、なかなかユーモラスである。降臨したロアはその場にいるえらい人間を罵ったり、女性に卑猥なことをしたりする、人間くさいキャラクターを持った自分たちに近しい存在でもあるのだ。なかにはとり憑かれたふりをして、日頃の鬱憤を晴らしているだけの偽者もいるが、ラム酒と胡椒でつくった飲み物に顔をひたせといえば、偽者は尻ごみするので見わけられるという。ハーストンはヴードゥーを秘儀的な宗教というよりも、カリブ世界のアフリカ的なフォークロア（民俗）としてとらえて、その演劇的な祝祭性を冷静に観察しており、

図9　ヴードゥー儀式の演劇的な祝祭性（『聖なる騎士たち』）

マヤ・デレンが祭儀のなかへみずから没入していった態度とは対照的である[†12]［図9］。

たしかに「人類学者が来るとき、神々は去ってしまう」のだが、マヤ・デレンは芸術家であり、ヴードゥーの入信儀礼を経ていたから、その祭儀を自由に撮影することができた。アーティストが民族誌家としての役割をはたした例として、マヤ・デレンの記録映像は重要である。彼女が撮った一六ミリフィルムは『ハイチのフィルム・フッテージ（*Haitian Film Footage*）』として残されたが、生前には映画として完成しなかった。テイジ・イトーらが編集した『聖なる騎士たち：ハイチの生きた神々』は、マヤ・デレンが残したフィルムのハイライト部分をつなぎ、そこへ彼女やイトーが現地録音した音楽と、著書『聖なる騎士たち』からの説明をナレーションでかぶせたものだ。この映像人類学のド

キュメンタリーは、途方もない刺激にみちている。マヤ・デレンが撮影したフィルムには、一九四〇年代後半から五〇年代のヴードゥーの祭儀が記録されており、歌とダンスによる祝祭的な空気が伝わってくる。鶏やヤギなどの生贄を神へささげ、太鼓にあわせてはげしく踊る黒人がカメラの目前でトランス状態へ入り、手足を痙攣させ、泡を吹いたあとで、ロアが憑依して神霊として振るまう姿がダイレクトに記録されている。

もう一つ、マヤ・デレンの記録フィルムで指摘すべきことは、カメラの立ち位置である。マヤは人びとが集まり、歌い、踊るような場所では、身体を動かさずにはいられないダンサーであった。彼女が構えるカメラは人びとの輪の中央にあり、踊っている人のすぐ横でカメラも揺れ続ける。私たちはマヤ・デレンの映画が夢や無意識のリアリティから、カメラ自体を振り付けるフィルム・ダンスへと変遷するさまを『カメラのための振付けの研究』で考えたが、ここではさらにその手法が拡張されている。ヴードゥーの祭儀のなかで即興的に踊る黒人たちのとなりで、マヤ・デレンのカメラもまた即興的に振り付けられてダンスをしているのだ［図10］。これこそが、人間の身体という被写体とカメラのあいだで彼女が創りだした独自な撮影スタイルなのだ。

マヤ・デレンの他にもヴードゥー祭儀の撮影を試みた人たちは数多くいる。しかし彼らがカメラをまわすとき、神々は立ち去るのだ。また彼女のカメラワークは、カメラへの即興的な振り付けであると

図10　祭儀のなかで即興的に踊る黒人たち（『聖なる騎士たち』）

同時に、彼女が儀式において描いた身体運動の軌跡の記録でもある。いうなれば、彼女はイメージの詩人として、即興的で前衛的なドキュメンタリーの撮影方法をヴードゥーの祭儀における人の輪のなかで試みていた。テイジ・イトーらによる『聖なる騎士たち』の映像人類学的な編集は、決して的外れなものではなかった。それは考えられるかぎり、マヤ・デレンの書いた著書、彼女が撮ったフィルム、彼女が録音した音声に忠実であろうとつとめている。しかし、そのような科学的で学問的なアプローチや通常のドキュメンタリーの方法では、「白い闇」をはじめとする内的な体験が表現できないとマヤ・デレンはどこかの時点で気づいたのだろう。だからこそ、彼女はそれを映画として完成することを断念して、民族誌というかたちで書物に著したのではないか。

†1 Maya Deren, *Divine Horsemen : The Living Gods of Haiti*, McPherson & Company, 1983.

†2 マヤ・デレン「個人映画と商業映画」飯村昭子訳『フィルムメーカーズ 個人映画のつくり方』金子遊編、アーツアンドクラフツ、二〇一一年、二五頁、一部改訳。

†3 『鏡の中のマヤ・デレン』（マルティナ・クドゥラーチェク監督、二〇〇二年、配給：ダゲレオ出版）、映画の音声と字幕をもとに一部改訳。

†4 Veve A. Clark, Millicent Hodson, Catrina Neiman, *The Legend of Maya Deren: A Documentary Biography and Collected Works*, Anthology Film Archives, 1984.

†5 Maya Deren, “A Letter”, *ESSENTIAL DEREN Collected Writings on Film by Maya Deren*, McPherson & Company, 2005, p. 190-191 を参照。

†6 Maya Deren, "Choreography for the Camera," *ESSENTIAL DEREN*, p. 220-224.

†7 『鏡の中のマヤ・デレン』、映画の音声と字幕をもとに一部改訳。

†8 Joseph Cambell, "Editor's Forward," *Divine Horsemen : The Living Gods of Haiti*, xiv-xv を拙訳。

†9 壇原照和『ヴードゥー大全――アフロ民俗の世界』夏目書房、二〇〇六年、六七―六八頁を参照。

†10 Maya Deren, *Divine Horsemen : The Living Gods of Haiti*, p. 41-43 を参照。

†11 *Ibid.*, p. 258-259. 和訳は、今福龍太『野性のテクノロジー』（岩波書店、一九九五年）二二一―二二三頁を参照した拙訳。

†12 ゾラ・ニール・ハーストン『ヴードゥーの神々――ジャマイカ・ハイチ紀行』常田景子訳、新宿書房、一九九九年。

1

III

ペーター・クーベルカ PETER KUBELKA

伝説の映画作家

太田 曜

伝説の実験映画作家

戦後ヨーロッパで最も重要な実験映画作家の一人……。手元にあるラルースの映画辞典（一九八七年版）でドミニック・ノゲーズ[†1]はこのように書いている。ヨーロッパに限らずアメリカなどの英語圏では作品の上映とともに本や記事が沢山出ている事もあって、ペーター・クーベルカとその作品の認知度はかなり高いものではないかと思われるが、日本では上映も限られているし、日本語で紹介されている記事や書籍が極端に少ないために伝説の実験映画作家の一人になっている。

クリスチャン・ルブラ[†2]の著書*PETER KUBELKA*[†3]の中でペーター・クーベルカは、「生まれた所は、シュミット、ショイググルの辞書[†4]に誤って書かれているヴェルスではない」と言っている。ペーター・クーベルカは一九三四年三月二三日、オーストリアのウィーンに生まれた。一〇歳から一三歳までウィーン少年合唱団に所属していた。このことを含めてクーベルカは音楽についても造詣が深い。高校卒業まではリンツと、とても小さな町ヴェルスで過ごし、その後一九五二年から一九五四年までウィーンの音楽と舞台芸術大学（Hochschule für Musik und Darstellende Kunst）に学んでいる。そして、後に『信頼のモザイク』（1954-55）の制作によって追放されることになるローマの実験的映画センター（Centro Sperimentale di Cinematografia）に一九五四年から一九五六年のあいだ学んでいる。この時から彼は、産業的映画（商業映画）は、フィルムと映写（上映）の特異な利点を充分に引き出していないと考えるようになる。ウィーンの社会生活と労働者階級のエピソードの断片のアサンブラージュによる彼の制作では、その中にナラティフな立場を見いだすのは困難だった。同様に、この最初の映画で編集とイメージの衝突についての関心の高まりが生まれている。

一九五六年からヴェネチア・ビエンナーレ、ブリュッセルの万国博覧会、クノックル・ル・ズート国際実験映画祭[†5]などに参加した事で彼の名声はより大きく発展する。

それにもかかわらず彼は、一九五七年から一九六〇年にかけて、生活の為にコマーシャルの仕事を試みる。しかし、クーベルカには他人に対する追従という能力が欠如していた。そのために、彼のクライアントはあっという間に三つだけになる。『アデバー』（1956-57）の着想を与えたダンス劇場、『シュヴェカター』（1957-58）を発想させたビール工場、そして自身のポートレイトの代わりに明滅映画（フリッカー映画）の名祖（eponym）である六分半の黒味と素抜けのコマのフィルム『アーヌルフ・ライナー』（1958-60）を受け取る事になったクーベルカの友人で美術家のアーヌルフ・ライナー。クーベルカはここで絶対的な精錬の地点に到達する。セリー音楽と、置換の原則の上に、彼のメトリック（拍節法的、韻律法的）映画理論を確立した。それぞれのショットは自立し、厳格に他と分節され、そして、それは物語を作り出すのではなく、ある感覚を生じさせる。映画の中味はどうでもよい、何故ならその構造、明滅、色、映像と音との間の関係の方が観客にはより強く影響するからだ。

一九五九年から六〇年頃、クーベルカはスウェーデンに移住する。そして一九六一年、後に『我らのアフリカ旅行』（1961-66）となるサファリ映画制作のためにアフリカへ旅立つ。一九六六年に完成するその作品は旅行代理店が期待したかもしれない「勇壮な冒険」とは異なり、旅行代理店にとっては皮肉な内容のものとなった。

図1　Invisible Cinemaに座る三人。左から、アダムス・シトニー、ジョナス・メカス、ペーター・クーベルカ（Christian Lebrat, *PETER KUBELKA*, Paris Expérimental Editions, 1990）

一九六四年、彼はペーター・コンレヒナー（Peter Konlechner）とオーストリア映画博物館[†6]（Österreichisches Filmmuseum）を設立。そして一九六六年にアメリカへ、ジョナス・メカス（Jonas Mekas）によるニューヨークでの映画上映のために出発する。一九六六年にはニューヨークのフィルムメーカーズ・コーポラティヴのメンバーにもなった。このとき以来彼は理論の方へ転回し、主に北アメリカの五〇カ所以上の大学や公共文化施設でカンファレンス、セミナー、そして映画上映を主催する。また一九七〇年ころから彼は映画と料理を結びつけ、アートを音楽のようにすることを楽しむようになる。それは彼に、感覚の類似に至る一つの方法を織りなすことを可能にしたのだった。一九六八年には最初の「クッキング・コンサート」をニューヨークで行っている。

ニューヨークの国際連合フィルムライブラリーでの仕事（一九六七―一九六八年）の後、同市でのアンソロジー・フィルム・アーカイヴスの設立に参加する。その後一九七〇年には同アーカイヴの収蔵作品を鑑賞するための映画館「Invisible Cinema」〔図1〕を開館する。この映画館は完全に暗黒で、観客はスクリーンを注視する以外に絶対によそ見が出来ないようになっている。一九七三年、この映画館はジガ・ヴェルトフの『ドンバズ交響曲・熱狂』の上映の際に修復された。

一九七六年、ポンピドゥ・センターの館長ポントゥス・フルテン[†7]（Ponthus Hulten）はアヴァンギャルド映画のコレクションをすることと、国立コンテンポラリー・アートセンターと国立近代美術館の共催で〈映画の一つの歴史（UNE HISTOIRE DU CINEMA）回顧特集上映展〉[†8]をオルガナイズすることを着想し、それをクーベルカに依頼した。

一九七八年、クーベルカはフランクフルトのシュテーデル美術大学[†9]の教授に就任する。大学では映画と並行して「料理も芸術の一つの形式」ということで、絵画のアトリエを本格的なレストランの大きな厨房のように改造し、料理の講座も行っている。また、一九八五年から一九八八年までは同大学で学長も務めた。

一九八四年、ウィーンで国際フィルムアーカイヴ連盟（ＦＩＡＦ）の第四〇回大会が行われた際に〈非・産業映画について〉というシンポジウムを主催している。

シュテーデル美術大学を退職した後はオーストリアで暮らし、現在も作品制作を続けている。

一九五四年から現在までに八本の作品、計六八分三〇秒しか作っていない

ペーター・クーベルカは二〇一六年までの時点で知る限り以下の八本の映画を制作、発表し、また配給している。以下はその原題とオリジナルフォーマット、長さ、簡単な作品解説などである。これらの作品は日本で上映された時にタイトルの日本語訳やドイツ語のタイトルの読み方が統一されていない。作品の日本語訳についても併せて提案したい。

①『信頼のモザイク』*Mosaik im Vertrauen*（1954-55）、三五ミリ、一六分
②『アデバー』*Adebar*（1956-57）、三五ミリ、二六×四×一六＝一六六四コマ、一分九秒
③『シュヴェカター』*Schwechater*（1957-58）、三五ミリ、一四四〇コマ、一分
④『アーヌルフ・ライナー』*Arnulf Rainer*（1958-60）、三五ミリ、二四×二四×一六＝九二一六コマ、六分二四秒
⑤『我らのアフリカ旅行』*Unsere Afrikareise*（1961-66）、一六ミリ、一二分三秒〇
⑥『ポーズ！』*Pause!*（1975-77）、一六ミリ、一二分三〇秒
⑦『詩と真実』*Dichtung und Wahrheit*（1996-2003）、一六ミリ、一三分
⑧『アンチフォン』*Antiphon*（2012）、三五ミリ、六分

①『信頼のモザイク』〔図2〕はクーベルカが最初に制作した映画で、もともとは劇映画として制作された。シナリオもあり、役者が出演して演技もしている。ただ、クーベルカは途中からこの映画が劇映画として完成されることに疑問を抱き、物語は解体され、カットは物語とは関係無く編集されることになる。最終的にはそれぞれの物語から解放されたカットがモザイク状に再構成された映画になる。

この作品の題名については幾つかの日本語訳がある。『秘密のモザイク』『モザイクの秘密』『自信にモザイク』『信頼のモザイク』だ。モザイクはどれも同じだが im Vertrauen をどう訳すのかで幾つかの異なった日本語訳になっている。単語の意味的にはどれも正しいと思われるのだが、この映画は秘密が出て来たり秘密がテーマだったりはしない。そうなると自信なのか、信頼なのかだが、ここは、このモザイク（で出来た作品、映画）に対する信頼と考えたい。そこには、作者の作品への自信のみ

図2 『信頼のモザイク』（1954-55）

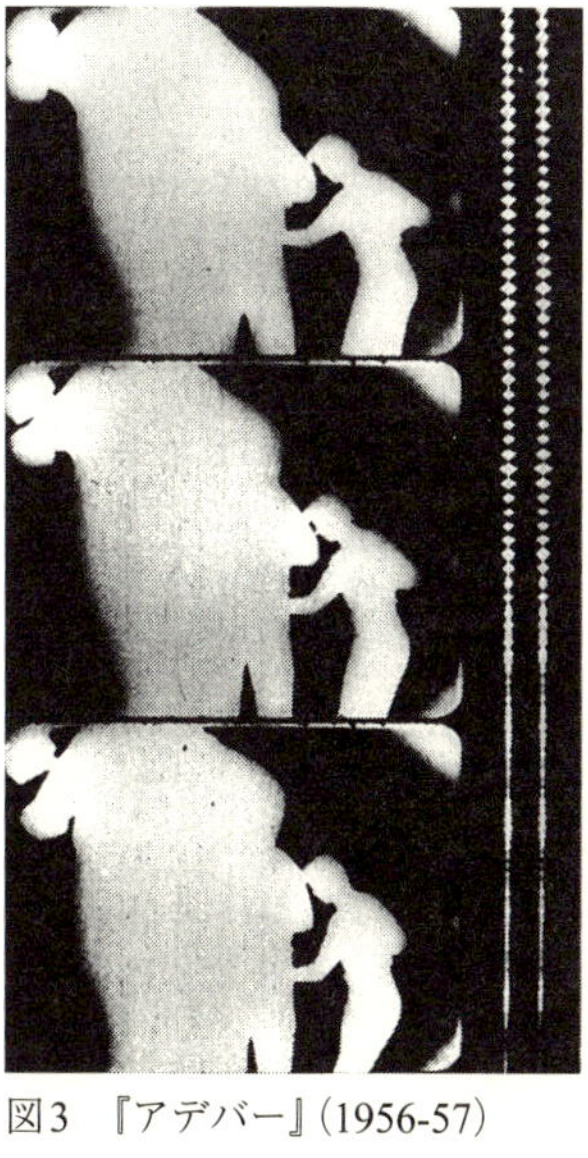

図3 『アデバー』（1956-57）

ならず、映画の新しいあり方への「信頼」が題名にも込められているように思えるのだ。この映画の題名の日本語訳を『信頼のモザイク』と新たに提案しておきたい。

②『アデバー』〔図3〕はダンスの劇場のために制作された映画で、ダンスをする男女の若者が写されている。ただ、モノクロのハイコントラストで、ほとんどシルエットであり、ネガ像もあるのでよく見ないと何が映っているのかは分かりにくい。サウンドトラックにはピグミーの音楽がループで使われている。この作品の構造については後で詳述する。

Adebar は『コウノトリ』という邦題が付けられている場合がある。ドイツ語でコウノトリは storch というのが一般的なようだが、方言でアデバーというのがあるようだ。アデバーがオーストリア／ドイツのどの辺りで方言としてコウノトリの意味で使われているのか、また何故わざわざ方言のコウノトリの意味の題名にしたのかは今のところ分からない。

③『シュヴェカター』〔図4〕はビール会社のコマーシャルフィルムとして制作された。ハイコントラストフィルムでビールを飲む女性やその手元などが写されているが、非常に短いカットが素早く入れ替わったりするので、展開は見ていてもなかなか良く分からない。サウンドトラックにはパルス音が断続的に入れられている。『シュヴェカター』ではウィーンで一番のレストランに一流のモデルを雇って、クライアントの前でビールを飲むモデルを撮影していたのだったが、廻せる生フィルムはたった二分、あとは廻す振りをしていただけ、それでクライアントとの約束は何一つ破っていないと云うのはやや乱暴のような気もする。ただ、このコマーシャル・フィルムも「映画の本質へ向けて」作られたものだった、とすれば映画としては問題は無かったのかも知れない。勿論、クライアントは納

図5　『アーヌルフ・ライナー』(1958-60)

図4　『シュヴェカター』(1957-58)

得しなかったのだが……。

Schwechater は、だいたいシュヴェカターと英語的？　に読まれる事が多いように思われるが、ドイツ語の発音により近いシュヴェヒャターとなっているものもある。ちなみにシュヴェヒャター（Schwechater）はウィーン郊外のシュヴェヒャートにある一六三二年設立の由緒あるビール会社。

④『アーヌルフ・ライナー』［図5］はクーベルカの友人でもある美術家の名前が題名になっている。作品についての詳しい説明は後述するが、形式的には何も写っていない素抜けのフィルムと黒味のフィルムのそれぞれに電気的なノイズ音が付いている部分と付いていない部分という要素が、コマ単位で綿密に構成されている。いわゆるフリッカー映画、明滅映画、チカチカ映画などと呼ばれることもあるコントラストの高いコマ（あるいはごく短いカット）が交互に出現する形式の映画の元祖である。

Arnulf Rainer はアーヌルフ・ライナーと読まれる事がほとんどのようだ。アルヌルフ・ライナーの方がドイツ語の発音にやや近いのではないかという気もするが、ほぼ定着している呼

図6 『我らのアフリカ旅行』(1961-66)

図7 『ポーズ！』(1975-77)

図8 『詩と真実』(1996-2003)

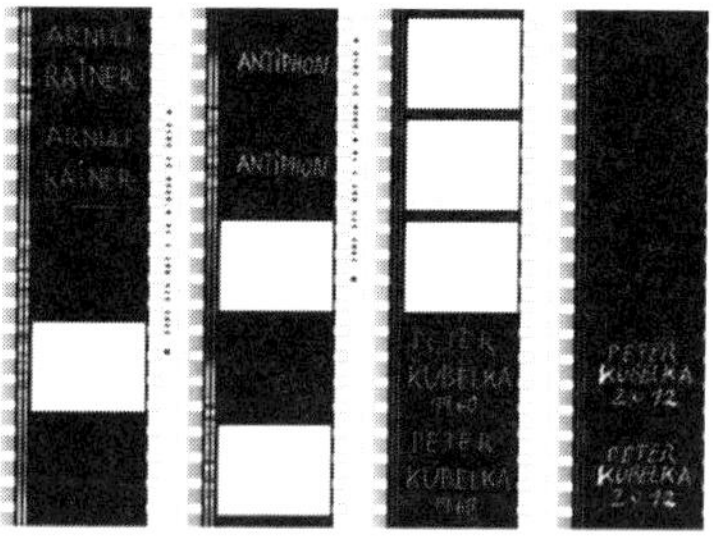

図9 『アンチフォン』(2012)と『アーヌルフ・ライナー』

び方に異論を挟む程のことではない。ただ、この映画の題名はオーストリアの美術家の名前で、[†10]彼の作品は日本の美術界でも紹介されているが、美術の方では彼はアーノルフ・ライナーと呼ばれている。ちなみに美術家アーノルフ・ライナーの作品は、現在は閉館してしまった清里現代美術館などに収蔵されていた。

⑤『我らのアフリカ旅行』〔図6〕は、アフリカへサファリ（猛獣狩り）の旅に行く人達の記録映画。現地の人の様子やサファリで動物を狩猟する様子が写されている。三時間程の撮影済みフィルムと、録音された音を編集するのに五〜六年かかっている。

⑥『ポーズ！』〔図7〕は美術家アーノルフ・ライナーが行ったボディー・アートというアクションが撮影された映画。ライナーが当時行っていたパフォーマンスがカメラの前で行われている。画面には壁の前などでパフォーマンスを行うライナーがフィックスのカメラで写されている。全身を入れたカットや顔をアップで撮ったカットなど、サイズの異なるものを編集し構成している。音は、実際にライナーが出している呼吸音や身体を手で叩いたりするのと、同録の現場の状況音ではないかと思われるバックグラウンドノイズが断続的に入っている。この作品も制作に二年程かかっている。

Pause! はだいたい『ポーズ！』と訳されているものが多いが、ドイツ語の発音により近いのはパウゼ！　ではないかと思われる。

⑦『詩と真実』〔図8〕は四本のコマーシャルフィルム（養毛剤、チョコレート、クリーニング剤、パスタ）から一二のシークエンスを使って作られたファウンドフッテージ作品だ。本当にコマーシャルのフィルムで既存のものから作られたとすれば、編集だけで七年間かかって制作されたことになる。

クーベルカの映画の中では唯一のサイレント作品。*Dichtung und Wahrheit* という題名はゲーテの『詩と真実』からとられている。

⑧『アンチフォン』〔図9〕は日本では未公開なので詳しいことは分からない。アーヌルフ・ライナーとは対になるような作品となっている。

作品とその理論――メトリック

クーベルカは自身の作品について、メトリックな作品とメタフォリック（隠喩的）な作品の大きく二種類の傾向がある、と来日して講演した際にも語っている。

メトリックな作品とは、『アデバー』『シュヴェカター』『アーヌルフ・ライナー』のことであり、メタフォリックな作品はそれ以外の『信頼のモザイク』『我らのアフリカ旅行』『ポーズ！』『詩と真実』だ。最新作品の『アンチフォン』については未見なので詳しいことは分からないが、『アーヌルフ・ライナー』と対になる作品のようであるから、もしそうならばこの作品はメトリックな作品に分類されるのだろう。

メトリックという言葉は日本では音楽関係の拍節法、あるいは、詩における韻律法のこととなっている。[†11] 他にも、IT関係の用語としても使われるようだが、クーベルカの映画作品とは関係ない。

クーベルカの映画は、自身がメトリックな映画とは言っていない作品も含めて、このメトリックな「手法」あるいは「理論」が適用されている。クーベルカが作品についてメトリックとしているものの中味は、フィルムのひとコマ（と、コマとコマの間）を最小の単位として、音楽を作るようにして作品全体を構成することだ。そのために特にメトリックな作品としているものについては作品の長さを時間だけではなくてコマ数でも表記している。

『アデバー』では一三コマの「カット」が最小の単位となって、それが一三コマ、倍の二六コマ、四倍の五二コマという三種類に分けられている。これら三種類の組み合わせはいずれも合計で一〇四コマ、その一〇四コマの組み合わせが全部で一六あって、合計のコマ数が一六六四コマになっている。さらに「カット」は、それぞれネガ像のものポジ像のものがあり、交互に出現する構成になっている。組み合わせ方はそれぞれを四回の中に入れるようにしているので、一三コマが八回出て来たりとか、五二コマが二回だけとかにはなっていない。一三コマ、二六コマ、五二コマを四つ組み合わせて一〇四コマにするには二六・二六・二六・二六や五二・二六・一三・一三などがあるが、すべての組み合わせを使っているわけでもない。最も多く使っているのは二六・二六・二六・二六の組み合わせで八回、他の八回は順番は入れ替わるが一三・一三・二六・五二の組み合わせで、これらでは一三は必ず二回続けて使われている。

クーベルカはこの組み合わせを、映写した画面で映画として見せるだけではなく、延ばして広げたフィルムを展示して見せる事もよく行っている。画面上で決まった時間経過の中で上映するだけではその「メトリック」な構造が観客に理解されないと考えたからではないかと思う。また上映も二回やるようにと強調しているのは、この組み合わせの構造を何とか分かってもらいたいとの思いの表れではないだろうか。

『アデバー』はもともとダンスの劇場のために作られた映画の筈だった。よく見ればダンスをする人物が撮影されている事が分かる。しかし、それらの画像は一三コマを単位とする「カット」に分けられ、さらにネガ像とポジ像の「カット」が組み合わされているために、映っているものからその映画の展開を読み取るのは困難だ。そもそも、作者はそのようなことをこの映画の受容者に求めてはいないのだと思う。クーベルカの映画では、撮影と編集のバランスが極端に編集に片寄っている。『アデバー』の次に作られた『シュヴェカター』のように最初から使える生フィルムが二分しかなかった、などという事情もあるのだろうが、その後の『アーヌルフ・ライナー』では、一般的に考えられるような映画における撮影という行為はほとんど無視されている。

ここにクーベルカの考えるメトリックな映画とは何かを考える鍵があるように思われる。結論から言ってしまえば、彼のメトリックな映画には何も写っていなくても良かったのだ。あるいは『アーヌルフ・ライナー』を見る限り、何も写っていない方が良かったのだ、とさえ言える。ダンス劇場のための作品や、ビールのコマーシャルでは制作過程で撮影をしないわけにはいかなかったということなのかも知れない。

クーベルカは上映を伴う多くの講演で繰り返し自身の作品について語っている。一九九七年に来日した際横浜美術館などで行った講演の中で語られた言葉を参照しながら彼の考えるメトリックな映画について考えてみたい。

このような手法で構成された映画で、クーベルカが求めたのは「調和」だった。そして、その調和によって最終的に得られるものは「エクスタシー」なのだと。作品の見かけの過激さからはなかなかすぐには思い至らないかも知れないが、実際に『アーヌルフ・ライナー』を見ると似たような手法で作られているいわゆるフリッカー映画とは目指しているものが異なっているのが分かるだろう。

クーベルカによれば「カット」を均等な要素として配列して調和させるのは、あたかもギリシャの神殿の柱を並べるのと同じようなことなのだ。一定の決まった時間の中で繰り返される明滅。映画はその構造が既に繰り返しで成り立っている。フィルムのひとコマがスクリーンに投影され、映写機のシャッターが閉じると映写機の光は遮られ、映画の行われている空間は闇になり、その間にフィルムがひとコマ分送られて、再びシャッターが開いて次のコマがスクリーンに投影される、ということの繰り返し。

クーベルカによれば音楽やダンスは繰り返しによって作られている。これら繰り返しの根源は、日が昇ってまた沈んだり、それが繰り返されて季節が巡ったり、あるいは歩いたり、といった人間の基本的な日常行動だ。そして、エクスタシーは繰り返しから生まれ、どの文化にもエクスタシー的な音楽が存在するのだという。たとえばウィーンにはワルツがあるように。

クーベルカが強調しているのは音楽や絵画の持つ「伝統」をもっと映画に送り込もうと考えた、ということだ。作品の見かけの過激さや、クライアントや社会との軋轢とは裏腹に、意外にも保守的な思想のように思えなくもない。しかしその一方で、もし音楽をそのまま映画に再現しようとしても映画は機能しない、映画はもっとクールなものだ、とも言っている。映画は闇の中でしか機能しないし、同時に幾つものことを体験することも出来ない。ただ、そのために他の芸術のどれよりも大きな感動や共感を見る者に与えるのだとも言っている。

闇の中で繰り返し明滅する映画。その映画で調和とエクスタシーを求めて出した結論が『アーヌルフ・ライナー』だった。映画の要素を極限まで突き詰めて行った時に、クーベルカにとって残ったものはフィルムの透明な、画面上は白く映る何も写っていないコマと、黒い、画面上には何も映らないコマ、そしてひとコマ分の長さ二四分の一秒の音（電気的ノイズ）のサウンドトラックと、無音のサウンドトラック、この四つの要素だった。友人でもある画家アーヌルフ・ライナーに頼まれて制作されたこの映画は画面一杯の白黒の明滅だけで映像が成り立っている。当時のアーヌルフ・ライナーが白黒の大画面の絵画作品を描いていたことを考えると、この映画も他のメトリックな映画同様頼んだ人の希望するものがちゃんと撮影されていたと言えるのかも知れない。もっとも、この映画では撮影自体が行われたのかどうかさえ良く分からない。素抜けと黒味のフィルムは特に撮影をしなくても編集に使うための素材を入手することも出来るからだ。

この映画では最小の要素はひとコマで、素抜けのサイレントとサウンド、黒味のサイレントとサウンド、というたった四つの要素を九二一六コマ、六分二四秒編集するのに二年以上かかっている。ドミニック・ノゲーズは「『アーヌルフ・ライナー』は存在するどの映画よりも最も映画の本質に近い映画だ。映画の根源的な要素、光、光の不在、音、音の不在、そしてそれらの時間の中での出来事だけで出来ている[†12]」と述べている。

クーベルカが映画の本質へ向けて、その中の最も基本的で純粋な要素だけで作り上げた映画『アーヌルフ・ライナー』、この作品を他の芸術の分野で考えると最も近いものは音楽ではないだろうか。この映画が作られるに至る経緯にはクーベルカの生い立ちが関係しているのではないかと思われる。

クーベルカの父親フェリー・クーベルカ（Ferry Kubelka）はバイオリンの演奏家だった。実際にペーター・クーベルカは、一〇歳から一三歳までウィーン少年合唱団に所属している。そして、その後ウィーンの音楽と舞台芸術大学に学び、クラシック音楽に造詣が深いことが対談やインタビューでしばしば述べられている。また、ペーター・クーベルカはリコーダーの演奏者としても活躍し、シュテーデルの教授時代には大学のホールで演奏会も行われている。演奏会はクーベルカと仲間達による演奏、映画作品の上映、そして大学で映画の授業とともに行われていた「料理」の授業で作られた料理を食べること、これらが一体化して行われた。クーベルカと仲間による演奏の催しは、フランクフルト、シカゴ、ニューヨークなど各地で行われている。クーベルカの芸術に対する考え方、表現の姿勢といったものの中で、音楽が占める割合は相当に大きなものであると思われる。あるいは、映画を考える時に普通のこととして音楽のことが頭にあるのではないだろうか。

メトリックな構造によって作られる調和、繰り返しがもたらすエクスタシー、これらが突き詰められて出来たのが『アーヌルフ・ライナー』だった。そのメトリックな映画の理論的な背景になったのは音楽だったのだろう。多くの講演や対談などでも音楽について多くを語り、また作品と音楽の関係についても語っているのだが、美術についてはほとんど語っていない。クリスチャン・ルブラのインタビューではアーノルフ・ライナー、カジミール・マレーヴィッチなどの画家が話題になっているが、ルブラがクーベルカ作品をバーネット・ニューマンと対比しようとする時に、彼はニューマン自体を知らないと答えている。[†13]

『アーヌルフ・ライナー』は映画、実験映画、アヴァンギャルドシネマの歴史の中でも新しい地平を切り開いた画期的な作品と言えるのではないだろうか。映画はもともと写真を連続して間歇的に撮影し、連続して間歇的に投影することで動きの錯覚を作り出すものとして誕生した。撮影は映画にとって重要な基本的要素だった。マン・レイの『理性への回帰』（1923）などのようにカメラを使わず、フォトグラムの手法で画像を作った実験映画はあるが、画面に一切像が無い映画は、おそらくヴァルター・ルットマンの『ウィークエンド』（1930）以外には『アーヌルフ・ライナー』の登場まで無かっただろう。ただ、ルットマンのこの作品は、ラジオで放送された「耳で聞く映画」というものだった。当時音を録音・再生するのに映画の光学サウンドフィルムを使ったものだった。「音だけの映画」で、そもそも画像は存在しなかった。この作品を、上映して画面を見る映画と同列に語るべきかどうかという気もする。その後、一九六〇年代後半にはトニー・コンラッドやポール・シャリッツなどのいわゆるフリッカー映画が作られるようになるが、映画の新しい形式としてはクーベルカが先駆者だ。

クーベルカはそれまでの映画におけるカットという考えを、ひとコマ（とコマとコマの間）にまで押し進めた。そして、そのメトリックな映画の理論によって、映画の基本的なたった四つの要素、素抜けと黒味のフィルムと、サウンドとサイレントという四つだけを時間の中の出来事にすることで、見る者に調和とエクスタシーを与える新しい映画を作ったのだった。

クーベルカの作品を見て思うのは、『アーヌルフ・ライナー』でそのメトリックな映画はほとんど完成されてしまったのではないかということだ。しかし、その後作られる映画をメタフォリックな映画と呼ぼうとも、メトリック映画の思想が反映されているのではないかと思われるのだ。

『我らのアフリカ旅行』では三時間の映像とほぼ同様時間分の音が一九六一年の旅行でとられている。編集が終わって、最初の上映が行われるのは一九六六年だ。毎日これに関わっていたのでは無いとは言っているものの編集に五〜六年かかっている。『詩と真実』はもし本当にファウンドフッテージだったとすれば、編集だけで七年かかっていることになる。クーベルカの映画は『信頼のモザイク』から『詩と真実』までずっと、カットをどのような組み合わせで構成するのかということを中心にして作られていると言っても過言ではない。その根本にあるのは画像さえも不要となってしまった『アーヌルフ・ライナー』なのだろうが、すべての作品が調和とエクスタシーを求めた極限の編集で作られている。ギリシャ神殿の柱のようにカットを並べて、そこで得られる調和と繰り返しからエクスタシーが生まれるというのはクーベルカ映画に一貫したもののように見える。その背景には自身の音楽的経験や音楽への思いが込められているのではないだろうか。

伝説になる程寡作、上映も極めて少ない

日本で最初にクーベルカ作品が上映されたのは一九六二年の事だったようだ。草月会館で『アデバー』や『アーヌルフ・ライナー』などがSAC試写会〈ペーター・クーベルカ作品集〉で上映されたらしい。この上映に関しては実際にその場に居たわけではないので詳しい事は分からない。

クーベルカ作品を含むオーストリアのアヴァンギャルド映画の秩序立ったプログラムの上映は一九九六年一二月に彩の国さいたま芸術劇場映像ホールで行われた〈オーストリア・ウィーン・ヒストリ

ー・オブ・フィルム：オーストリア・アヴァンギャルド映画1955-1993〉がある。この時に上映されたクーベルカ作品は『信頼のモザイク』『アデバー』『シュヴェカター』『アーヌルフ・ライナー』『我らのアフリカ旅行』『ポーズ！』で、この時点でのクーベルカの全作品だった。

一九六二年から約三〇年の間にクーベルカ作品の上映が国内で行われたかどうかは不明だが、少なくとも大規模な特集上映は行われていなかったのではないかと思われる。因みにこの彩の国さいたま芸術劇場での上映の案内チラシにはクーベルカについて「現在料理の研究家として、また音楽家としても著名なクーベルカは、映画フィルムのひとコマひとコマをまさに音符のように丹念につくりあげ、二〇年間で短編わずか五本、合計三〇分強という寡作であるにもかかわらず、実験映画のパイオニアの一人として世界の映画学校の教科書に記されています。日本ではわずかに『アーヌルフ・ライナー』が一九六六年に上映された記録があるだけで、他の作品はもちろん日本初公開となります。」と書かれている。ここにある一九六六年の上映というのが先の一九六二年の上映の間違いなのか、あるいはそれとは別に一九六六年に『アーヌルフ・ライナー』だけが上映されたのかは分からない。いずれにせよ、この彩の国さいたま芸術劇場の上映の時にも過去に上映が多くなされた訳ではない事が強調されているのだった。

一九九七年、クーベルカ本人が来日してそれまでに作られたクーベルカ作品が全て上映され、さらに本人による講演が横浜、東京、大阪、高知、名古屋の五カ所を巡回して行われた。〈ペーター・クーベルカ／映画の本質に向けて〉、企画はイメージフォーラム、上映された作品は『信頼のモザイク』『アデバー』『シュヴェカター』『アーヌルフ・ライナー』『我らのアフリカ旅行』『ポーズ！』で、これも当時クーベルカが作った映画の全てだった。この企画のあった一九九七年以降作られたのは『詩と真実』と『アンチフォン』の二本しかない。

一九九七年にクーベルカは〈イメージフォーラム・フェスティバル１９９７〉の一般公募部門の審査員を映像作家で『月刊イメージフォーラム』元編集長の中島崇、実験映画作家の奥山順市と務めているが、フェスティバルでクーベルカの作品は上映されていない。因みにこのフェスティバルでのグランプリはダンサーでもある万城目純の『Mongolian Paty』（1996）だった。

二〇〇八年二月、東京都写真美術館で〈恵比寿映像祭〉のプレイベントとして〈映像をめぐる七夜〉が行われた。その中の第四夜「フリッカー・ナイト」（二月二四日）でクーベルカの『アデバー』『シュヴェカター』『アーヌルフ・ライナー』が、トニー・コンラッドの『フリッカー』やポール・シャリッツの『ピース・マンダラ』等とともに上映されている。

二〇一二年の〈イメージフォーラム・フェスティバル２０１２〉では〈ブレイキング・グラウンド：オーストリア・アヴァンギャルド映画の60年〉というプログラムが組まれその中で『シュヴェカター』『アーヌルフ・ライナー』『我らのアフリカ旅行』の三本が上映された。因みにこのプログラムはブレント・クリンクム（Brent Klinkum）のキュレーションでシックスパック・フィルム[†14]（Sixpack Film）によって実施された。

その後の上映としては、二〇一五年三月二二日に日本映像学会アナログメディア研究会主催の〈アナログメディアカンファレンス２０１５〉で、日本初公開のクーベルカ作品『詩と真実』（2003）が上映された。

以上が二〇一五年までのクーベルカ作品の日本での上映の状況である。抜けているものもあるかもしれないが、いずれにしてもそう多く上映されている訳ではないのはお分かり頂けるだろう。

クーベルカについての本、クーベルカが出てくる映画

ペーター・クーベルカという題名の本が二冊ある。一九九〇年にクリスチャン・ルブラがパリ・エキスペリメンタルから出したアヴァンギャルドの古典シリーズの*PETER KUBELKA*はフランス語で書かれている。クリスチャン・ルブラとペーター・クーベルカの対談、クーベルカ自身によるテキスト、他に何人かの文章と多くの写真や図版で構成されている。

ウィーンの**PVS Verleger**から刊行された*Peter Kubelka*はドイツ語で、ウィーン大学の映画史家ガブリエル・ユッツと実験映画作家ペーター・チェルカスキーが編著者だ。映画のコマ写真がカラーで数多く掲載されているばかりか、『アーヌルフ・ライナー』のA−2版「楽譜（設計図？）」が巻末に袋とじで付いている。

この正確な楽譜から『アーヌルフ・ライナー』の再現版を作り出してしまったのが実験映画作家の末岡一郎だった。フィルムのコマ単位で素抜けと黒味、ノイズの有り、無しとなっている九二一六コマを厳密に再現したNTSCビデオ版『アーヌルフ・ライナー』は元のフィルム作品の雰囲気をかなり彷彿とさせるものだ。残念ながら二四コマ／秒のフィルムのコマを三〇フレーム／秒のNTSCの上に並べているので全体で約二〇パーセント時間が短くなっている。末岡一郎がこのような苦行に挑

戦した訳は、クーベルカ作品がビデオ化されていないということもあったのだと思う。

フィルムで作られた実験映画のほとんどのものがビデオ化され、あるいはDVDで、あるいはユーチューブで見る事が出来る中、クーベルカは今もって頑に自身の作品のビデオ化を拒否し続けている。その根拠は「Invisible Cinema」を作ってしまったことからも伺えるように、映画を画面の中に何が写っているのか、ということだけで考えていないからだ。映画は暗闇の中でスクリーンにだけ集中出来るような環境で、フィルムで映写して見るものだ、というのがクーベルカの信念だ。クーベルカにとってフィルムとビデオは全く別のメディアなのだ。だから、フィルムで作られた、フィルムで映写して見るための映画を全く違うメディアに乗せ換えることなど彼の想像外のことなのだ。そうなると、日本ではクーベルカ作品を配給しているシックスパックのようなNPOもないので、彼の作品はますます伝説となってしまうのはある程度止むをえないことなのかもしれない。フィルムとビデオが全く違うメディアだということになれば、作品を見ないで（見せないで）全く違うメディアで説明するようなことは滑稽なことなのかもしれない。ビデオもDVDも出ていないクーベルカ作品についてより良く知るためには上映の機会を作るしかない。

クーベルカが出ている映画ですぐに思いつくのはメカスの『リトアニアへの旅の追憶』（1972）だが、その後も実験映画作家のドキュメンタリー映画に出演している。二〇〇七年から二〇〇九年にかけて制作されたフレデリック・デヴォー、ミッシェル・アマルジェ[†15]の大作ドキュメンタリー映画『横断する映画』*Cinéma de Traverse* は日本未公開。世界の実験映画作家の制作の様子と、本人へのインタビューで構成された約三時間の映画だ。ピップ・チョードロフ[†16]が二〇一〇年に制作したドキュメンタリー映画『フリー・ラディカルズ：実験映画の歴史』は二〇一二年の〈第四回恵比寿映像祭〉で上映された。この中でクーベルカはメカスと一緒におそらくパリではないかと思われるカフェで、クノックル・ル・ズートでの「運命的な出会いについて」楽しそうに話している。

クーベルカに関する個人的思い出

筆者は一九八四年から一九八五年までの一年間、フランクフルトのシュテーデル美術大学でペーター・クーベルカの映画と料理の講座を受講した。もはや随分と昔のことだが思い出すことを書いてみたい。

映画に関してクーベルカがやっていた授業は独特なものだった。学生はそれぞれ自由に作品を企画し各学生には学校から一定の分量（覚えている限り半期で三〇〇フィート）のフィルムとそれを隣町にある現像所で現像する権利が与えられる。作品を自力で、学校の機材や設備を使って作っていた。映画のコースで機材などを管理していたのは同じ学生で、その後一九九三年に『かば』*Hippopotamuses* を作ることになるカール・ケルスだった。[†17] 映画分析と名付けられた授業で、学生はそれぞれ完成した、あるいは途中段階の映画をクーベルカと学生が居る教室で見せる事になる。その教室には何台かのスティーンベックが置かれていて、学生は基本的にフィルムをそれに掛けて、ゆっくり送りながら見せ、かつ作品のコンセプトなどを発表する。学生同士のやり取りもあるのだが、クーベルカはスティーンベックでフィルムをひとコマずつ送りながら「なぜこのコマの次にこのコマなのか？」といったようなことを質問し、「映画の分析」は延々と深夜にまで及ぶこともまれではなかった。大学には守衛がいて、夜遅くなると授業中でももう終わりだと教室に言いに来た。その際クーベルカは猛然と守衛に抗議して、強引に授業が終わるまでは守衛に教室の鍵を閉めさせなかった。

料理の講座では、学校内で豚を飼っていたのには驚いた。さらにびっくりしたのはある日その豚を丸焼きにして、学内でみんなで食べるというのだった。クーベルカは縦笛の奏者としても一流だったのだが、学内のロビーで何人かと演奏し、映画も上映し、そして丸焼きにした豚を食べるという催しをやったのだ。吹き抜けになっているロビーでやったので、何日間も豚丸焼きの臭いがついている中で精密機械を扱ったり、絵を描いたりしなければならず、美術大学らしからぬ空気が漂っていた。

一九九七年にペーター・クーベルカが来日した時には、会って食事をする機会があった。何でその話題になったのかはもう覚えていないが、「面白いものを見せようか」と言って見せてくれたのは何とクーベルカが自分でやったプリクラだった。ヨーロッパには多分その頃なかったのだろうか、「どうだ、驚いたか?」と言ったクーベルカは「映画の本質へ向けて」を語るストイックさはなく、お茶目な好々爺だった。その時に貰ったクーベルカのプリクラは今でも我が家の家宝になっている。

†1 ドミニック・ノゲーズ（**Dominique Noguez**）。一九四二年、ボルベック（セーヌ・マリチーム）生まれ。一九六八年、高等師範学校卒業。作家、パリ第一大学教授（文学研究、映画美学）。アメリカのアンダーグラウンド映画を最初にフランスに紹介した一人。著書 *Le Cinéma autrement* (1977), *Trente ans de cinéma*

expèrimental en France 1950-1980（1982）, *Les Trois Rimbaud*（1986, 邦訳『三人のランボー』ダゲレオ出版、一九九二年）, *Lenine Dada,*（1989, 邦訳『レーニン・ダダ』ダゲレオ出版、一九九〇年）, *Duras, Marguerite*（2001, 邦訳『デュラス、映画を語る』みすず書房、二〇〇三年）, *Comment rater complètement sa vie en onze leçons*（2002, 邦訳『人生を完全にダメにするための一一のレッスン』青土社、二〇〇五年）。

†2　クリスチャン・ルブラ（Christian Lebrat）。一九五二年、パリ生まれ。映画作家、ビデオアーティスト、写真家。自身が代表を務めるＮＰＯ出版社 Paris Expérimental Editions から一九九〇年に *PETER KUBELKA* を出版。

†3　Christian Lebrat, *PETER KUBELKA*, Paris Expérimental Editions, 1990. パリ・エキスペリメンタルは一九八三年にクリスチャン・ルブラによって作られたＮＰＯ出版社。実験映画関係の出版物を既に五〇冊以上出版している。

†4　シュミット、ショイグルの辞書。一九七四年にオーストリアの実験映画作家ハンス・ショイグル（Hans Scheugl）、エルンスト・シュミット（Ernst Schmidt）によって出版された *Eine Subgeschichte des Films. Lexikon des Avantgarde-, Experimental- und Undergroundfilms, 2 Bände.* のことだと思われる。

†5　〈クノックル・ル・ズート国際実験映画祭〉（Festival international du cinéma expérimental de Knokke-le-Zoute）。ジャック・ルドゥー[†5-2]によって一九四九年からベルギーのル・ズートで行われた世界で最初の「実験映画の国際映画祭」。一九四九、一九五八（この年だけ開催地はブリュッセル）、一九六三、一九六七、一九七四年の五回開催されている。一九五八年の映画祭でクーベルカは後にアンソロジー・フィルム・アーカイヴスの設立者となるスタン・ブラッケージ、ジョナス・メカスと出会っている。一九四九年の第一回映画祭でのグランプリはオスカー・フィッシンガーの『モーションペインティング№1』だった。因みに開催地のル・ズートはベルギーの高級保養地、当地のカジノではマン・レイ、ピカソ、ダリ、シャガール、エルンス

ト、セザールなど多くの美術家の展覧会が開かれている。

†5-2 ジャック・ルドゥー（Jacques Ledoux）。一九二一年、ポーランドのワルシャワ生まれ、一九八八年没。一九四八年から一九八八年までベルギー王立シネマテーク学芸員を務め、一九六二年にブリュッセル映画博物館を設立。一九六一年から一九七七年まで国際フィルムアーカイヴ連盟（ＦＩＡＦ）事務局長。

†6 オーストリア映画博物館（Österreichisches Filmmuseum）。ウィーンにある博物館。二〇〇五年からマーティン・スコセッシが名誉館長を務めている。

†7 ポントゥス・フルテン（Karl Gunnar Vougt Pontus Hultén）。一九二四年、ストックホルム生まれ、二〇〇六年没。スウェーデン芸術史研究者、キュレーター、ストックホルム現代美術館館長、パリのポンピドゥー・センター初代館長（一九七七―一九八八年）。

†8 〈映画の一つの歴史（UNE HISTOIRE DU CINEMA）回顧特集上映展〉。クーベルカのキュレーションによって、一九七六年にポンピドーセンター内の国立近代美術館で行われた上映展。リュミエール兄弟の『工場の出口』『ラ・シオタ駅への列車の到着』からヴィキング・エッゲリングの『対角線交響曲』、ジガ・ヴェルトフの『カメラを持った男』、イジドール・イズーの『涎と永遠についての概論』、スタン・ブラッケージの『ドッグ・スター・マン』、ポール・シャリッツの『N:O:T:H:I:N:G』、ギィ・フィーマンの『Ultrarouge-infraviolet』など一〇〇本以上の作品を上映。

†9 シュテーデル美術大学（Städelschule, Staatliche Hochschule für Bildende Künste）。一八一七年、フランクフルトの銀行家／貿易商シュテーデルによって創立された美術大学。一八一五年に設立されたシュテーデル美術館の裏にある。建築、絵画、ファインアート、映画、などの講座がある。クーベルカは映画と料理の授業を行っていた。

†10 Arnulf Rainer アルヌルフ・ライナー（アーヌルフ・ライナー、アーノルフ・ライナーとも）。一九二九年、

オーストリアのバーデン生まれ。オーストリアを代表する画家、パフォーミングアーティスト。バーデンにArnulf Rainer Museumがある。

†11 拍節Metrum（独） 本来は詩の韻律に由来するが。音楽では、しばしばリズムと混同され、同義語のように用いられている。しかし厳密には拍節とリズムとは区別されるべきものである。拍節は、ある一定の時間単位にもとづいて構成され、アクセントの周期的反復を意味するのに対して、リズムはもっと広く、音楽の時間的継起を秩序づける根源的要素をいう。したがって拍節は、リズムの一種であり、拍節をもたないリズムも存在する（『新訂 標準音楽辞典』音楽之友社、一九九一年）。

†12 韻律 詩の音声的な形式。音声の長・短、子音・母音またはアクセントの配列の仕方によってあらわすものと、和歌・俳句のように音数の形式から成るものとがある（『広辞苑 第五版』岩波書店、一九九八年）。

†13 フランス、パリに拠点を置く実験映画の配給・上映などを行うＮＰＯ組織「LIGHT CONE」のウェブサイト、作品カタログにある『アーヌルフ・ライナー』の紹介ページhttp://lightcone.org/fr/film-816-arnulf-rainerによる（二〇一六年九月一日確認）。

†14 Lebrat, *PETER KUBELKA*, p. 35.

†15 シックスパック・フィルム（Sixpack Film）。一九九〇年にオーストリアのウィーンに設立された主にオーストリア内で制作された実験映画、自主制作映画、ビデオなどを配給、上映するＮＰＯ団体。組織の構成メンバーには実験映画作家のペーター・チェルカスキー（Peter Tscherkassky）が代表で入っている。二〇一五年現在五〇〇名近い作家の一二〇〇タイトル以上の作品を配給している。

フレデリック・デヴォー（Frédérique Devaux）。一九五六年パリ生まれ、フランス人とベルベル人のハーフ。実験映画作家、実験映画研究者、ドキュメンタリー映画作家、レトリストに関する著書多数。ライト・コーン、コレクティフ・ジュンヌ・シネマ、ラボ・ミナブル等ＮＰＯ理事、エックス・マルセイユ大学准教授。

ミッシェル・アマルジェ（Michel Amarger）。一九五七年モンペリエ生まれ。映画作家、ジャーナリスト、黒人ルーツ協会責任者の一人、ＥＤＡプロダクション代表。一九七七年からはフレデリック・デヴォーと二人で仕事をしている。

†16　ピップ・チョードロフ（Pip Chodorov）。一九六五年、ニューヨーク生まれ、パリ在住。実験映画作家、作曲家、実験映画のレーベル Re:Voir 主宰。一九九四年に設立したライト・コーン・ビデオは一九九八年に Re:Voir となる。ＮＰＯ自家現像所ラボ・ミナブル（L'Abominable 貧民現像所⁉︎）共同設立者のひとり。韓国ソウルの東國大學校教授（映画）。

†17　カール・ケルス（Karl Kels）。一九六〇年生まれ、ベルリン在住のドイツ人実験映画作家。

2

2

IV

アンディ・ウォーホルの映画

ありのままの美学

西村智弘

アート引退宣言と映画制作

一九六五年五月、アンディ・ウォーホルは、イリアナ・ソナベント画廊で開催される個展のためにフランスにいた。オープニング・パーティでウォーホルは、その場にいた新聞記者に向かって、自分はアートの世界から引退して映画に専念すると宣言した。当時の心境については、次のように回想されている。「もはやぼくにはアートがおもしろくなくなっていた。すばらしいのは人間のほうで、ぼくは彼らのそばに付きっきりで話を聞き、映画に撮りたかった」[†1]。少なくともこのとき、引退を宣言したウォーホルの言葉に嘘はなかった。実際に絵画の制作をやめてしまうわけではないのだが、一九六〇年代後半の活動は映画が中心になるからである。

当時のウォーホルは、それまでの美術家としての業績を捨ててもいいと本気で考えていたようだ。しかし、現代美術の作家として最初の個展を行った一九六二年からまだ三年しかたっていない。「ぼくが引退を宣言した頃には、ポップ・アートもようやく美術界や美術館で本格的に注目されるようになってきていた」[†2]とウォーホルはいう。彼は、ポップ・アートが注目を集めている最中に美術から離れようとしていた。

一方、すでにウォーホルの人気は、有名なロック歌手や映画俳優並みになっていた。一九六五年一〇月、フィラデルフィアにあるペンシルヴェニア大学現代美術協会で、ウォーホルにとって最初の回顧展が開催されている。オープニングでは、大勢の人が集まるのを見越した主催者が壁から作品を取り除いたのだが、予想以上に多くの人が詰めかけて大混乱になった。ウォーホルと仲間たちは、熱狂する若者たちに囲まれて身動きが取れなくなり、会場から抜けだすために警察の手を借りなければならなかった。このときの騒動については次のように語られている。「ぼくらこそがアートの化身であり、六〇年代とは人がやったことではなく、まさにその人が問題にされる時代だった。〔……〕絵が壁からはずされたことなど誰も気にかけなかった。それでぼくは、自分がいま絵ではなく映画をつくっていて本当によかったと思ったのだった」[＊3]。

ウォーホルは、絵画を売った費用をつぎこんで膨大な数の映画を制作した。作品の完成を待たずに次々と新たな作品に着手したため、撮りっぱなしのまま放置されたフィルムも多く、本人もどれだけ作品があるのかわからなかった。ウォーホルが映画の制作に関わっていたのは、一九六三年からちょうど一〇年ほどである。ただし、一九六八年以降は自分で映画をつくらなくなるので、映画制作に直接携わっていたのは六年ほどにすぎない。決して長い期間とはいえないが、そのあいだに映画のスタイルは大きく変化している。本稿では、ウォーホルの映画の変遷を以下の四つに分けて考えてみたい。

第一期：ミニマリズム映画（一九六三―六四年）
第二期：サウンド映画（一九六四―六七年）
第三期：ナラティブ映画（一九六七―六八年）
第四期：プロデュース映画（一九六八―七四年）

第一期を特徴づけているのは、モノクロのサイレントでほとんどなにも起こらない画面がひたすら続くことで、表現の成立する要素がきわめて少ないことから「ミニマリズム映画」と呼ばれている。その究極に位置するのが、エンパイア・ステート・ビルを日没から夜明にかけて固定ショットで撮影した八時間の映画『エンパイア』（1964）〔図1〕であった。ただしこの時期には、『ターザンとジェーンの復活、とか』（1963）のようなハリウッド映画をパロディ化した作品も制作している。

第二期の特徴は音声が用いられるようになったことで、この時期の作品を「サウンド映画」と呼ぶことにする。事実を記録した作品もあれば役者が演技をする作品もあったが、ウォーホルの関心は、自分のスタジオである「ファクトリー」に集まる個性的な人物たちの姿を捉えることにあった。二面スクリーンで三時間半の長さをもつ『チェルシー・ガールズ』（1966）は、サウンド映画を代表する作品である。ウォーホルがメディア・ミックスのイベント〈エクスプローディング・プラスチック・イネヴィタブル〉をプロデュースしたのもこの時期であった。

第三期になると、商業映画館での公開を意識するようになり、通常の劇映画のスタイルに近くなっている。この時期の作品をとりあえず「ナラティブ映画」と名付けておく。代表作といえるのは、ゲイのカウボーイたちが登場する『ロンサム・カウボーイズ』（1967）であろう。しかし一九六八年以降は、映画制作の助手を務めていたポール・モリシーの映画をプロデュースする立場に回っている。これが第四期に相当するが、ウォーホルは臨時でカメラマンを務めるぐらいで、ほとんど制作には関わっていない。

一般にポップ・アートといえば、漫画や広告といった誰もがよく知っている大衆的なイメージを援用した美術であり、サブカルチャーを取りこんだ親しみやすいアートという理解がある。しかし、ウォーホルの映画にはそのような親しみやすさが欠落している。むしろそれは、観客をひどく退屈させ、あるいは当惑させ、さらには怒らせる映画であって、一般にポップ・アートといったときの印象とは明らかに異なっている。しかしウォーホルは、美術作品とまったく異なることを映画において試みていたわけではないだろう。ウォーホルの映画には、ポップ・アートの絵画と共通する姿勢を認めることができるのであり、映画との関係から彼の絵画を新たに読み直すことも可能であろう。

図1　『エンパイア』(1964)

　一九六〇年代初頭のアメリカでは、あらゆる芸術のジャンルで前衛的な表現が果敢に追求されていた。ウォーホルは当時を振り返って、「どこかでなにかクリエイティブなことが行われていると聞きつけると、断固として駆けつけていた」[†4]と述べている。彼は、アンダーグラウンド映画の上映、詩の朗読、ハプニングの公演、現代音楽の演奏など、美術に限らずさまざまな前衛芸術を熱心に見て回っていた。ウォーホルの映画には、そうした前衛芸術の影響が端的に表れている。彼の映画について考えることは、この時期の前衛芸術がどこに向かっていたのかを理解することにつながっている。

　ウォーホルの映画を美術作品の単なる付属物のように考えるのは大きな誤りである。ウォーホルにとって映画は、決して美術家の余技ではなかった。真剣に映画に打ちこんでいたのであり、そこに表現の新しい可能性を見いだしていた。一貫してウォーホルは、ラディカルな実験を映画において試みており、彼のような映画を制作した作家が他にいない点で、映画の歴史のなかでも特異な位置にいる。ウォーホルの映画は、一見するといいかげんでぶっきらぼうだが、そうした側面も含めて映画に対する深い省察に基づいていた。その作品は、映画を観ること、映画をつくること、映画であることの意味を改めて問い直している。

ウォーホルとアンダーグラウンド映画

アンディ・ウォーホルは、商業美術の分野で活動していた一九六〇年からポップ・アートの絵画を試作していた。一九六二年にフェラス画廊で《キャンベル・スープ缶》を発表したのがファインアートの作家としてのデビューだが、同年には他にも《マリリン》や《エルヴィス》を、翌年には《電気椅子》や《ジャッキー》などを制作している。ウォーホルの作品のなかで、もっとも評価が高いのがこの時期の絵画である。ウォーホルがボレックスの一六ミリカメラを購入して映画の制作を始めたのは一九六三年であるから、彼は画家としてもっとも充実していた時期に映画に向かっていた。

ウォーホルが映画を制作するきっかけとなったのは、エミール・デ・アントニオを介してアンダーグラウンド映画に出会ったことにある。今日、アントニオはドキュメンタリー映画の作家として知られているが、映画の制作を始める前は前衛芸術のプロデューサー的な役割を担った人物であった。ウォーホルが商業美術を手掛けていた頃からの友人で、ファインアートに移行するに当たって大きな影響を与えていた。
　アンダーグラウンド映画を支えていたのは、詩人で映画作家のジョナス・メカスであった。メカスは、一九六二年に映像作家の協同組合「フィルムメーカーズ・コーポラティヴ」を組織しており、「フィルムメーカーズ・シネマテーク」を立ち上げてアンダーグラウンド映画の上映を行うようになる。一九六三年にメカスは、「映画界のアンダーグラウンドでルネサンスが進行している。荘厳な美しさにかがやく新しい作品が次々にあらわれている。これは、アメリカ映画史における美しい時代のひとつである」[†5]と書いている。ウォーホルがアンダーグラウンド映画と出会ったのは、それがひとつの動向として開花した時期であった。ウォーホルの『スリープ』(1963)に出演したジョン・ジオルノは、次のように証言している。

一九六三年、アンディとぼくは、アンダーグラウンド映画を山のように見たのだった。一週間に二、三度はブリーカー・ストリート・シネマやザ・グラマシー・アーツ・シアターや、そのほかアングラを上映しているところならどこへでも出かけた。アンダーグラウンド映画という現象のはじまりのころだった。ジャック・スミスの『燃え上がる生物』、ロン・ライスの『チャムラム』、テイラー・ミードの『シバの女王がアトム・マンに会う』、ケネス・アンガーの『スコピオ・ライジング』などがあった。これらはすぐれた映画だったが、ほかの大部分はひどかった。アンディは、「ひどいものだ。なぜ誰も美しい映像をつくらないのかな。こんなに美しいものがいっぱいあるのに」といったものだ。[†6]

ジャック・スミスの『燃え上がる生物』やロン・ライスの『シバの女王がアトム・マンに会う』（いずれも1963）は、当時メカスが「ボードレール的映画」[＊7]と呼んだ作品に相当する。ボードレール的映画とは、デカダンスの伝統を継承した詩的な映画という意味で、同性愛や性倒錯といったテーマを扱うことに特徴があった。とくに『燃え上がる生物』は、当時もっとも評判になり物議をかもした作品である。二人の女と女装した男たちが入り乱れ、自慰や口淫を行ったりしながらひたすら乱痴気騒ぎを繰り広げるのだが、あまりにあっけらかんとしたその描写は必ずしも煽情的ではない。しかし、警察はこの作品が猥褻罪に当たるとしてフィルムを押収し、上映したメカスも逮捕された。

一九六〇年代は対抗文化（カウンター・カルチャー）の時代である。芸術のさまざまな分野で従来の表現形式に懐疑の目が向けられて、それまでの常識を打ち破る新しい表現が果敢に追求された。映画におけるカウンター・カルチャーを担ったのがアンダーグラウンド映画であり、このとき対抗すべき標的となったのがハリウッド映画である。メカスのいうボードレール的映画は、作品が扱う内容においてもアンチ・ハリウッドを表明していた。当時のハリウッド映画は、ピューリタン的な伝統に基づく道徳的な健全さを建前としており、同性愛や性倒錯の問題を取り上げることがなかった。アンダーグラウンド映画は、ハリウッド映画が排除したそうしたテーマを積極的に扱った。

当然のことながら、アンチ・ハリウッドの姿勢は制作の方法にも及んでいた。一九六二年にメカスは、「失敗、ピンボケ、ぶれ、あいまいな構え、はっきりしない動き、露出過多や露出不足などでさえ、ヴォキャブラリーの一部である。ドアは偶然性に向かって開かれている。古くさい、横柄なプロ意識の腐れきった空気は、どんどん外へ流れ出ている」[†8]と書いている。アンダーグラウンド映画は、通常ならば失敗と見なされるショットを意図的に採用し、ハリウッド映画が求める技術的な価値観を転倒させた。こうした制作のスタンスは、ウォーホルの映画にそのまま受け継がれている。

ウォーホルは、ジャック・スミスから影響を受けたという。「ぼくは彼から映画づくりのコツみたいなものをつかんだのだった——たとえば、誰でもたまたまそこに居合わせた奴を使うとか、役者がうんざりするまで撮り続けるとかいったこと」[†9]。ウォーホルのスミスに対する敬意は、『ジャック・スミスが「ノーマル・ラヴ」を撮影しているところをアンディ・ウォーホルが撮影する』(1963)を制作したことからも明らかである。スミスの描く反道徳的な世界は、ウォーホルの露悪趣味的な感性とぴったり合っていた。それは、同性愛者や麻薬常習者のたむろするファクトリーとも共通する感性だった。しかし、ウォーホルの映画にボードレール的映画の側面はすぐに表れない。ウォーホルが最初に制作したのは、むしろきわめて禁欲的な映画であった。

ウォーホルのミニマリズム映画

アンディ・ウォーホルの映画でもっともよく知られているのは、一連のミニマリズム映画である。表現の成立する要素を最小限(ミニマル)で済ませるのがミニマリズムだが、ウォーホルの映画ではほとんどなにも起こらない映像が延々と続く。さらに彼は、映画から作為的な要素をできるかぎり取り除こうとしており、音がない(サイレント)、色がない(モノクロ)、カメラを動かさない、編集をしないといった特徴がある。本来ならば映画の表現を豊かにしてくれる要素を作品から駆逐してしまうのだった。

一九六〇年代初頭のアメリカでは、さまざまな芸術のジャンルでミニマリズムが流行していて、現代美術にミニマル・アートが、現代音楽にミニマル・ミュージックが登場していた。この時代の芸術には、要素を切り詰めることで表現を極限化することが流行しており、映画においてそれを実践したのがウォーホルであった。彼はボードレール的映画に向かうのではなく、映画表現を極限化することから出発している。

ただし、要素を切り詰めることはアンダーグラウンド映画の特徴でもあった。ミニマルな映画はウォーホルの専売特許ではなかったのであり、彼の映画より要素が少ない作品も存在する。たとえば、ペーター・クーベルカの『アーヌルフ・ライナー』(1958)やトニー・コンラッドの『フリッカー』(1965)は、クロミとスヌケによる明滅だけで成立していて、極端に要素の少ない映画となっている。しかしこうした映画は、ウォーホルが目指したミニマリズムとは異なっていた。なぜなら、彼の映画にはつねに具体的な対象が映っていたからである。ウォーホルには、なにも映っていない画面を提示する発想はなかった。

そもそも映画は、記録することを目的として開発されたテクノロジーである。映画のカメラは、実際の出来事であれ、俳優の演技であれ、目の前にある現実を忠実に記録するものだ。ウォーホルにとって映画は、なによりも記録メディアとして存在しており(彼には写真やテープレコーダーなど記録メディアに対する偏愛がある)、ミニマリズム映画における表現の極限化も映画が記録メディアであることを前提にしていた。そのため、なにかが撮影されている事実そのものが否定されることはないのだった。

『エンパイア』は、不動のビルが映っているだけという極端な単純さ、しかもそれが八時間も続く長大な上映時間によって伝説となっている。この映画を最初から最後まできちんと観た観客はまずいないといってよい。ウォーホルは、奇を衒ってこの作品を制作したといえるだろうか。『エンパイア』は、ウォーホルが映画の制作を始めた翌年に発表されたが、彼は驚くべき早さで次々と作品に着手しており、『エンパイア』に至るまでにいくつかの段階を経ていた。この作品は、単なる思いつきで突然に生まれたわけではなく、探求の結果実現した映画だった。

最初のミニマリズム映画にあたる一九六三年の『スリープ』は、眠っている男を撮影しただけの六時間の映画である。固定カメラで撮影されたモノクロのサイレント映画で、ウォーホルは早くもミニマリズム映画のスタイルを確立している。しかし『スリープ』は、その後のミニマリズム映画に比べると多くの変化を認めることができる。眠っている男がいくつもの異なるアングルで撮影されているし、長回しの映像のなかに体の部分をクロースアップで撮影したショットを挿入しているからである。またウォーホルは、眠っている男を何日にも分けて撮影していて、それを連続した時間のようにつなげていた。つまりこの段階では、意図的な編集によるショットの構成が行われていた。

当初、『スリープ』は八時間の映画として構想されていた。しかし、数分ごとにフィルムを交換しなければならなかったため、思うようにはかどらなかった。ウォーホルは、上映のときの回転速度を通常の一秒二四コマから一秒一六コマに落とすことによって時間を稼げることに気づく。この一六コマ映写はウォーホルにとって大きな発見となり、その後のミニマリズム映画はすべてこの速度で上映された。ほとんどなにも起こらない映像であるのに、それを強調するようにスローモーションになるのであった。

『キス』（1963）〔図2〕は、男と女あるいは男と男のキスシーンをつないだ五〇分の映画である。この作品は、漫画のキスシーンを画面いっぱいに描いたロイ・リキテンスタインの絵画《キス》（1962）を連想させる。『キス』は、多くの人のキスシーンを集めているためショットにヴァリエーションがある。ただし、個々のショットを無造作につないでいるので、構成の作業がほとんど介入しなくなっている。

図2　『キス』（1963）

『イート』（1963）〔図3〕は、マッシュルームを食べている男を撮影した四五分の作品である。出演したのはポップ・アーティストのロバート・インディアナで、彼の絵画作品《EAT》（1963）に対するオマージュとして制作された。インディアナは、食事をしているところを撮影すると聞いていたので食事をせずに待っていたら、マッシュルームをひとつ渡されて、これをできるだけ時間をかけて食べてくれといわれたのだった。しかたがなく彼は、マッシュルームを眺めながらほんの少しずつ齧っている。『イート』は、一人の男の食べるという行為を固定カメラによるワンショットで撮影しており、リール交換をしたところをつないだだけである。ただし、リールの順番を変えてあるため時間通りに進行しない。飼い猫がとつぜん画面内に飛びこんでくるハプニングもあって、結果的に変化のある作品となっている。

『エンパイア』では、五〇分の連続撮影ができるオリコンの一六ミリカメラを使っており、カメラ操作に慣れたジョナス・メカスが撮影を担当した。頻繁にリール交換をする煩雑さから解放され、『スリープ』で果たせなかった八時間という上映時間を実現している。それまでのミニマリズム映画にはなんらかの行為が存在したが、『エンパイア』に映っているのは不動のビルのみであり、ミニマリズム映画のなかでもっとも変化のない作品となった。

図3　『イート』(1963)

『スリープ』『キス』『イート』『エンパイア』は、ミニマリズム映画のなかでもよく知られた作品である。以上の作品は実際にこの順番で制作されているのだが、これらを並べてみると無作為性に向かう段階的なプロセスを認めることができる。つまりウォーホルは、映画をよりミニマルにしていくため、還元主義的に要素を切り詰める作業を押し進めていた。

ウォーホルは、「まったく同じものを何度も見れば見るほどそれだけ意味が消えていき、それだけ気分がよく、それだけからっぽに感じられる」と述べている。[†10] ウォーホルがミニマリズム映画で行っているのも、映像を「からっぽ」の状態にすることであった。ミニマルアートは、画面からイリュージョンを徹底して排除することで、なにものをも指示しない無意味な平面性に到達した。色面のみで成立したその作品は、究極の抽象絵画と呼べるものだ。クーベルカやコンラッドのフリッカー映画は、こうした表現の突き詰め方に近い。しかしウォーホルは、映画からイリュージョンを排除しないのであって、つねになんらかの対象物が撮影されている。具体的な対象が映っているにもかかわらず、その映像を無意味なものとして提示するのがウォーホルのミニマリズム映画であった。

ミニマリズム映画とリュミエールの映画

ジョナス・メカスは、アンディ・ウォーホルのミニマリズム映画が、映画の発明者であるリュミエール兄弟の映画に類似していることをたびたび論じている。一九六四年に『フィルム・カルチャー』誌は、『スリープ』『イート』『エンパイア』に『ヘア・カット』(1963)を加えた四本を第六回インディペンデント・フィルム賞に選出した。メカスは受賞理由のなかで、「アンディ・ウォーホルは、映画をその起源、リュミエールの時代に、つまり映画の創生期にまで映画を引き戻し、それをよみがえらせ、そこから挟物を取り除こうとしている作家である」[†11]と書いている。

リュミエール兄弟が映画を発明したのは一八九五年のことだった。その作品はモノクロのサイレントであり、カメラを固定したまま撮影し、編集を行わないためワンショットの映像になっている。こうした映画のあり方は、確かにウォーホルの映画と似ている。リュミエールが固定カメラで撮影したのは、カメラを動かす発想がなかったからだし、無編集であるのもフィルムをつなぐことを知らなかったからである。彼らの作品は劇映画が成立する以前に属しており、カメラワークやモンタージュ（編集）といった技法が存在しなかった。ウォーホルは、映画から作為性を排除してしまうが、できるだけなにもしないという態度に徹することで、結果的にリュミエールのスタイルに近づいている。映画から余分なものを取り除くことで、映画の起源に回帰してしまったというわけだ。

　一方でウォーホルは、あるインタビューのなかで「トーマス・エジソンがぼくに影響を与えたんだ」と答えたことがある。[†12] 発明家であるエジソンは、リュミエール兄弟が映画を発明する以前に、箱のなかのフィルムを覗くキネトスコープを開発した。ウォーホルは、とくに深く考えてエジソンの名前をあげたわけではないようだが、彼自身も初期映画との類似性を自覚していたのかもしれない。実際にミニマリズム映画は、一見するとリュミエールよりもエジソンの映画のほうに似ている。

　エジソンの関心はあくまで装置自体にあり、映画を装置の付属物としてしか考えていなかった。そのため、エジソン社の作品はきわめて単純である。キネトスコープ用に撮影された『くしゃみの記録』（1894）［図4］は、くしゃみをする男をクロースアップで撮影しただけだし、ヴァイタスコープ（スクリーンに投影して鑑賞する映画）で制作された『メイ・アーウィンとジョン・C・ライスの接吻』（1896）は、中年の男女がキスをするだけの映画である。こうした作品は、スタジオで撮影されている

図4　『くしゃみの記録』（1894）

ため背景が黒一色で、単一の行為をワンショットで記録しており、観客の観るべき対象が明確に示されている。リュミエールの映画も単純な行為を記録したものだが、野外で撮影しているため映像には多様な要素がある。

ウォーホルのミニマリズム映画は、基本的に一人の人物の単純な行為を撮影しており、『エンパイア』や『ヘンリー・ゲルツァーラー』（1964）のように背景が黒一色の作品も少なくない。それは、エジソンの映画と同様に撮影対象を明確に示した作品となっている。しかしウォーホルの映画は、そうした外見上の類似性にもかかわらず、映像のもつ性質の上ではやはりリュミエールの映画に近いのであった。

フェラス画廊のアーヴィング・ブラムは、初めてウォーホルの映画（その作品は『キス』だった）を観たときの衝撃を回想している。ブラムは、スクリーンに映った人物がぜんぜん動かないため、写真が映されているのではないかと思って観ていたら、その人物がまばたきをしたのでひどく驚かされたという。この点について彼は、「それは何か思いもよらないことで、忘れることのできない瞬間だった」[†13]と述べている。一般に映画を観ている観客は、登場人物のまばたきなどいちいち気にしていない。しかし、ほとんどなにも起こらない映画のなかでは、まばたきという実に些細な変化が驚愕を呼び起こすのである。

ブラムの体験は、リュミエールの映画を同時代に観た観客の反応を思い出させる。当時の観客は、画面の実に些細な部分に注目していたからである。たとえば『赤ん坊の食事』（1895）〔図5〕は、自宅の庭で両親が赤ん坊に食事をさせているだけの作品だが、一九世紀末の観客は、赤ん坊のよだれ掛けが翻ったり、背後にある樹々が風で揺れていたりする様子に歓喜していた。ジョルジュ・サドゥールも指摘しているように、「今日の観客ならば、よく見ないとわからないこうした細部が、一八九六年の大衆を熱狂させたのだった」[†14]。

映画のカメラは目の前の現実をそのまま記録してしまうため、撮影者が記録しようとした対象だけではなく、背後にある余計なものやそのとき偶然に起こったことなども写してしまう。一九世紀の観客は、そうした過剰な情報に満ちた画面をありのままに享受していた。しかし現代の観客は、そのような細部への視線を持ち合わせていない。ここには、その後の映画が物語を語ることを中心に発展したことが大きく影響しているだろう。一般に物語映画においては、個々の映像がひとつのストーリーをたどることができるように構成されている。つまりそこでは、画面に満ちていた過剰な情報が整理され、一義的に理解すべきものとして提示されている。物語映画とともに発達したカメラワークやモンタージュは、映像を特定の意味に方向づけるための技術でもあった。

図5　『赤ん坊の食事』(1895)

今日の観客は、映像を意味づけられたものとして観る体験に慣らされているため、画面のもつ過剰性をありのままに受け取ることができなくなっている。しかしウォーホルの映画は、現代の観客が忘れてしまった初期映画の視覚体験を改めて提示しているのではないか。まばたきという細部に衝撃を受けたブラムの体験は、映像がもつ過剰性に期せずして遭遇してしまったことに対する驚愕を示しているだろう。

もちろんリュミエールとウォーホルの映画には多くの違いがある。ウォーホルの映画では、エジソンの映画のように撮影対象が明確に示されているし、当時の映画が一分に満たない短い作品であったのに対し、ウォーホルの映画は何時間も続くことがある。しかし、この長大な上映時間こそがウォーホルの映画をリュミエールの映画に近づけているともいえるのだ。

一般に映画は、映像によってストーリーが語られており、映画を観ている観客はストーリーを追うことに没頭しているため、ひとつひとつの映像をじっくりと眺めている暇がない。それに対してウォーホルの映画では、単純な行為が映っているだけで展開がなく、さらには一六コマ映写によって時間が引き延ばされている。そうした作品に対して観客は、物語的な展開に引きこまれることなく、その映像を好きなだけじっくりと眺めることができる。つまり、要素が単純なうえに同一の映像が長く続くため、観客はそこから細部を読み取ることが可能になっている。

ところで、リュミエールの映画は一秒一六コマで映写されていた。当時はこれが通常の映写速度であったわけだが、ウォーホルは通常一秒二四コマであるのを一六コマに落としている。今日の観客が一九世紀の観客と同様の視覚体験を獲得するためには、リュミエールの映画と同じ速度まで遅らせる必要があったと考えることもできよう。

ウォーホルは、映画をできるだけ無意味にしようとしているが、この場合の無意味さとは、映像が一義的な意味に還元されていない状態でもあるだろう。逆にいえば、ウォーホルの映画が無意味であるのは、全体との関連性が無視されているからでもある。そして、映画が無意味であるとき、観客はひたすらそのなかに映っているものだけを凝視する以外にはなくなるのであった。このためにウォーホルの映画に立ち会う観客は、リュミエールの作品を同時代に観た観客のように映像の過剰性に出会うことができる。ただしウォーホルは、リュミエール兄弟のような映画を目指して制作していたわけではない。映像から作為的な要素を排除していった結果、リュミエールの映画のようになってしまったのである。

それでは、なぜウォーホルはそのような映画を制作することができたのか。「機械になりたい」というウォーホルのよく知られた発言は、映画制作者としての彼によく当てはまる。なぜなら、映画のカメラ自体が機械装置であるからだ。映画がミニマルであることは、単に映画の構成要素が最小限であることを意味しているだけではない。同時に、作り手の主体性が限りなく希薄になっていることを示している。ウォーホルのカメラ操作は、カメラが自動的に撮影を行っている状態に近づいているのであって、いわば彼自身が映画のカメラになっている。こうした非人称的ともいえるカメラの視覚によって撮影されていたからこそ、目の前の現実をありのままに捉えることができたのだろう。

ポール・モリシーは、ウォーホルの映画をリュミエールではなくエジソンの映画と比較している。モリシーはウォーホルについて、「彼には、（エジソンの時代に）初めて映画を観た人びとと同じ無邪気さがあった。オリコン（サウンド・カメラ）を買ったときも、そんな単純な無邪気さを失わなかった」[†15]と述べている。モリシーが指摘しているのは、ウォーホルがまるで映画に初めて接した一九世紀の観客のような初々しい態度で映画に向き合っていたことである。

ウォーホルは、初期映画の感性を保持することのできた稀有な作家であったといえそうだ。いわば彼は、技術的に熟練することを拒絶しているのであって、映画に関して永遠の初心者なのである。しかしだからこそ、いつでも映画に初めて出会った観客のような無邪気さで映画を制作することができた。ウォーホルは、映画をつくりながらつねに映画を発見しているのであって、その発見に伴う新鮮な驚きが彼の映画の大きな魅力となっている。

映画についての映画

ルイ・リュミエールは、自分たちの映画とトーマス・エジソンの映画との違いを強調して、「私が選んだ映画の主題は、私が生活を再現することだけを望んでいたことの証拠である」[†16]と述べている。エジソンが新奇な題材を撮影することで観客の興味を引こうしたのに対し、リュミエールが記録したのはつねに平凡な日常であった。この点でもウォーホルはリュミエールに近い。ウォーホルの映画では、眠る、食べる、キスをするといった日常的に誰でも行う平凡な行為が撮影されているからである。しかも、そうした行為がほとんど演出されることなく記録されている。『スリープ』のジョン・ジオルノは本当に眠っているし、『イート』でロバート・インディアナがマッシュルームを食べているのも演技ではない。

ウォーホルが日常的な行為を撮影したのは、あまりに当たり前すぎて意味がないからでもあるだろう。こうした主題の選択もまた、ミニマリズムの一環であったと考えることができる。しかし、日常性への関心はミニマリズム映画を脱したあとも継続している。明らかにウォーホルには、日常をありのままに捉えたいという願望があった。この点において彼の映画は、何気ない日常を記録したジョナス・メカスの日記映画とそれほど遠い位置にあるわけではない。

さらにいえばウォーホルは、映画を日常そのものに近づけようとしていたといえるかもしれない。『スリープ』の上映が八時間で構想されたのは、それが人間の睡眠時間に相当するからだろうし、『エンパイア』の八時間という上映時間も夜の長さに対応しているだろう。ミニマリズム映画ではないが、『★★★★（フォー・スターズ）』（1967）が二五時間あるのは一日の長さを念頭に置いていたからである（当初この作品は「二四時間映画」と呼ばれていた）。こうした作品では、映画の時間が現実の時間に一致することが目指されている。ウォーホルの関心は、映画と現実との境界を取り払うことにあったといってよい。

映画におけるミニマリズムとは、作為的な要素を排除していくことで、映画の表現性を零度の状態に近づけていくことである。記録であることを前提にしたうえで、映画の表現性が零度であるのはいかなる状態といえるのか。それは、映画が現実そのものと重なったときだと考えることができる。映画と現実が完全に一致したとするならば、映画であることの意味がなくなってしまうからである。実際に両者が一致することはありえないにしても、ウォーホルは理念的にそうした方向に向かっていたのではないか。ミニマリズム映画においては、映画であることと現実であることの区別が限りなく曖昧になるのだった。

芸術と日常生活の境界を取り払うことは、二〇世紀のアヴァンギャルド芸術の課題でもあった。この課題は、すでに一九二〇年代のダダイズムにも認められるもので、ウォーホルはそれをマルセル・

デュシャンから受け継いでいるだろう。そもそもポップ・アート自体が、日常に氾濫するイメージを主題にすることで芸術と生活の境界を侵犯するスタイルであった。しかし、映画と現実の区別が曖昧になった作品を観ることにどのような意味があるのか。ウォーホルは、ミニマリズム映画について次のように語っている。

静止した対象を扱ったぼくの初期の映画は、観客が自分に目を向けるようにするものでもあったんだ。ふつう映画に行ったら、ファンタジーの世界のなかで座っている。しかし、もしなにか邪魔が入ったら隣の人のことが気になりだしたりするだろう。〔……〕ぼくの映画を見ていると、ほかの映画を見ているよりいろいろなことができる。食べて、飲んで、煙草を吸って、咳をして、よそを見て、また画面のほうを向いてもまだそこにあるんだよ。[†17]

一般に映画を観ている観客は、物語というファンタジーに没入して我を忘れている。一方、『エンパイア』のように不動のビルが八時間続く映画を、客席に座って観続けるのは不可能である。ウォーホル本人も、最初から最後まできちんと観てほしいと思っていたわけではない。映画はただそこに存在しているのであって、途中でよそ見をしていいし、なにか他のことをしてもかまわない。しかし、そうした作品が映画館で上映されていることが大きな矛盾なのであった。なぜなら映画館とは、スクリーンに映った映像を集中して鑑賞することが要請される場所であるからだ。ウォーホルのミニマリズム映画は、集中して観ることのできない映画を集中して観なければならないというアンビヴァレントな状況に観客を追いやることになる。

先の引用でウォーホルは、「観客が自分に目を向けるようにするものでもあった」と語っていた。ミニマリズム映画は、一般の映画のように物語のファンタジーに没入できないため、観客の意識は画面から引き離され、よそ見をしたり余計なことを考えたりすることになる。このとき観客は、映画館にいて映画を観ているわけだから、「わたしはいま映画館にいる」とか「わたしはいま映画を観ている」などと考えるようになるだろう。つまり、ウォーホルも指摘したとおり観客は「自分に目を向ける」ことになる。ミニマリズム映画においては、映画を観ている自分自身を意識せざるをえないのであり、「映画を観ているわたし」を反省することが促される。

それだけではない。『エンパイア』は、このビルが映っていることがわかってしまえば、あとは観ても観なくても同じような作品である。映画を観ている観客は、エンパイアに対する関心を持続することができない。そうすると観客は、スクリーンに映っている対象以外のところにも関心を向けざるをえないのであって、たとえばいま上映されているフィルム自体を意識することになるだろう。実際『エンパイア』を観ていると、フィルムに付いている傷やほこり、現像のムラなどが気になってくる。なぜならこの作品は、そうしたところにしか変化がないからである。

ミニマリズム映画は、映された対象の細部に注目することを促す映画となっていたが、さらにはその対象を超えてフィルム自体のディテールまで眺めることのできる映画となっている。つまり、ミニマリズム映画を観ている観客は、いま上映されている映画そのものに目を向けるようになる。「映画を観ているわたし」に対する反省的な意識は、「わたしの観ている映画」に対する反省的な意識に転化するのだ。このときミニマリズム映画は、映画に対して自己言及する映画、映画についての映画となる。

ミニマリズム映画は、非集中的な立場に観客を追いやることで、映画が上映されている場所や映画という媒体そのものに目を向けることを促す。観客の意識が自分を取り巻いている環境にまで拡張されているといってもよい。ハプニングの提唱者であるアラン・カプローは、「エンヴァイラメント（環境）」という概念を提唱していた。エンヴァイラメントとは、絵画や彫刻のように物として作品を提示するのではなく、鑑賞者のいる空間そのものを作品として展開することをいう。ミニマリズム映画は、映画をエンヴァイラメントとして提示することで、映画もまた映像の投影されたひとつの場にすぎないことを示している。

一九六〇年代半ば頃から、アンダーグラウンド映画に新しい動向が生まれていた。アダムス・シトニーが「構造映画」[†18]と名付けたその動向は、映画の原理や形式をきわめてストイックに追求するものだった。代表的な作品に、明滅だけで成立したトニー・コンラッドの『フリッカー』、フィルムのテストリーダーをそのまま使ったジョージ・ランドウの『エッジ・レタリング、ごみ、スプロケット穴などが現れるフィルム』（1966）、固定ショットのズームが四五分間続くマイケル・スノウの『波長』（1967）、色面による明滅のなかに暴力的なイメージが挿入されるポール・シャリッツの『T,O,U,C,H,I,N,G』（1968）などがある。

シトニーは構造映画の特徴として、①固定されたカメラ位置（観客からすると固定した画面）、②明滅効果、③ループ状プリント（ショットの瞬間的反復と無変化）、④スクリーンの再撮影をあげている。

シトニーが構造映画の先駆者としてまず名前をあげたのがウォーホルで（第二の生みの親としてあげたのが『アーヌルフ・ライナー』のペーター・クーベルカである）、とくに①と③の特徴において構造映画作家にインスピレーションを与えたという。実際、構造映画には固定ショットの作品やあまり変化のない作品が多い。

確かにウォーホルの映画がもつストイックさは構造映画のミニマルな表現に継承されているだろう。しかし彼は、映画の原理や形式を主題化することを目的にしていたわけではない。映画から作為的な要素を徹底して排除していった結果、映画であることの本質に接触してしまったのである。構造映画とは、結果的にウォーホルが示した映画に対する自己言及性をより自覚的に追求した動向であったといえる。

《ヴェクサシオン》とジョン・ケージ

それにしても、動かない映像が八時間続く『エンパイア』の上映時間は尋常ではない。しかし、長大な時間への志向は決してアンディ・ウォーホルの作品に特有のものではなく、一九六〇年代の前衛芸術が共有していた美学でもあった。ウォーホルは、そうした美学を現代音楽から学んでいたかもしれない。

ウォーホルの友人のヘンリー・ゲルツァーラーは、一九六四年に『フィルム・カルチャー』に寄稿した『スリープ』の作品評で、ウォーホルのミニマリズム映画とエリック・サティの《ヴェクサシオン》を比較して論じている。[†19]《ヴェクサシオン》は、せいぜい楽譜一枚程度の短いピアノ曲だが、八四〇回繰り返して演奏するように指定されていた。ゲルツァーラーがサティの曲をもちだしたのは、『スリープ』がシネマテークで上映される数ヶ月ほど前に、《ヴェクサシオン》の指定通りの初演が行われて話題となっていたからである。この初演を企画したのは前衛音楽家のジョン・ケージであり、演奏時間は一八時間半に及んだ。

ウォーホルは、ケージの主催した《ヴェクサシオン》の初演を聴きに行っていた。この事実については、ファクトリーに出入りしていたジョージ・プリンプトンの証言がある。プリンプトンは、『ニューヨーク・タイムズ』に掲載された《ヴェクサシオン》初演の記事をウォーホルに話したときの反応を次のように回想している。

> アンディにその話をしたのは、ただ彼がなんとなく興味を示すんじゃないかと思ったからなんですが、要するに彼は、例の人が眠りつづける一八《〔ママ〕》時間の映画をつくっていたところだったんです。彼がそのコンサートやサティのことを知っているなんてまるで思いもしませんでした。サティなんてぜんぜん知らないとしても、彼のことならそれは少しも驚きじゃありませんからね。わたしは彼の反応に驚きました。「ああ、ああ、ああ！」っていったんです。彼の顔があんなに生き生きとしているのは見たことがありませんでした。非常に印象的でしたね。「ああ、ああ、ああ」といいながら、彼は実際にそのコンサートに行って、最後までちゃんと座っていたことを話してくれたんです。これ以上はないというほど嬉しそうな顔で話してくれましたよ。[†20]

ファクトリーでいつも流れていた音楽といえば、流行のロック・ミュージックが主だったので、ウォーホルがサティを知らないだろうとプリンプトンが思ったとしても不思議ではない。しかし、ウォーホルはケージのことを知っていたし、意識もしていた。一九六三年のインタビューでウォーホルは、アメリカにポップ・アートが生まれた頃について語りながら、「私が思うにジョン・ケージの影響はとても大きかったと思う」[†21]と発言している。

ケージは《ヴェクサシオン》の初演について、「不思議だったのは、それが二度と同じ演奏にはならなかったということです。いつもそのヴァージョンごとに演奏者は微妙に違っていました、力がたえず揺らぐのですね」[†22]と述べている。同じ曲でも演奏者が異なればまったく同じにはなりえないが、とくに《ヴェクサシオン》の場合は、同じ演奏をあまりに何度も繰り返すため演奏者が疲れたり飽きたりすることで、同一の反復のなかに偶然的で微妙な差異が生まれていた。さらにケージは、ウォーホルが初演に来ていたことに触れて次のように語っている。

アンディがいたというのは、わたしは気が付きませんでしたね。たとえいなかったとしても、あの同一線上に彼の作品があることとは別にわたしが驚くことではありません。〔……〕アンディはわたしたちに、実のところ反復などというものがなく、見るものすべてにわたしたちが注意を払うべき価値があることを反復によって示そうと戦ってきました。それは、二〇世紀における主要な方向なんです。わたしにはそう思えるんです。

ウォーホルの絵画が同一イメージの反復によって成り立っていることはいうまでもない。しかしケージは、その作品に対して「反復などというものはない」と主張している。彼は、《ヴェクサシオン》における同一フレーズの反復に偶然的で微妙な差異を発見したが、同様の傾向をウォーホルの作品に見いだしていたのかもしれない。実際、ウォーホルのシルクスクリーンによる絵画は、ひとつの作品のなかに同一イメージが並んでいる場合でも、インクが付きすぎて濃くなったりインクが少なくなってかすれていたりして、厳密にいえばまったく同じイメージは存在しない。偶然に起こる刷りムラによって、同一イメージの反復には微妙な差異が生まれていた。[†23]

作曲家としてのケージは、「偶然性の音楽」によって知られている。偶然性の音楽は、伝統的な西洋音楽に対して、まったく異なる音の解釈を示すものであった。一般に西洋音楽は、作者の意図した法則や原理によって統一されており、個々の音はそれぞれが目的をもって全体のなかに位置づけられている。それに対してケージの音楽は、音と音のつながりが偶然性によって決定されているため、音の意図的、統一的な関係付けが放棄されていて、個々の音が無目的に存在している。彼にとって偶然性とは、音をできるかぎりありのままの状態で提示するための方法でもあった。

ケージの偶然性の音楽と伝統的な西洋音楽との違いを、ウォーホルのミニマリズム映画と古典的な物語映画との違いに比較することもできるであろう。通常の物語映画においては、観客がストーリーを無理なくたどることができるように、個々のショットが作品全体のなかで意図的、統一的に構成されている。それに対してウォーホルの映画は、ショットとショットのあいだに必然的な関係性が成立しないのであり、映像は無目的なものとして提示されることになる。

ところでケージは、一九四〇年代後半に二〇分のカラー映画をつくろうとしていたという。それは、「ブルックリン・ハイツの屋根にカメラを据え、マンハッタン南部に立つ摩天楼に焦点を合わせる」[24]という内容の作品で、どこか『エンパイア』を連想させる。また、その映画を説明して「カメラを移動させる必要もない。映像は向こうからやってくる」と述べているのだが、これもウォーホルの制作態度に似たところがある。しかしケージは、「アンディのフィルムを見たとき、わたしの映画はもう用済みと決めた」という。ケージが映画を制作しようとしたのは、音楽で試みていることを映画においても表現できると考えたからであろうか。このとき構想された映画がウォーホルのミニマリズム映画を思わせるものになっているのは興味深い事実である。

サティは、フランスのダダイズムと深く関わった作曲家で、ウォーホルが心酔するマルセル・デュシャンとも親しかった。《ヴェクサシオン》が作曲されたのは一八九五年頃であり、サティの曲としては初期の作品に属する。しかしこの曲は、サティが晩年に提唱する「家具の音楽」につながっていた。家具の音楽とは、意識して聴く必要のない音楽のことで、のちの環境音楽の発想を先取りするものだった。ウォーホルのミニマリズム映画もまた、意識して観る必要のない映画であり、映画をひとつの環境として提示する側面がある。

ミニマル・ミュージックとフルクサス

《ヴェクサシオン》の初演が一九六三年であるとしても、作曲されたのは一九世紀末である。同時代の音楽家でアンディ・ウォーホルと接点があったのは、ミニマル・ミュージックの創始者であるラ・モンテ・ヤングだろう。一般にミニマル・ミュージックは、同じフレーズを繰り返すことに特徴があり、この点で《ヴェクサシオン》はミニマル・ミュージックの先駆となっている。しかし、ヤングの音楽は反復ではなく、ひとつの持続音がほとんどわからない程度に変化しながら何時間も演奏されるのだった。そうした変化のなさと長大な時間は、ウォーホルのミニマリズム映画と共通するところがある。

ミニマル・ミュージックは、ジョン・ケージによる音楽の問い直しから出発したといってよいのだが、ケージとヤングの音楽には違いがある。ケージは、長音によるヤングの音楽に触れて、それが集中的な聴取を要求する点を批判した。[†25] 確かに微妙に変化するヤングの曲は、集中的に聴くことを要求しており、集中的な聴取から音楽を解放しようとするケージの音楽観とは異なっている。しかしヤングの音楽は、作者によって音が分節されておらず、作品の変化が受け手の集中の度合いや偶発的な要因に任されていた。こうした非作為的な姿勢もまた、ウォーホルの映画の制作態度に類似している。

ヤングは、アンダーグラウンド映画の世界とも交流があって、ジョナス・メカスが一九六五年に主催した〈ニュー・シネマ・フェスティバル〉に出演し、色彩のパターンが投影されるなかで演奏を行っている。またヤングは、いくつかのアンダーグラウンド映画に俳優として登場しており、ウォーホルの映画に出演したこともある。ウォーホルは、一九六四年の〈ニューヨーク映画祭〉にフィルム・インスタレーションを出品した。『スリープ』『キス』『イート』などの断片を八ミリフィルムのループにしてビュアーで覗く作品なのだが、サウンドトラックにはヤングの曲が使われている。ミニマリズム映画にはヤングの音楽がふさわしいと考えたのであろう。

ヤングは、一九六一年にニューヨークで誕生した前衛芸術グループ「フルクサス」のメンバーであった。フルクサスには多くの作家が関わっているが、主なメンバーにジョージ・マチューナス、ディック・ヒギンズ、ジャクソン・マックロー、ジョージ・ブレクト、ナム・ジュン・パイク、オノ・ヨーコ、塩見允枝子らがいた。フルクサスを組織したのはマチューナスで、彼が同じような方向性をもつ芸術家を集めて発表会を企画し、このときフルクサスという名称を使ったのだった。

フルクサスには、美術家、音楽家、詩人、舞踏家など多様なジャンルの芸術家が参加しており、既存のジャンルに収まらない横断的な表現を目指した。行為を表現として提示する「ハプニング」(「イヴェント」とも呼ばれた)は、フルクサスの中心的なスタイルとなった。たとえばフルクサスのハプニングは、楽器をひたすら磨き続けるとか、舞台に張られたリボンを切るといった、日常的でありきたりな行為をそのままの形で提示したものが多い。それは、芸術と日常の区別を廃棄するための方法であり、既存の芸術形式に対する挑発であった。

フルクサスのハプニングにケージが与えた影響は大きかった。一九五二年にケージがマース・カニングハムやロバート・ラウシェンバーグらと試みた「シアター・ピース」は、ピアノの演奏、ダンス、スライド上映などを同時に行うもので、ハプニングの原型となっている。のちにフルクサスのメンバーとなるヒギンズやブレクトは、一九五〇年代末にケージがニューヨークの「ニュー・スクール」で担当した音楽の授業を受けており、ハプニングやエンヴァイラメントの提唱者であるアラン・カプローも受講生だった。

ヤングのミニマル・ミュージックは、フルクサスのハプニングの延長にあった。たとえば《コンポジション一九六〇 第五番》は、蝶を会場に放つ（時間が限られている場合には、ドアや窓を開けておいて蝶が出ていったところで終わりにする）ことを指示した作品、《コンポジション一九六〇 第一〇番》は、一本の直線を引いてそれをたどることを指示した作品で、いかにもフルクサス的である。一方、《コンポジション一九六〇 第七番》は、♭とf♯をできるだけ長く演奏することを指示したもので、その後のミニマル・ミュージックを予感させている。

ジャクソン・マックローが一九六一年に発表したプロジェクト『ツリー・ムーヴィー』は、特定の木を選んでカメラを動かさずに夜明けから日没まで撮影することを指示したものであった。コンセプトを提示しただけで実際に撮影されたわけではないのだが（のちにビデオで制作）、まるでウォーホルのミニマリズム映画を予告するような内容である。マックローは、《コンポジション一九六〇 第七番》のようなヤングの作品に触発されて、このプロジェクトを構想したらしい。メカスは、ウォーホルの映画について語りながら、当時ウォーホルと一緒に一音の持続が何時間も続くヤングのコンサートに行ったことを回想している。さらにマックローによる映画のプロジェクトに触れて、「こういった時間感覚が、当時の空気にあったということだね」[†26]と述べている。

フルクサスを組織したマチューナスは、メカスと同様にリトアニアからの移民で、二人は古くからの友人であった。マチューナスはアンダーグラウンド映画に関心を示し、フルクサスの発表会でもたびたび上映している。一九六六年にマチューナスの発案でまとめられた「フルクサス・フィルム」は、フルクサスのメンバーやその周辺にいた作家の映画を集めたアンソロジーで、明らかにアンダーグラウンド映画から触発された試みであった（アンダーグラウンド映画作家では、構造映画を代表するポール・シャリッツとジョージ・ランドウが作品を提供していた）。

「フルクサス・フィルム」には、ウォーホルの映画を思わせる作品がいくつも含まれている。たとえばオノの『ナンバー1』は、マッチを擦るところをクロースアップで撮影した作品、塩見の『顔のための消失する音楽』は、笑っている口が閉じるまでを撮影した作品で、いずれもモノクロのサイレント、固定ショットでスローモーションである。一部が収録されたヒギンズの『峡谷と巨岩のための呪文』は、なにかを食べている口のアップをつないだだけの映画だが、実際には数時間の長さをもつ。オノの『ナンバー4』は、歩いている裸の尻のクロースアップをつないだ作品で、のちに長編化された。オノは、「お尻のフィルムは、アンディ・ウォーホルのに似ているわ」[†27]と語っている。

「フルクサス・フィルム」の多くは、日常的な行為を撮影しただけの単純な作品である。それは、フルクサスが頻繁に行っていたハプニングのあり方と基本的に同じであって、いわばハプニングの映画化であった。フルクサスのハプニングは、あまりに日常的でありきたりであるために無意味である。この無意味さは、ウォーホルのミニマリズム映画にも通じている。彼もまた、日常的でなんでもない行為を撮影することで意味のない映画をつくろうとしているからである。「フルクサス・フィルム」

にはウォーホルの映画の影響を認めることができるが、一方でそれは、マックローによる映画のプロジェクトの発想を受け継ぐものでもある。フルクサスとウォーホルは、同時代的な表現の美学を共有しており、影響関係は相互的であったといえよう。

ウォーホルは、フルクサスの活動に関わっていないし、本人が直接ハプニングを行うこともなかった。ただし彼は、一九六六年に映画、音楽、ダンスなどを組み合わせたミクストメディアのイベント〈エクスプローディング・プラスチック・イネヴィタブル〉をプロデュースしている。ウォーホルはこのパフォーマンスにみずから参加しており、ハプニングに接近している。マチューナスは、フルクサスと周辺にあった芸術との関係を図示した「フルクサス・ダイヤグラム」を書いていて、そこにはウォーホルの名前も登場する。それは、ウォーホルがミクストメディアのパフォーマンスを行ったからであった。

ウォーホルのサウンド映画

『ブロウ・ジョブ』（1964）は、アンディ・ウォーホルのミニマリズム映画のなかでも異色の作品である。男の顔をクロースアップで撮影しているのだが、映っていない下の方ではフェラチオが行われていて、男がエクスタシーに達するところで終わる。この作品は、ウォーホルのエロティックな関心（それはメカスがボードレール的映画と呼んだものに相当する）とミニマリズムのスタイルが両立している点で興味深い。そしてこのエロティックな関心は、ミニマリズム映画を脱したあとのサウンド映画において顕著になる。『ブロウ・ジョブ』は、ミニマリズム映画とサウンド映画をつなぐ役割を果たしている。

ウォーホルがミニマリズム映画から離れたことには、一九六四年に同時録音の一六ミリカメラを購入したことが影響していた。音声が導入されたので当然サイレントではなく、一六コマで映写することもなくなった。また、モノクロだけでなくカラーで撮影するようにもなっている。サウンド映画では、それまで排除していた要素が積極的に取りこまれており、ミニマリズム映画と比べると通常の映画に近くなっている。

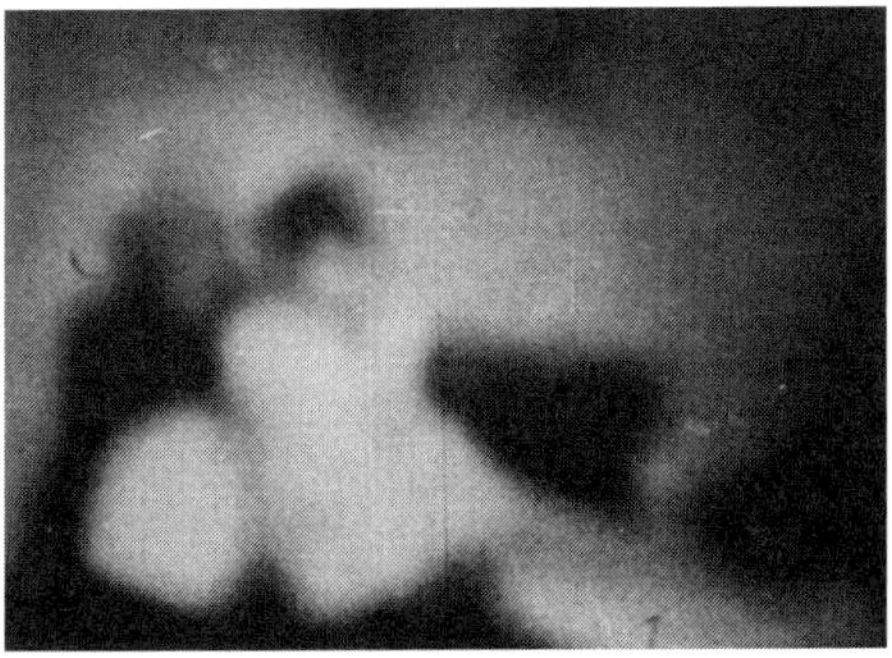
図6　『プア・リトル・リッチ・ガール』(1964)

この時期のウォーホルの関心は、ファクトリーに集まった個性的な人物たちを記録することにあった。とくにウォーホルが熱心に撮影したのはイーディ・セジウィックである。裕福な家庭に生まれたイーディは、自由を求めて家を出ており、女優を目指しつつファッション雑誌のモデルをしていた。『プア・リトル・リッチ・ガール』(1964)〔図6〕は、イーディが自分の部屋でお化粧したり、自分の生い立ちの話をしたり、服の自慢をしたりするところなどを撮影した映画である。次にあげるのはこの作品に関するウォーホルの発言だが、映画を制作するうえでの彼の姿勢をよく示している。

ぼくはいつもイーディの一日の生活をまるごと映画にしてしまいたいと思っていた。もっともそれをいうなら、ほとんどの人についても同じようにやってみたかった。ぼくは一定の場面や時間を抜きだして、それらをつなぎあわせるという発想をどうしても好きになれなかった。そうすると本当に起こったこととは違ってしまうからだった――それではほんとうの生活が出てこず、なんとも古くさく見えてしまうのだった。ぼくが好きなのはまるごとの時間、あらゆるリアルな瞬間の、そのいわば厚切りにしたようなものだった。〔……〕ぼくはすごい人間を見つけるだけで、あとは彼らをごくふつうにふるまわせ、いつもしゃべっているようなことをしゃべらせ、ぼくが一定の時間カメラをまわせば、もうそれで映画になるのだった。†28

ウォーホルは、人物の日常をありのままに記録しようとした。つまり、出演者を「ごくふつうにふるまわせ、いつもしゃべっているようなことをしゃべらせ」たのである。ウォーホルは、ミニマリズム映画においても日常的な行為を撮影していた。サウンド映画の場合は、出演者の日常をそのまま切り取ろうとしている。映画はミニマリズムではなくなったが、できるだけなにもしないというウォーホルの姿勢が大きく変わったわけではない。

ウォーホルは、サウンド映画においても基本的にカメラを動かさない。非人称的なカメラの視覚が保持されているのであって、自分の判断を介入させることなく目の前の出来事を記録してしまう。また、ウォーホルはほとんど編集を行わない。先の引用でも、「一定の場面や時間を抜き出して、それらをつなぎあわせるという発想をどうしても好きになれなかった」と述べていた。彼が編集を嫌うのは、「本当に起こったこととは違ってしまう」からである。ウォーホルが求めているのは「あらゆるリアルな瞬間の、そのいわば厚切りにしたようなもの」であって、作為性が介入すればするほど映像からリアルさが失われると考えている。

図7　『チェルシー・ガールズ』（1966）

『チェルシー・ガールズ』〔図7〕は、七時間あったフィルムを半分にし、二つの画面を同時に映す三時間半の映画である。アメリカ各地を巡回上映しており、ウォーホルの映画のなかでもっとも興行的に成功した作品となった。チェルシー・ホテルの各部屋で起こったさまざまなエピソードをつないでいるのだが、基本的に即興的な演出で、それぞれの出演者はカメラの前で好き勝手なことをしている。ウォーホルは、この映画を説明して次のように語っている。「みんなはすぐに日頃から自分たちがやっていること——自分たち自身でいること（あるいは自分たちのルーティンのひとつをやること。まあ、それはたいてい同じことだったけれど）——をカメラの前でやりはじめた」[†29]。

『チェルシー・ガールズ』には、法王役のオンディーヌがロンナ・ペイジの告解を聞くパートがある。オンディーヌは普段から法王のようなケープを身にまとっており、コーヒーショップの小部屋で告解を聞いていた。ウォーホルの映画では、出演者の普段の生活がそのまま映画にもちこまれるのであり、本人の役を本人が演じている。またこのパートでは、言い争いをしているうちにオンディーヌが本気で怒りだし、ペイジを殴ってしまう場面がある。ウォーホルはこのシーンを高く評価したが、それは演技ではないリアルな感情を捉えることができたからであった。

ウォーホルのサウンド映画には、目の前の現実をそのまま記録した作品もあるし、シナリオに基づいて役者が演技をしている作品もある。『チェルシー・ガールズ』の場合は、ホテルの各部屋で行われている出来事という設定は明らかにフィクションで、この作品以前に撮影されたフィルムも使われていた。また、シナリオに基づいて出演者が演技をしているパートもあるのだが、それは出演者が好き勝手なことをやっているパートと大差がないのだった。ウォーホルにとって、フィクションとノン・フィクションの区別はなかったといってよい。

ウォーホルは『チェルシー・ガールズ』について、「彼らの生活がぼくの映画の一部になった。そしてもちろん映画が彼の生活の一部になった。彼らはたちまち映画のなかに入っていったので、じっさい両者を区別することはできなかった――見分けがつかなくなるのだ[†30]」と語っている。すでにミニマリズム映画においても、映画と日常を重ねることが目指されていた。映画と日常の区別をなくすること、両者の関係を逆転させることは、ウォーホルの一貫した姿勢であった。

下手な演技と偶然性

アンディ・ウォーホルのサウンド映画には、シナリオに基づいて出演者が演技をしている作品も多い。このときシナリオを書いたのはロナルド・タヴェルであり、彼は演出にも関与していた。ダヴェルによると、ウォーホルはハリウッド映画のようになるのを避けようとしていて、「なるだけだらしなくて、そっけなくて、がらくたみたいなものにしようとしていた」[†31]という。確かにウォーホルの映画はそのようになっているが、これは意図されたことでもあったのだ。続けてダヴェルは次のようにも語っている。

平均的なウォーホルの映画というものについていうと、意味をもたせないというのが信条だった。それはもう鉄則みたいなもので、どんなことをやるにしてもそれには意味をもたせまいとした。〔……〕だから脚本家としてのわたしの苦労は、意味をもちそうになっても意味をもたないような脚本を書くことだった。

わたしは登場人物を排除させようとした。アンディは「筋もとってしまえ」といったよ。

ミニマリズム映画では、スクリーンに映しだされる映像に対してそのイメージが無意味になるような状態がつくられていた。シナリオに基づいたサウンド映画の場合は、とりあえず物語的な枠組みが用意されているのだが、できるだけ意味をもたないように仕向けられている。ミニマリズム映画が具体的なイメージを示しながらそれを無意味なものとして提示したのに対し、サウンド映画では物語を提示しながらそれが無化されている。

『ヴィニール』（1964）〔図8〕は、ウォーホルの映画には珍しく原作のある作品で、アントニイ・バージェスの『時計じかけのオレンジ』（1962）に基づいていた。この小説はのちにスタンリー・キューブリックが映画化するが、『ヴィニール』はキューブリックの映画と似ても似つかない作品になっている。『時計じかけのオレンジ』には、施設に入れられた主人公の青年が暴力に満ちた映画を強制的に観させられる場面がある。『ヴィニール』が描いているのはそのくだりなのだが、青年がＳＭチックに拷問される場面が延々と続くだけなのだ。

図8　『ヴィニール』(1964)

『ヴィニール』のシナリオを書いたのもタヴェルである。このシナリオにはセリフが多かったため、事前に彼は出演者にセリフの練習をさせようとしたのだが、そうするとウォーホルが邪魔をするのであった。なんだかんだと理由をつけて、リハーサルをさせないのである。結局、大きな紙にセリフを書いて撮影中にそのボードで示し、出演者はそれを棒読みすることになった。『ヴィニール』のセリフはわざとらしくて不自然だが、そうなるように仕向けられていたのである。ウォーホルは、役者の演技について次のように述べている。

ぼくはアマチュアか、本当に下手な演技者しかおもしろくない。なにをやっても決まらないというのは偽物じゃないからだ。ぼくは本当にうまい演技やプロの演技はわからない。プロの演技者はどのショーでもまったく同じことをまったく同じタイミングでやる。どこでお客が笑うか、どこらへんで乗ってくるか知っている。ぼくは毎回、違うことが出てくるのが好きなのだ。だから素人演技が好きだし、下手くそが好きだ。次がどうなるかわからないから。[†32]

プロの演技者とは、「まったく同じことをまったく同じタイミングでやる」ことのできる人物である。それに対して素人の演技は、「毎回、違うことが出てくる」のであり、「次がどうなるのかわからない」。ウォーホルは、意図を超えてなにかが起こることをつねに期待している。そのためには、出演者の演技が上手ではいけないのであった。

『ヴィニール』にはイーディが出演しているのだが、もともとこの映画に出る予定はなく、シナリオの配役にも入っていない。ウォーホルが撮影の見学に来ていたイーディをいきなり出演させてしまったのだった。だからイーディは、セリフがないのでなにも喋らないし、することがないためずっと暇そうに座っている。このあまりに気まぐれな演出は、「次がどうなるかわからない」状況をつくりだすためでもあっただろう。

ウォーホルの映画制作の基本的な姿勢として、決して撮影を中断させないことがある。通常の映画制作においては、どこかに失敗があれば撮影を中止するし、シーンがうまくいくまで何度も撮り直しをするものだ。しかしウォーホルは、誰かがセリフを間違ったり、忘れたりしても撮影を続けた。また、撮影に技術的な失敗があってもフィルムをそのまま使ってしまう。基本的にウォーホルの映画にNGはないのであった。

『ヴィニール』は、カメラを固定して撮影した作品だが、途中で誰かがカメラにぶつかったらしく、フレームの位置が少しずれてしまった。しかし、カメラを直さずにそのまま撮影を続けており、そのため途中から意味もなく構図が変化している。『プア・リトル・リッチ・ガール』の場合は、レンズを付けるのを忘れてピンボケの画面になったフィルムをそのまま使っている。音声は正常であるのだが、前半がまったくのピンボケ、後半はピントの合った状態という不思議な作品となっている。

なぜウォーホルは、わざわざ演技が下手になるようにしたり、失敗した映像を使ったりするのであろうか。結局それは、本当に起こったことをありのままのかたちで捉えたいからであろう。ウォーホルは、自分自身をカメラに同一化している。本来、映画のカメラ自体はなんの判断もしないのであって、俳優が失敗しようがカメラマンが操作を間違えようが、目の前の出来事を平等に記録してしまう。非人称的なカメラの視覚となっているウォーホルにとって、なにかを選択するという判断は最初から存在しないのであった。

つねにウォーホルは、意図されないことが起こること、偶然になにかが起こってしまうことを期待している。彼は、そのときその場で起こっている出来事を重視しており、やり直しやあとから操作を加えることは、いまここで生起しているリアルさを失わせるのだった。この点でウォーホルの映画はハプニング的である。特定のハプニングを記録したというのではなく、カメラを向けることによってそこにハプニングが生まれる。ウォーホルは、サウンド映画を制作した時期にミクストメディアのパフォーマンスをプロデュースしている。パフォーマンスとは、いまここでなにかを行うことであって、ウォーホルのハプニング的な映画のスタイルとも合致していた。

エクスプローディング・プラスチック・イネヴィタブル

一九六〇年代の半ば頃、アンダーグラウンド映画の世界では「エクスパンデッド・シネマ（拡張映画）」が流行した。エクスパンデッド・シネマとは、従来の映画のあり方を拡張することを意味し、スクリーンに投影された映像を客席から眺める従来の映画の形式を超えて、多様な映画のあり方を提示した。代表的な作家として、複数の映像を会場の壁面に投影するスタン・ヴァンダービーク、映画が上映されるなかでパフォーマンスを行うロバート・ホイットマンらをあげることができる。エクスパンデッド・シネマは、現代美術におけるエンヴァイラメントの動向とも不可分で、「エンヴァイラメント・シネマ」という呼び方もあった。それは、映画の上映される環境そのものをひとつの表現として提示する試みであった。

エクスパンデッド・シネマは、「インターメディア」と呼ばれることもあった。インターメディアは、フルクサスのメンバーであるディック・ヒギンズが提唱した概念で、さまざまな表現媒体（メディア）の中間（インター）にあること、異なるジャンルを交差させながら新たな表現をつくりだすことをいう。インターメディアは、フルクサスがさかんに行ったハプニングの延長にあり、そこに光や映像が導入されることによってエクスパンデッド・シネマと同様の試みと見なされるようになった。

ジョナス・メカスは、早くからエクスパンデッド・シネマに注目しており、一九六五年の九月から一二月にかけて、フィルムメーカーズ・シネマテークで〈ニュー・シネマ・フェスティバル〉を開催した。これは、エクスパンデッド・シネマを特集した大規模な催しで、ヴァンダービークやホイットマンの他、フルクサスのメンバーであるヒギンズ、ラ・モンテ・ヤング、ナム・ジュン・パイクらが参加していた。メカスはこの特集に触れて、「映画のメディアはばらばらになり、はみ出し、あてもなく散っていく。自然に。どこへ――誰にもわからない。映画がどこかへ行こうとしている。どこへ行くのか誰も知らない[†33]」と書いた。

アンディ・ウォーホルが『チェルシー・ガールズ』を二面スクリーンで上映したのは、明らかにエクスパンデッド・シネマの影響であるし、二つの映像をひとつのスクリーンに投影した『★★★★』も同様である。また、ウォーホルがプロデュースしたメディア・ミックスのイベント〈エクスプローディング・プラスチック・イネヴィタブル〉は、エクスパンデッド・シネマの実践でもあった。この公演は、伝説的なロックバンド「ヴェルヴェット・アンダーグラウンド」（以下ヴェルヴェッツ）との出会いがなければ生まれなかったものである。

ヴェルヴェッツのメンバーは、ルー・リード、ジョン・ケイル、モーリン・タッカー、スターリング・モリソンである。アンダーグラウンド映画作家のバーバラ・ルービンがヴェルヴェッツの演奏を撮影したとき、ジェラード・マランガとポール・モリシーが手伝いに行っており、ここからヴェルヴェッツの存在がウォーホルに伝わった。その頃彼は、映画と音楽を組み合わせたイベントを構想していて、演奏してくれるバンドを探していたのだった。ヴェルヴェッツは、ドラックや性倒錯を扱った曲を大音響で演奏しており、当時のファクトリーの感性とぴったり合っていた。ウォーホルは、ヴェルヴェッツに歌手のニコを加えることを勧め、ヴェルヴェット・アンダーグラウンド・アンド・ニコとなった。のちにウォーホルは、このバンドのデビューアルバム《ヴェルヴェット・アンダーグラウンド・アンド・ニコ》（1967）をプロデュースし、シールにしたバナナをはがすと中身が現れる有名なジャケットを手掛けている。

　ウォーホルは、「〝エクスパンデッド・シネマ〟に対するぼくらの貢献は、代わりに〝ヴェルヴェット・アンダーグラウンド〟でなにかやるということになりそうだった[†34]」と語っている。一九六六年二月、フィルムメーカーズ・シネマテークで開催された〈アンディ・ウォーホル、アップタイト〉は、

図9　〈エクスプローディング・プラスチック・イネヴィタブル（EPI）〉

ウォーホルの映画、ヴェルヴェッツの音楽、マランガやイーディのダンス、照明によるライトショーなどを組み合わせたイベントであった。これが〈エクスプローディング・プラスチック・イネヴィタブル〉（以下ＥＰＩ）［図9］となり、ツアーを組んで各地に巡回し、巨大なダンスホール「ドム」で定期公演を行った。ウォーホルの役は、映写機のレンズにゼラチンのスライドをかぶせ、自分の映画をさまざまな色で上映することだった。

　一九六〇年代中頃は、さまざまな芸術のジャンルで従来の枠組みを超える試みが実践されており、それはロック音楽においても同様であった。ルー・リードはＥＰＩについて、「僕達はアンディに会う前から、ライトを使ったり後ろにゴチャゴチャ

物があるところで演ってきた。ラファイエットの古いシネマティックさ。つまりそんなのはアンディのオリジナル・コンセプトっていうわけじゃ無いんだ。大勢の人間のコンセプトなんだ[†35]」と語っている。以前からヴェルヴェッツは、アンダーグラウンド映画の音楽を担当し、その種の映画が上映されるシネマテークで映画に合わせた演奏を行っていた。ヴェルヴェッツにとってEPIは、それまでの活動の延長にあった。

EPIは、エクスパンデッド・シネマの動向に刺激されて生まれたものだった。しかしウォーホルは、すでにミニマリズム映画においてエクスパンデッド・シネマの方向に向かっていたと考えることもできる。なぜならミニマリズム映画は、映画をひとつの環境（エンヴァイラメント）として提示する側面をもっていたからである。アダムス・シトニーは、構造映画の生みの親としてウォーホルの名前をあげたが、同時に彼はエクスパンデッド・シネマの先駆者であったといえるかもしれない。

当時はロック音楽が実験的になり、現代音楽との境界が曖昧になった時代でもある。ジョン・ケイルは、ヴェルヴェッツに参加しながら現代音楽の分野でも活動していた。もともとケイルはアカデミックな音楽を学んでいたのだが、ジョン・ケージの音楽に魅了されて現代音楽に進んだのだった。ケイルは、一九六三年にケージが初演した《ヴェクサシオン》に演奏者の一人として参加しており、ラ・モンテ・ヤングが同年に結成した「永久音楽劇場」のメンバーでもあって、長音によるミニマル・ミュージックを演奏していた。すでにケイルは、ウォーホルのミニマリズム映画とも接点をもつ《ヴェクサシオン》やミニマル・ミュージックと深く関わっていた。

EPIの公演にはストロボライトが導入されたが、当時この装置はまだ珍しく、イベントにもちこんだのはウォーホルが最初であったともいわれている。ストロボライトは、会場全体を激しい明滅で覆い尽くすことでその場にいる人たちをイベントに巻きこむものであり、エンヴァイラメント・アートの流行と合致していた。その後ストロボライトは、ディスコなどのイベントに不可欠な装置となったが、このことは前衛芸術の発想が風俗現象になだれこんだことを示しているだろう。ＥＰＩは、芸術と非芸術という境界を侵犯する試みでもあった。

アンダーグラウンド映画においても明滅はひとつの流行になっていた。トニー・コンラッドの『フリッカー』やポール・シャリッツの『T,O,U,C,H,I,N,G』は、全編が明滅で成立した映画であり、部分的に明滅を使った作品になると枚挙にいとまがない。とくに『フリッカー』は、黒と白の激しい明滅が三〇分続くだけの作品で、この極端な表現のあり方は、単純な音やフレーズを長時間演奏するミニマル・ミュージックに通じるところがある。実際、コンラッドは、ケイルとともに永久音楽劇場のメンバーで、ミニマル・ミュージックの音楽家でもあった。アダムス・シトニーは、『フリッカー』を構造映画の例としてあげたが、この作品はエクスパンデッド・シネマでもあった。なぜなら『フリッカー』は、観客を明滅のある空間に投げこむのであり、単に明滅を見るのではなく身体的に体験させる映画となっていたからである。

構造映画とエクスパンデッド・シネマは、一九六〇年代半ばという同時期に台頭した動向である。映画の本質を求心的に追求する構造映画と、映画の概念を遠心的に広げていく拡張映画は、一見すると真逆のベクトルをもつが、映画の形式に対して実験的なアプローチを試みた点で共通していた。六〇年代の前衛芸術は、従来の表現形式に対する反省から始まっており、メディアの本質を追求することとその概念を拡張することは表裏一体の関係にあった。ウォーホルのミニマリズム映画が、構造映画と同時にエクスパンデッド・シネマの傾向を内包していたのも当然というべきかもしれない。

ウォーホルのナラティブ映画

アンディ・ウォーホルは、「面白い盛りは一九六七年の夏で、それからは退潮に向かっていた」[†36]と語っている。つまり、一九六七年の夏頃がアンダーグラウンド・カルチャーの絶頂期で、その後この流行にも陰りが見えてきたということである。ウォーホルがナラティブ映画に移行したのが一九六七年であった。

二五時間の映画『★★★★』は、一九六七年の一二月一五日から翌日にかけて上映された。この作品には、のちに発表されるナラティブ映画のラッシュフィルムが含まれていたが、極端に長い上映時間や二台の映写機でひとつのスクリーンに上映する試みは、明らかに前衛芸術的な発想である。ウォーホルは、「当時、ぼくはその映写会がどんな種類の里程標になるとも思わなかったけれど、いま振り返ってみると、それがまさにただつくることを自己目的にしていたぼくらの映画制作の時代が終わったことを印すものだったことがわかる」[†37]と語っている。「ただつくることを自己目的にしていた」とは、興行を考えずに自分のつくりたい映画をつくっていたということである。ウォーホルは、そうした気ままな自主制作の作品を実験映画のシネマテークで上映するのではなく、通常の商業映画と同様に劇場で一般公開すること、興行的な成功を収めることを望むようになっていた。

この時期の作品に、『アイ、ア、マン』『バイク・ボーイ』『ヌード・レストラン』『ロンサム・カウボーイズ』（いずれも1967）、『ブルー・ムーヴィー（ファック）』（1968）などがあり、いずれもシナリオがあって役者が演技をしている。だいたい一〇〇分ぐらいに統一されているのは、商業映画館で一般公開することを念頭に置いていたからで、実際に『ロンサム・カウボーイズ』［図10］のように劇場公開され、なかなかの興行成績を上げた作品もあった。この映画は、ロンナと呼ばれた女性（ヴィヴァ）とその乳母（テイラー・ミード）、ゲイのカウボーイたちをめぐる話で、西部劇のパロディ的な作品となっていた。

図10 『ロンサム・カウボーイズ』（1967）

劇場公開を目指した作品は性が大きなテーマになっており、当時の「セックスプロイテーション」を意識していた。これは、当時のアメリカに流通したソフトコア・ポルノの名称である。アメリカでは、一九六〇年代半ば頃から映画に対するプロダクション・コードの規制が大幅に緩和され、性的な表現に対して寛容になっていた。ウォーホルは、自分の作品をソフトコア・ポルノに位置づけることで集客を狙ったのかもしれない。しかし、エロティックな関心は彼の作品に一貫するものだし、そうした関心は一部のアンダーグラウンド映画にも共有されていた。ウォーホルのナラティブ映画は、ジョナス・メカスのいうボードレール的映画を継承するものでもあった。実際、裸の男女がやたらと登場するものの、ジャック・スミスの『燃え上がる生物』がそうであったように一般的な意味でのポルノ作品にはなっていない。

もちろんウォーホルは、以前からフィクションを映画化していた。ドナルド・ダヴェルのシナリオに基づく一連の作品がそうだし、ダヴェルのシナリオではないが、『マイ・ハスラー』（1965）は男娼を主人公にしたドラマで、その後のナラティブ映画に直接つながる作品となっている。ウォーホルのナラティブ映画は突然に生まれたのではなく、それまでの作品の延長にあった。シナリオがあっても即興演出で、素人の役者がわざとらしい演技をし、だらだらと長回しが続くスタイルは基本的に変わっていない。

一九六五年頃からウォーホルは、ときおりカメラを動かすようになっていた。ただし、そのカメラワークはなかなか奇妙で、通常の劇映画にはありえない動き方をする。一般に映画のなかでカメラが動くとき、そこにはなんらかの目的がある。たとえば、横に動くのは人が歩いているのを追うためであったり、ズームをするのは近くに寄るのを示すためであったりする。しかし、ウォーホルのカメラワークにはそうした目的が欠落している。

サウンド映画の時期の作品に、ヴェルヴェッツのリハーサルを記録した『ヴェルヴェット・アンダーグラウンド・アンド・ニコ』（1966）がある。この映画では、カメラがあてもなく動き回り、突然ズームになったりピントがぼけたりするのだが、そうしたカメラ操作になんらかの意図を読み取ることはできない。ウォーホルは、あたかもカメラを動かしていいことを初めて知った子供のような無邪気さで、むやみやたらとカメラを操作してみせるのであった。こうしたカメラワークは、ナラティブ映画にもたびたび登場している。

　劇場公開を意識するようになって大きく変わったのは、編集を行うようになったことである。ウォーホルは無編集を好んでいたが、作品を一〇〇分ほどにまとめるためにはショットを編集する必要があった。一方、この時期の映画には奇妙なショットつなぎをしているのをときおり見かけることがある。ストロボ・カットなどと呼ばれるもので、カメラとテープレコーダを一瞬止めてまた動かす一種のカメラ内編集である。ブツ切れの極端に短いショットが挿入されるのだが、長回しのショットのなかにいきなり現れるので余計に面食らうのであった。かつてジャン＝リュック・ゴダールは、処女作の『勝手にしやがれ』（1959）でジャンプ・ショットを行い、批評家から「つなぎ間違い」といわれて嘲笑されたけれども、ウォーホルのストロボ・カットはより不自然で意味不明なものとなっている。

　一般の映画制作でショットとショットをつなげるとき、そこには明確な意図がある。個々のショットの関係が曖昧になっていると、物語がつながっていかないからである。しかし、ウォーホルのストロボ・カットには脈絡がない。この無意味なモンタージュは、彼の無目的なカメラワークに通じるものがある。ウォーホルは、作為的な操作をできるだけ避けようとしてきたが、なんらかの操作を行うときになると、なぜそうするのか理解しがたいやり方をする。彼は、本来ならば意味が生まれるべきところを無意味なものとして提示するのであった。

　ウォーホルは劇場公開を意識するようになったが、映画のスタイルが一般受けするものになったかといえば、必ずしもそうなっていない。以前の作品と比較すれば劇映画のスタイルに近づいているものの、制作の基本的なスタンスが大きく変わったわけではなく、すぐにそれとわかるウォーホル独特のスタイルが維持されている。メカスは、この時期の『ヌード・レストラン』などを論じた文章で、「ウォーホルの映画は、すすんで人の興味をそそろうとしているなどという印象を決してあたえはしない」[†38]と述べ、そこに「頑固な真面目さ」を指摘した。ウォーホルは、自分の作品が決して常識的な映画にならないように自分のスタイルを保持しており、この点では自分の映画を強くコントロールしていたといえる。

ウォーホルは、ミニマリズム映画からサウンド映画、そしてナラティブ映画に移行したわけだが、この変遷を映画史になぞらえることも可能であろう。彼は、映画の黎明期に相当する無技巧の映画から出発しており、しだいに物語を映画にする方向に向かった。また、途中からサウンドカメラを用いたことで、サイレント映画からトーキー映画への移行も通過しているし、最初はモノクロでしだいにカラーでも撮影するようになっている。ウォーホルは、映画のスタイルを変えることによって映画の技術を新たに発見している。音を使えばサウンドを発見し、カメラを動かせばカメラワークを発見し、ショットをつなげばモンタージュを発見するといった具合である。ウォーホルの映画に対する無邪気さが映画史を改めて再現してしまうのだっだ。

一方、ウォーホルにおける映画の変遷は、通常の映画史とは逆のベクトルをもっている。一般の映画史がいかに意味をつくりだすかという表現の発展史であるのに対し、ウォーホルの映画ではいかに意味をもたせないようにするかという態度で貫かれているからである。アンダーグラウンド映画は従来の映画の価値観を転倒させたが、ウォーホルは映画史を転倒させたといえるかもしれない。彼は映画の歴史を改めてたどりつつ、通常の映画の発展とは異なる映画の可能性を示したといえよう。

ウォーホルと『真夜中のカーボーイ』

一九六八年六月三日、アンディ・ウォーホルはＳＣＵＭ（男性を切り刻む会）を名乗るヴァレリー・ソラナスによって狙撃された。瀕死の重傷を負って生死のあいだをさまよい、半年近くも入院することになる。この事件はウォーホルに大きな影響を及ぼし、アンダーグラウンドの世界から離れるきっかけとなった。彼は退院後も映画に着手しており、『ブルー・ムーヴィー』を完成させている。ただし、『ブルー・ムーヴィー』のアイデアは狙撃される以前からあって、結局この作品がウォーホルの直接制作した最後の映画となった。

一九六八年頃は、アメリカ映画にとっても転機の時期に当たっていた。たとえば、アーサー・ペンの『俺たちに明日はない』が公開されたのが一九六七年である。『タイム』誌の同年一二月八日号がこの作品を特集し、「ザ・ニュー・シネマ：暴力…セックス…芸術…」という見出しを付けたことはよく知られている。同年には他にもマイク・ニコルズの『卒業』が公開されており、一九六九年には、ジョージ・ロイ・ヒルの『明日に向かって撃て！』、ジョン・シュレシンジャーの『真夜中のカーボーイ』、デニス・ホッパーの『イージー・ライダー』などが登場している。

暴力やセックスは、それまでハリウッド映画が周到に排除してきたものだ。こうした題材をハリウッド映画が扱うようになったのは、アメリカの映画産業が衰退していたからでもある。当時のハリウッド映画は大作主義に陥っていて、全体の作品レベルが下がるとともに興行成績が落ちこんでいた。

そうした状況に新風を吹きこんだのが右にあげたような「ニュー・ハリウッド」（日本では「アメリカン・ニュー・シネマ」と呼ばれる）の映画であった。

しかし、「暴力…セックス…芸術…」というコピーは、本来ならばアンダーグラウンド映画にこそふさわしいものだろう。アンチ・ハリウッドを掲げたアンダーグラウンド映画は、ハリウッド映画が排除したテーマや手法を積極的に取り上げていたからである。しかし、ハリウッドがそうした作品を送りだし、さらにはヒット作品が次々と生まれるようになると、アンダーグラウンドであることの意味は曖昧にならざるをえない。

ニュー・ハリウッドと呼ばれた映画には、アンダーグラウンド・カルチャーを取りあげた作品もあった。そうした映画のなかでは、『真夜中のカーボーイ』がウォーホルと無関係ではなかった点で興味深い。ジョン・ヴォイトとダスティン・ホフマンが主演したこの映画は大ヒットし、第四二回アカデミー賞で作品賞を受賞している。男娼が主人公の作品で、ハリウッド映画がゲイの問題を扱うのはきわめて珍しいことであった。またこの作品には、アンダーグラウンド・カルチャーを描いたシーンが登場するのだが、そこではウォーホルやファクトリーが参照されていた。

ウォーホルは、『真夜中のカーボーイ』にフィルム・メーカーの役として出演しないかと打診されていた。しかし、彼は自分の代わりにヴィヴァを推薦しており、そのためウォーホルに相当する役をヴィヴァが演じている。また、ファクトリーらしき場所でサイケデリックなパーティが開かれるシーンでは、ヴィヴァの他にポール・モリシー、テイラー・ミードらが登場し、さらにその場所で上映されている映画は、モリシーがウルトラ・ヴァイオレットを撮影して制作したものだった。『真夜中のカーボーイ』には、ファクトリーの常連が本人のような役で出演していた。

『真夜中のカーボーイ』は、ウォーホルの映画を連想させるところがあった。すでにウォーホルは『マイ・ハスラー』で男娼を主人公にしていたし、カウボーイが男娼という設定は『ロンサム・カウボーイズ』と同じである。ウォーホルは当時を回想し、「ぼくは『真夜中のカーボーイ』のことを思うと、『ヘアー』のときと同じように嫉妬を感じた。そして、お金のある連中はアンダーグラウンド映画やカウンター・カルチャーの生活を題材にし、それをたいそうな、口あたりのいい、商業的に受けるものに料理するのだと思った」[†39]と述べている。『ヘアー』は、一九六八年にブロードウェイで初演されて大ヒットした舞台で、帰還兵とヒッピーとの交流を描いていた。続けてウォーホルは、次のように語っている。

ぼくは「連中が自分の領域に移ってきている」とたえず感じつづけていた。それで以前にもまして、ハリウッドから金を引きだし、ぼくら自身の態度で、見栄えもよければ音響もいい映画をつくりたくなった。そのときようやく互角の勝負になるというものではないか。ぼくはとても羨ましかった。「どうして連中はぼくらにお金を出して、たとえば『真夜中のカーボーイ』のようなのをやらせようとしないのだろう? ぼくなら彼らのためにそっくり生き写しが撮れただろうに」と思った。ぼくは当時、彼らの望む現実の生き写しというのは、映画の現実の生き写しだ、ということがわからなかったのだ!

ウォーホルは、もしハリウッドがアンダーグラウンド・カルチャーを求めているならば、自分にこそ声をかけるべきだと考えていたようだ。しかし、実際にはそうならなかった。なぜならハリウッドは、アンダーグラウンド・カルチャーそのものを欲していたわけではなかったからである。ハリウッドがアンダーグラウンド・カルチャーに関心を示したのは、その流行にあやかろうとしたからであって、あくまでハリウッドが許容する範囲で取りこんだにすぎなかった。それは、ウォーホルもいうように「口あたりのいい、商業的に受けるものに料理」されていたのである。

確かにウォーホルは、商業的な成功を望むようになっており、作品も劇映画に近づいていた。しかし、それでも彼の映画は、扱う題材においても作品のスタイルにおいても、一般のハリウッド映画と比較すれば明らかに異質な作品に仕上がっている。ウォーホルは、映画がアンダーグラウンドであることに関して妥協するつもりはなかったといってよい。彼が望んでいたのは、アンダーグラウンドの作品をそのままのかたちで商業的な世界にもちこむことであっただろう。それこそがウォーホルにとって本当の勝利であるはずだった。

一九六九年の春頃、ウォーホルのもとにハリウッドで映画をつくる話が舞いこんだことがあった。ウォーホルとモリシーは、ドラッグ・クイーンのキャンディー・ダーリングを主人公にして、ハリウッドの有名人にインタビューして回るという映画を構想した。しかし、映画のなかに子供のポルノ映画を撮るシーンがあり、裸の少年がポッピングで遊んでいたり犬がからんだりする場面があったため、この企画はあっさりとボツになっている。

結局ハリウッドは、ウォーホルが望んでいたようなアンダーグラウンド・カルチャーを受け入れることがなかった。このことはつまり、アンダーグラウンドでは金儲けができない、あるいは成功者になることができないということである。『真夜中のカーボーイ』に代表されるハリウッド映画は、この事実をウォーホルに突き付けたといえよう。ソラナスに撃たれたとき、ウォーホルはヴィヴァと電話をしている最中で、ちょうど彼女が出演中の『真夜中のカーボーイ』の話をしていたという（ヴィヴァは『ロンサム・カウボーイズ』のヒロイン役でもある）。あえていえば、ウォーホルのアンダーグラウンド映画は、『真夜中のカーボーイ』の大ヒットという銃弾によってひとつの死を迎えたのであった。

『ブルー・ムーヴィー』のあと、ウォーホルは直接自分で映画を制作しなくなり、モリシーが制作した映画をプロデュースする立場に回っている。モリシーが最初に制作した『フラッシュ』（1968）はいかにもウォーホル風の映画だが、なかなか評判がよく興行的にも成功している。もともとモリシーが『フラッシュ』を制作したのは、ウォーホルが撃たれて入院していたからであった。また、『真夜中のカーボーイ』に出演し、作中で上映されるフィルムを制作したことも刺激になったようである。『フラッシュ』や『トラッシュ』（1970）といったモリシーの映画は、出演者が本人のような役で登場し、それを長回しで撮影するなど、ウォーホルのスタイルを踏襲しているが、ショットを意図的に構成しているし、物語的な起伏も意識されている。ウォーホルには、どうやっても通常の映画からずれてしまう独特な感性があるが、モリシーはその感性に基づいたスタイルを通常の映画の枠に収めようとする。もともと二人の資質は正反対であって、その後モリシーが常識的な制作スタイルに向かうのも当然であった。彼が監督したホラー映画の『処女の生血』（1973）や『悪魔のはらわた』（1974）

は、ウォーホルのプロデュース作品として公開されたが、実際には制作にまったく関わっておらず、かつてのウォーホルの映画とはなんの接点もない作品になっている。
ウォーホルは、「ぼくにとって、六〇年代全体を通じて一番混乱していた時期といえば、最後の一六ヶ月だった」[†40]と述べている。この時期には、絵を描くことも映画を撮ることもしておらず、自分がなにをすべきか悩んでいた。ワーカホリックの彼にしては珍しいことであった。ウォーホルが本格的に画家としての活動を再開したのは、一九七四年に《毛沢東》の絵画を発表してからである。またこの年に、自作の映画を配給ルートから外している。ウォーホルは、一九六五年に美術の世界から引退して映画に専念すると宣言したが、画家として復活すると自分の活動から映画を切り捨ててしまうのだった。彼の映像メディアに対する関心は、映画よりもテレビに向かっていた。ウォーホルは、アンダーグラウンドの世界から離れるとともに、より直接に商業的な成功を追い求めるようになっていた。

†1　アンディ・ウォーホル／パット・ハケット『ポッピズム――ウォーホルの60年代』高島平吾訳、文遊社、二〇一一年、一六六頁（Andy Warhol and Pat Hackett, *POPISM: The Andy Warhol '60s*, New York, Harcourt Brace Jovanovich, 1980, repainted New York, Haper & Row, 1983）。以下、訳文には手を加えた個所がある。
†2　同書、一六九頁。
†3　同書、九七頁。
†4　同書、八〇頁。
†5　ジョナス・メカス『メカスの映画日記――アメリカン・ニュー・シネマの起源 1959-1971』飯村昭子訳、フ

ィルムアート社、一九九三年、八八頁。
†6　キナストン・マクシャイン編著『ANDY WARHOL a retrospective ——ウォーホル画集』東野芳明監修、リブロポート、一九九〇年、四三五頁（*Andy Warhol: A Retrospective*, Museum of Modern Art, New York, 1989）。「テイラー・ミードの『シバの女王がアトム・マンに会う』」とあるが、ミードは主演した人物で、映画を制作したのはロン・ライスである。
†7　メカス『メカスの映画日記』八六頁。
†8　同書、五四頁。
†9　ウォーホル／ハケット『ポッピズム』五一頁。
†10　同書、七九頁。
†11　「インディペンデント・フィルム賞」アダムス・シトニー編『アメリカの実験映画〈フィルム・カルチュア〉映画論集』石崎浩一郎訳、フィルムアート社、一九七二年、二八六頁（Sixth Independent Film Award, *Film Culture*, No.33, Summer 1964）。メカスがウォーホルとリュミエールとの関係を論じた文章に、「ウォーホル映画を見直して——ウォーホルはリュミエールに還った」（マイケル・オプレイ編『アンディー・ウォーホル・フィルム』ダゲレオ出版、一九九一年）がある。
†12　ウォーホル／ハケット『ポッピズム』二二五頁。
†13　「映画・ファクトリー・スーパースター——アンディ・ウォーホルをめぐる証言」西嶋憲生＋編集部訳『月刊イメージフォーラム』一二一号、一九九〇年五月号、五六頁。
†14　ジョルジュ・サドゥール『世界映画全史2　映画の発明——初期の見世物 1985-1897』村山匡一郎・出口丈人・小松弘訳、国書刊行会、一九九三年、一〇一頁。リュミエールの映画については、長谷正人『映画というテクノロジー経験』（青弓社、二〇一〇年）を参照。

†15　フレッド・ローレンス・ガイルス『伝記　ウォーホル――パーティのあとの孤独』野中邦子訳、文藝春秋、一九九六年、三一四頁。
†16　サドゥール『世界映画全史2』九九頁。
†17　アンディ・ウォーホル（インタビュー）「僕には何も失うものがない」（聞き手＝グレッチェン・バーグ）、西嶋憲生訳、オプレイ編『アンディー・ウォーホル・フィルム』四二頁。
†18　アダムス・シトニー「構造映画」シトニー編『アメリカの実験映画』一八八頁。
†19　ヘンリー・ゲルツァラー「〈眠り〉についてのノート――アンディ・ウォーホルと最小限の映画」石崎浩一郎訳、シトニー編『アメリカの実験映画』一七二頁（*Film Culture*, No. 32, Sping 1964）。
†20　ジーン・スタイン／ジョージ・プリンプトン『イーディ』青山南・堤雅久・中俣真知子・古屋美登里訳、筑摩書房、二五四頁（Jean Stein and George Plimpton, *Edie: American Girl*, Grove Press, 1982）。プリンプトンは、『スリープ』の上映時間と《ヴェクサシオン》の演奏時間を混同している。
†21　"What is Pop Art?, Intaviews by G.R.Swenson," *Art News*, November 1963, p. 61.
†22　スタイン／プリンプトン『イーディ』二五四頁。
†23　ウォーホルの絵画における偶然性については、西村智弘「空虚の絵画――アンディ・ウォーホルの平面作品」（『東京造形大学研究報』四号、二〇〇三年）を参照。
†24　ジョン・ケージ「わたしの映画はもう用済み」『美術手帖』五八一号、一九八七年六月号、二二頁。
†25　ジョン・ケージ『小鳥たちのために』青山マミ訳、青土社、一九八二年、一四六頁。
†26　ジョナス・メカス「彼は観察者の〝巨大な眼〟だった」『美術手帖』六九二号、一九九四年八月号、五八頁。メカスは、マックローによる映画のプロジェクトを『フィルムのためのエスプリ』と呼んでいる。
†27　ジョナス・メカス編『メカスの友人日記――レノン／ヨーコ／マチューナス』木下哲夫訳、晶文社、一九八

九年、四六―四七頁。
†28 ウォーホル／ハケット『ポッピズム』一六一頁。
†29 同書、二六三頁。
†30 同書、二六三―二六四頁。
†31 スタイン／プリンプトン『イーディ』二五二頁。
†32 アンディ・ウォーホル『アンディ・ウォーホル――ぼくの哲学』落石八月月訳、新潮社、一九九八年、一一四頁（Andy Warhol, *The Philosophy of Andy Warhol (From A to B and Back Again)*, New York, Harcourt Brace Jovanovich, 1975）。
†33 メカス『メカスの映画日記』一九〇頁。
†34 ウォーホル／ハケット『ポッピズム』二一二頁。
†35 ジェラード・マランガ／ビクター・ボクリス『アップタイト――ザ・ヴェルヴェット・アンダーグラウンド・ストーリー』フールズメイト、一九八九年、三三頁。
†36 ウォーホル／ハケット『ポッピズム』四一二頁。
†37 同書、三六七頁。
†38 メカス『メカスの映画日記』二九五頁。
†39 ウォーホル／ハケット『ポッピズム』四〇六頁。
†40 同書、四二一頁。

2

V

パフォーマンスとしてのエクスパンデッド・シネマ

ジュリアン・ロス

エクスパンデッド・シネマの生成

美術表現の形が様々な変化を遂げた時代に産まれてきたエクスパンデッド・シネマは、映画の根本的な特質を見直す機会を与えた。商業映画が上映される映画館における固定した鑑賞の仕組みを問い直したエクスパンデッド・シネマは、各地域で関連した活動が点々と行われていながらも、アメリカ・ニューヨークで初めて広く流通し、映画という概念の拡張を決定付けた。リトアニア生まれ、ニューヨーク在住の映画作家・記者であるジョナス・メカスがエクスパンデッド・シネマという言葉を『ヴィレッジ・ヴォイス』誌の連載で初めて使った時、彼はエクスパンデッド・シネマという新たな動きの中に、共通しながらも異なる二つの方向性を指摘した。[†1] 一つはスタン・ヴァンダービーク、USCOグループや、一九六四年のニューヨーク万博におけるマルチ・プロジェクションを使用した、映画投影の物理的なスケールを拡張する試み。もう一つはキャロリー・シュネーマンやロバート・ホイットマンなどが試みた、映画と演劇・ハプニングの融合である。五〇年後の今、エクスパンデッド・シネマはここ数年あらゆる美術館・国際映画祭・書籍の刊行などを通して再注目を受けてきた。しかし、ほとんどの場合、北米のエクスパンデッド・シネマを取り扱う時は前者のマルチ・プロジェクションに焦点が当てられることが多い。[†2] 従ってこの章では、後者に当たるパフォーマンスを含めたアメリカのエクスパンデッド・シネマに注目したいと思う。

映像を通じた表現がどんどん進化していく現在、エクスパンデッド・シネマの歴史を見返すにはいい機会だと思われる理由がいくつか挙げられる。まず、映画の特質ともいわれる「記録性」の限界をエクスパンデッド・シネマによって再検証することができる。これは、映画としてある映像の記録を残したものを利用しながらも、記録として残しにくい美術を含める表現方法である。関連して、エクスパンデッド・シネマは映画の「再現性」という特質を今一度考え直す力を持っている。同じく再現機能を一部としたフィルムを使いながらも、完全に一致した再現は不可能なパフォーマンスを同じ舞台で披露する。次に、映画とその他の表現方法が融合されてきた歴史を念頭に置くと、映画とパフォーマンスの境界に位置する活動を中心としたエクスパンデッド・シネマが歴史的に重要な例として解釈出来る。美術ジャンルの境界線が崩れ始めたともいえる現在に繋がるともいえるだろう。学問的に別扱いされる場合が多い映画史・美術史・演劇史もエクスパンデッド・シネマを例にとることで、それらを横断した議論を可能にする。最後に、美術館や映画館が作品の保存・管理の方法論を検討していく中、エクスパンデッド・シネマは重要な問題定義を示すと思われる。一方で素材を使用していながらも、もう一方では保存しにくい表現方法をも用いていて、その上、コレクションやアーカイヴに入っても、毎回同じことを繰り返すことがないので、常に作業のアップデートが必要となる。このように六〇年代のパフォーマンスを含めたエクスパンデッド・シネマは現在の美術・映画の課題と繋がる点が多く、再検証する価値があると思われる。

エクスパンデッド・シネマが盛んに行われていたニューヨーク市を中心に、パフォーマンスの様々な表現方法を使用したエクスパンデッド・シネマの活動をここで紹介していきたい。

ニュー・シネマ・フェスティバル1――ハプニングとしてのエクスパンデッド・シネマ

エクスパンデッド・シネマの出発点として挙げられるイヴェントが〈ニュー・シネマ・フェスティバル1〉である。このイヴェント・シリーズはジョナス・メカスにより、フィルムメーカーズ・シネマテークの企画として、一九六五年の一一月中に、ニューヨークのフォーティーファースト・ストリート・シアターで毎夜行われた。参加者のほとんどがその当時の美術・演劇・映画界の代表者といわれる人物たちで、様々な表現方法の交差点にエクスパンデッド・シネマが位置付けられることとなった。映像作家のスタン・ヴァンダービーク、ケン・ジェイコブス、ロバート・ブリア、スタン・ブラッケージや美術家のクラウス・オルデンバーグ、アンディ・ウォーホル、ナム・ジュン・パイクやパフォーマンス・アーティストのディック・ヒギンズ、ジャック・スミスなどの作家がこの〈ニュー・シネマ・フェスティバル1〉に参加して、新作を披露した。後に〈Festival of Expanded Cinema〉と改称されたこのイヴェントにおいて、エクスパンデッド・シネマを「ハプニング」として手がけたのがロバート・ホイットマンとキャロリー・シュネーマンだった。そこで二人がどのようにハプニングとしてのエクスパンデッド・シネマに挑んだかを検証してみよう。

ロバート・ホイットマン

芸術におけるパフォーマンスの形式の一つとして、当時注目を浴びていたのがハプニングと呼ばれる表現だった。ハプニングはアラン・カプローが五〇年代後半に名付けた行為遂行的表現方法で、それは「物語」や「展開」を否定した肉体表現だった。カプローと同じ時期にラドガー大学の学生だったホイットマンは、カプローと共にハプニングの先駆者といわれているが、彼自身はこういった領域の活動を「シアター・ピーズ」（劇作品）と呼んでいた。早くもホイットマンは一九六〇年にパフォーマンスと映像プロジェクションを融合した試みを発表した。《アメリカン・ムーン》*American Moon*（1960）はステージというもの自体を否定して、観客が色々な角度から鑑賞出来るパフォーマンスの環境を作り上げ、八ミリ映画をカーテンに投映したり、天井からつり下げたブランコにパフォーマーを乗せたりした。複数の展開があるパフォーマンスの途中でホイットマンは、大きなプラスチック製の袋に掃除機の排気で空気を入れ、光を当てたり手で触ったりしていたようだ。このエクスパンデッド・シネマの例では、環境に関しての混乱や同時多発性を強調するために映像の投影が使用された。五年後の一九六五年に開催された〈ニュー・シネマ・フェスティバル1〉で上演された《プルーン・フラット》*Prune.Flat.*（1965）は、少し映像とパフォーマンスの融合に対するアプローチが変わったことを表した。

《プルーン・フラット》の開幕はスクリーンに映る映写機のクロース・アップを撮った映像だった。映像が始まって早々に、ホイットマンは再現技術である映画の仕組みをこのようにして明らかにした。観客の背後にある実物の映写機と虚像として映される映写機の映像を同じ空間に位置付けることによって、同じであるようにしても違う物質と時間軸を表しながら、映画の特徴を強調した。その上、映画の平面性への応答として、ホイットマンはフォーティーファースト・ストリート・シアターの舞台の浅さを利用して、虚像の平面性について探求する試みをした。[†3]「映画は空間を平らにする。人間に映像を映写すると平らになってしまう」[†4]と言ったホイットマンは、映画上映中にスクリーンの前を歩くようパフォーマーに指示した。クロース・アップで映るりんごの映像が流れる場面で、黒い服と白い服を着たパフォーマー二人はスクリーンに背中を向けて中央まで歩いていき、スクリーンの光を全身に浴びた。黒と白の服装をしていることによって、光の反射性を利用し、ある時は映像の中に消え、そしてまたある時は映像の中から現れるという現象を取り入れた。その上、観客の視点からみて実像と映像の混乱が生じるように、ある場面ではストリップを行う女性の映像を舞台に立つ白い服を着た女性パフォーマーの体に投影した。ホイットマンはその後もテクノロジーを駆使して実像と虚像の相違点を検討していった。

キャロリー・シュネーマン

同じ〈ニュー・シネマ・フェスティバル1〉でキャロリー・シュネーマンはUSCOグループに招待されて参加した。USCOグループは、マーシャル・マクルーハンのメディア論に奮起され、マルチ・プロジェクションを盛んに行ったメディア・アートの団体だった。もう一方で、シュネーマンは過激な肉体表現によるハプニングを披露した人物だった。前年に『フュージス』*Fuses*（1965-67）の撮影で初めて映画に触れたシュネーマンは、初めてパフォーマンスと映像の投影を同じ空間で行った。USCOグループに招待されたことに関しては「恐らく何かを縦並びに、何かを足すかというようにしてほしかったのだろう」と考えながらも、逆に映画の直線的な面を崩したかったという。[†5]一九六五年一一月一七・一八日に行われたパフォーマンス《ゴースト・レヴス》*Ghost Revs*（1965）では、USCOグループとシュネーマンが用意した映像に対してシュネーマンと舞踏家フィービー・ネヴィルが、あらゆる形で触れ合った。スクリーンの上に塗料で数字や言葉を書き込んだり、映像を投影している紙製のスクリーンを破り、あるいはナイフで切り込んだりと、あらゆる形で介入した。肉体を過激に使ったパフォーマンスを行ったシュネーマンは複数の映写の中で自分の存在を観客に訴え、パフォーマンスの実像性を強調した。

一九六七年にニューヨークのマルティニーク劇場で演奏された《スノーズ》*Snows*（1967）は同じくマルチ・プロジェクションとパフォーマンスを同じ空間で表現する作品だった。シュネーマン本人がヴェトナム戦争に関しての様々な映像を編集した『ヴェト・フレークス』*Viet Flakes*（1967）を含む映像を五つ用意して劇場のあらゆる平面に投影した。[†6] スクリーンのフレームを外れて拡大された映像は、他の映像とも重なり合い、映写機が三六〇度廻せる仕組みになっていたため、あらゆる角度からイメージがブレるように映写された。床は銀色のアルミホイルによって覆われ、真ん中に位置付けられた回転する仕組みの光彫刻と一緒に、光を反射した。同時多発的に現れる過激な映像に囲まれた舞踏家は、観客の視点からみると映像の中に消える時もあり、またある時には銀色のアルミホイルに巻かれた体は光を反射した。このように多数の出来事が一度に起こるパフォーマンスは、マスメディアを通して経験する戦争の混乱性を反映していた。EATのメンバーによって、観客席にコンタクト・マイクを仕込み、小さな動きでも音響と投光器の動きに影響を与えるようにした。[†7] このように鑑賞したくない観客をも作品に参加させることによって、演奏の「共犯」として、ヴェトナム戦争のような個人を超えた政治的出来事にもどこまで一人ひとりの人物が責任を持つべきかを検討するように思える。

映画とパフォーマンスの違いをここでまた再検討してみると、シュネーマンは「映画とパフォーマンスを統合させたかったものの、パフォーマンスとは異なる映画の視覚的言語を表したかった」[†8]という。ドイツ・ケルンの〈Happening & Fluxus〉展でジョン・リフトンと共作した《ミート・システム・ワン：エレクトリック・アクティベーション・ルーム》*Meat System 1: Electronic Activation Room*（1970）は、ヴェトナム戦争の写真やラジオ放送の音響の中にシュネーマンが過去に演奏したパフォーマンスの記録写真を展示したエンヴァイラメント（環境）だった。そこで、シュネーマンはスライド・プロジェクターを三つ重ねて、《スノーズ》を含むいくつかのパフォーマンスの写真記録を部屋に投影した。壁や角に映るスライドは、互いに重なり合いながら混乱を生み出し、その再現不可能な一回性を表現に導入した。その上、プロジェクターは、部屋の中に並ぶ七八枚の小さな鏡に向けられ、さらにパフォーマンスの記録では不可避である断片化を表した[†9]。このように、映画とハプニングはそれぞれの本質を保ちながらも他の要素と混ざりあって一つの経験を築いていった。ロバート・ホイットマンやキャロリー・シュネーマンは、複数の映写機を使ったエクスパンデッド・シネマにおいても、ハプニングには重要である即興性・存在性を保ち続ける。本質が異なる映画とパフォーマンスを隣り合わせにすることによって、より強くお互いの本質が表に出るように見える。

ハプニングと同じく即興性・現在性・肉体的表現を特徴とする舞踏・ダンスは、映画が用いる記録性・再現性の対極にあるように思われる。またハプニングとは異なりダンスには長い歴史があり、映画と舞踏・ダンスは一見共通点が少ないように思われる。にもかかわらず、前衛映画とモダンダンスは親密な関係があるともいえる。初期アヴァンギャルド時代では、バレエ・スエドワというバレエ団が演奏、フランシス・ピカビアが演出した《本日休演》*Relache*（1924）ではルネ・クレールが監督した映画作品『幕間』*Entr'acte*（1924）がタイトル通りに幕間で上映された。戦後アメリカ前衛映画の先駆者ともいわれるマヤ・デレンもダンスを含めた作品をいくつも製作した。六〇年代に入ると、映画と同じくダンスも本質的に変化を見せはじめていた。その中、ジャッドソン・ダンス・シアターに所属するトリシャ・ブラウン、イヴォン・ライナー、エレイン・サマーズなどの人物の活動によってモダンダンスと映画は親しい仲となっていった。

一九六〇年代初期に活動を始めたジャッドソン・ダンス・シアターは、ジャッドソン教会を中心にモダン・ダンスの公演を繰り広げた。特に会員制ではなかったものの、トリシャ・ブラウン、イヴォン・ライナー、エレイン・サマーズ、スティーヴ・パクストンなどの舞踏家を中心に、美術家（ロバート・モリス、ホイットマン、シュネーマン）[†10]や作曲家（フィリップ・コーナー）の共同製作を行っていた。ジャッドソン教会はニューヨーク市マンハッタン区ダウンタウンに当たるグリニッチビレッジに位置していて、妊娠中絶禁止運動に反対意義を示し、公民権運動に参加するなど、教会としては珍しく政治的な市民運動にも参加していた。五〇年代からは芸術家に教会の場を貸すようになった。オノ・ヨーコを含む何人もの前衛作家がそこで展示や公演を行うようになり、六〇年代美術のニューヨークにおける拠点の一つとしてあらゆる芸術表現を紹介する場を与えた。[†11] ジャドソン教会ではじめて行われたジャドソン・ダンス・シアターの公演《ア・コンサート・ダンス・ナンバーワン》*A Concert Dance #1*（1962）は、舞踏評論家のサリー・ベーンズによると、映画で始まったものだった。作曲家ボブ・ダンが準備した映画はエレイン・サマーズが撮影した青に変色した映像とW・C・フィールズ監督のハリウッド映画『ザ・バンク・ディック』*The Bank Dick*（1949）の一場面を混ぜて編集したものだった。観客が会場に入る前から映像は流れていたようで、観客は会場に入るとすでに公演が始まっているのではないかと混乱したといわれている。[†12] 公演が始まっても映画の投影は少しの間続き、ダンスと映画の融合が成り立った。この公演を出発点として、ジャドソン・ダンス・シアターの舞踏家は映像を含めた公演を繰り返し試みた。

トリッシャ・ブラウン

まず、ジャッドソン・ダンス・シアターの一員であるトリシャ・ブラウンの映画とダンスの融合を一つの例として挙げてみよう。《ホーム・メイド》*Home-Made*（1966）と題したパフォーマンスは、最小限の機材と仕組みを使った単純な作品だった。黒いレオタードの上に赤ん坊用のベビーハーネスを着たブラウンは、映写機を背中に担いでソロのダンスを行った。[†13] ブラウンの背中に乗せられた映写機から映し出される映像は彼女の背後の床・壁・天井に投影され、ブラウンの動きに同調してプロジェクションの位置が移動する仕組みだった。[†14] 映写機から流れるロバート・ホイットマンが撮影した映像プリントには、ブラウンが舞台で行う仕草と同じものが写っていた。ある時には舞台のブラウンが映像に映る自分の姿を追うかのように、そしてまたある時には映像に映るブラウンが舞台に立つブラウンを追うように観客には見えるようになっている。この演奏で交差する舞踏と再現技術の関係は舞踏の世界では長年議論されている。舞踏評論家ペギー・フェランは「パフォーマンスは消えることによって存在する」と述べ、記録・再現されることによってその存在の特質を失うと定義している。[†15]もう一方で、舞踏評論家フィリップ・アウスランダーの意見によると記録・再現機材などのテクノロジーが現れたことによって「ライヴ性」というものが初めて生まれ、ライヴ性と記録性は互いに互いを必要としている。[†16]従って、以下のように映画の記録性と舞踏のライヴ性の関係に関しては意見が異なっている場合が多いが、トリシャ・ブラウンの《ホーム・メイド》はこの議論に新たな問題を投げかけているように思える。

もう一つ、トリッシャ・ブラウン演出の企画で映画とパフォーマンスの相違点を強調した融合を試みた演出があった。《プレーンズ》*Planes*（1967）というパフォーマンスでは、五メートルの高さがある壁にブラウンを含めた三人の舞踏家が足がかりを使って這い上がり、壁にはジャド・ヤルカットが空から撮影した映像が投影された。前面が白、後面が黒の全身レオタードを着た舞踏家が、映像が投影されている壁をゆっくりと這い上がると、人間が空から地面に落ちて行く錯覚を体験できたようだ。題名の《プレーンズ》は飛行機を思い起こすが、「面」という意味もあり、平面性や深度の混乱を意図して名付けたと思われる。二〇分ほど行われたパフォーマンスでは、舞踏家の前面（白）が表に出ている場合は映写機の映像が体に映り、後面（黒）の場合は映像の一部として人影が空を落ちて行くように見えるという仕組みになっていた。このような工夫によって、トリッシャ・ブラウンは映像と現実の違いを見せながらも映像と身体の境界を錯乱している。

《ホーム・メイド》や《プレーンズ》は映画と舞踏を隣り合わせにすることによって、再現技術である映画とライヴ性を重視する舞踏の本質を表に出して明らかにする。二つの表現方法の比較を観客に試みてもらうために、ブラウンは最小限の舞台道具を使って、わりと単純な構造で成り立つようにしているように思える。その点を踏まえて、トリシャ・ブラウンがロバート・ホイットマンと行ったもう一つのコラボレーションを分析してみよう。ジャッドソン・ダンス・シアターでも活動をしていたロバート・ホイットマンはＥＡＴ（Experiments in Art & Technology）という団体に参加して最新技術と美術の共同製作を試みていた。一九六六年一〇月一三〜二三日に行われた〈劇場と工学の九夜〉というイヴェント・シリーズで、ホイットマンは《ツー・ホールズ・イン・ウォーター・3》*Two Holes in Water 3*（1966）を上演した。彼はこの作品で最新技術を駆使して、クローズド・サーキットのシステムを使ったビデオ・プロジェクションとフィルムの同時映写を数人の技術者・舞踏家と共に試みた。九番リージェント・アーモリー会場の三つの壁を白い敷布で覆って、ホイットマンは三つの一六ミリフィルム映写機と三つのビデオ映写機を車の上に用意した。会場空間の各場所に舞踏家・パフォーマーを配置して、ライヴで上演されたパフォーマンスを七つのビデオカメラが撮影し、それを同時にプロジェクターで敷布に映した。トリシャ・ブラウンは舞踏家ミミ・ミラーと共に変形した大きな鏡の前で抽象的な映像が鏡に映るように小さな仕草をして、その反射された映像がビデオカメラを通してプロジェクターの投写によって敷布に映った。[†17] 確かに、《ツー・ホールズ・イン・ウォーター・3》はビデオとフィルムの記録性の違いに焦点を当てて、パフォーマンスと記録の相違点について問いかけることによってトリシャ・ブラウンの《ホーム・メイド》や《プレーンズ》と共通点があるように思える。しかし、ホイットマンのパフォーマンスは大型装置、舞踏家・パフォーマーの人数、プロジェクションの大きさと数などによって一人ひとりの仕草に抑圧をかけている印象があり、舞踏家のライヴ性よりは、テクノロジーの可能性に焦点が当てられているように思える。その一方で、ブラウン自身の映像パフォーマンスは機材の利用によって、身体表現の肉体性を明らかにする。

イヴォン・ライナー

同じジャッドソン・ダンス・シアターに所属するイヴォン・ライナーも同様に映像と舞踏の境界を探ることによって、映像と舞踏の相違点を検討していた。七〇年代に入ってから本格的に映画製作に集中して長編作品を撮っていたライナーは、六〇年代中半にも小型のミニマルな短編映像作品を製作していた。処女作『ハンド・ムーヴィー』*Hand Movie*（1966）では、手術後に入院していたライナーの手の仕草を知り合いのウィリアム・デイヴィスが八ミリカメラを使ってクロース・アップで記録した。結果として出来上がった映像作品『ハンド・ムーヴィー』は、舞踏を踊れない状態の体で撮った作品として、パフォーマンスと映像の違いが強調されている。このように一部分に集中して短い距離から観察するという点も、観客の視点からのパフォーマンスと映画の違いが明らかにされる。『ハンド・ムーヴィー』を出発点として撮ったシリーズ「ファイヴ・イージー・ピーシズ」Five Easy Pieces（1966-69）は、他にもパフォーマンスでは経験できない視点を映画で描く実験をしていた。[†18] 例えば、作曲家・映像作家であるフィル・ニブロックの撮影によって完成した『ライン』*Line*（1969）は天井に塗り込んである黒い点を床から撮影している。最初はアニメーションにも見える平面性があるこの作品では、金髪の女性（スーザン・マーシャル）が映像に現れてカメラを上から眺め、映画でこそ可能なスケールと深度の操りを表す。このようにイヴォンヌ・ライナー自身の初期短編映画は舞踏の記録としてカメラを使っているのではなく、映画というジャンルの可能性を探求して、舞踏・ダンスと映画の比較を試みている。

しかし、映画と舞踏の違いを探求しているイヴォンヌ・ライナーの表現は彼女の映像投影を取り入れたダンスによってより強調されている。彼女の有名なパフォーマンス《ザ・マインド・イズ・ア・マッスル》*The Mind is a Muscle*（1967-68）の第三場面では、舞台の真ん中にスクリーンが置かれ、シリーズ「ファイヴ・イージー・ピーシズ」の一部作『バレーボール（フット・フィルム）』*Volleyball (Foot Film)*（1967）が投影された。作家バッド・ウィルトシャフターによって撮影された映像は足元に転がるバレーボールを撮った単純なものだった。床とスクリーンには間があったため、スクリーンの後ろに隠れた数人の舞踏家の足は上映中にも見えるようになっていた。このように、記録（虚像）と実像を隣り合わせにした実験を試みている。その上、スクリーンを舞台の上に乗せることによって、観客は映画のクロース・アップのようにフレームの四角い枠によって分断された体をパフォーマンスで見る。このようにライナーは映写機を光のプロジェクションとして使うだけではなく、映画独特の構造的要素を利用している。[†19] 一九六〇年代後半に入ると、ライナーが「パフォーマンスの断片」[†20]と呼ぶ、スライド、映画、テープ音楽、独演などを混ぜたいくつかの演出が行われた。一九六九年に初めてブロードウェーに招待されたライナーは《ローズ・フラクションズ》*Rose Fractions*（1969）という演奏をビリー・ローズ劇場で演出した。ライナーはシリーズ「ファイヴ・イージー・ピーシズ」の一部として製作された『トリオ・フィルム』*Trio Film*（1968）を舞台で上演して、隣にブルー・フィルム（ポルノ）映画を投影した。上映中にライナー自身はお笑い芸人レニー・ブルースのテキストを読んでいたが、このパフォーマンスは劇場のマネージャーによって中断されたらしい。しかし、ライナーは挑発するためだけに《ローズ・フラクションズ》を演出したわけではなかった。この作品を通して彼女は様々な肉体表現を一斉に観客に披露していた。ポルノ映画の隣に投影されていた『トリオ・フィルム』も同じく裸の男女（スティーヴ・パクストンと舞踏振付家のベッキー・アーノルド）を撮影した映像だった。しかしながらも、ポルノ映画の肉体の扱いや映像表現とは正反対に、フィル・ニブロックが撮影した映像は、距離を持った場所から全裸の二人の何気ない仕草を撮影している。その上、映像再現によって現れる姿と異なる舞台に立つライナーの存在も比較の対象になる。ブラウンと似たように、ライナーの映像の表現方法は、パフォーマンスと一緒に投影されているために、逆にパフォーマンスの非再現的経験・ライヴ性を強調する表現となっている。[†21]

エレイン・サマーズ

トリシャ・ブラウンとイヴォン・ライナーとはそれぞれ異なる表現方法ではあったが、同じく映像とダンスの境界を検討していたジャッドソン・ダンス・シアター所属の舞踏家にエレイン・サマーズがいた。[†22]「フィルムはダンスのジャンルである」とジャッドソン・ダンス・シアターの仲間とは異なる解釈をしたサマーズは、《ファンタスティック・ガーデンズ》*Fantastic Gardens*（1964）という公演で複数のマルチ・プロジェクションを駆使したパフォーマンスを上演した。後に実験映画作家としても活躍したサマーズは、映画の編集を学んで初めて同じ素材で違う映画が作れることを知った。そこで彼女は編集するたびに新しい作品が出来上がる映画はダンスと共通点があると解釈し、ジャッドソン教会内の多数の空間を利用して、同時多発的に多様なメディアを駆使したパフォーマンスを行った。三部で構成された公演の第二部では、サマーズは観客に複数の小さい鏡を渡し、壁・天井・床・観客に向けられた映写機から投影された光を反射するよう指示した。現場にいたジョナス・メカスは「観客を眺めていると、彼らも踊っているように見えた。浮くような動きで彼らは手を上に上げて光を追っていた」と批評した[†23]。八台の一六ミリ映写機と四台のスーパー・エイト用映写機を利用したマルチ・プロジェクションのダンスは、スタン・ヴァンダービークを思い起こすが、実際に彼は撮影担当者の一人でもあり、妻のジャアナ・ヴァンダービークは衣装を担当したということで、スタン・ヴァンダービークからの影響があったことは明らかなようだ。

マルチ・プロジェクションに興味を示したサマーズだが、ブラウンやライナーと同じように映像と同じ実物のパフォーマンスを同時に行い、観客にその相違点を模索するように仕掛けた。ブラウンの《ホーム・メイド》のように、《ファンタスティック・ガーデンズ》の公演では舞踏家サリー・スタックハウスが踊っている映像がバルコニーに設置されたスクリーンに投影され、その前にスタックハウス本人が同じ仕草で踊っていた。その上、舞踏家アル・ハンセンとジョーン・ベーカーが踊っている場面をサマーズがモノクロ一六ミリで撮影したものと、サマーズの知り合いが違う角度からカラー八ミリで撮影したものが同時に上映された。八ミリの作品は一六ミリの作品が映るスクリーンの角に投影され、このように同じパフォーマンスでも見る角度によって違う経験が出来るというダンス・パフォーマンス独特の要素を映像のプロジェクションを通して表現した。演奏の最終部では、映像が縦長の切り口のあるスクリーンの裏から投影されて、舞踏家がスクリーンの裏で影を利用して踊りを行っていた。その後には、スクリーンの切り口を通って裏からスクリーンの前に出てくるという動きを数人の舞踏家が繰り返して行った。映像も同じくダンスを記録したものであったため、スクリーンの裏から人が出てくると、映像と実像の違いが分からなくなり興味深い混乱が起こったとジョナス・メカスは述べている。このように、大人数の舞踏家の参加とマルチ・プロジェクションが多様に重なる会場の中でも、ブラウンやライナーのようにサマーズはフィルムと実像の違いを探求していた。

パフォーマンスとしてのエクスパンデッド・シネマ

様々な角度から、ダンスやハプニングで活躍している作家がどのようにエクスパンデッド・シネマに挑んだかを検討してみた。一方で映画は再現技術を利用した複製芸術であり、もう一方でパフォーマンスは肉体表現・即興性を生かした美術ジャンルである。一見正反対に見える表現が、エクスパンデッド・シネマという美術表現の交差の場によって混合していき、隣り合わせにすることによって各ジャンルの本質を深めることが出来たように思える。トリシャ・ブラウンやイヴォン・ライナーの映像を含めたダンスは、映像に映る舞踏と舞台に存在する舞踏家の行為との違いを生かしてライヴ性という表現を強調した。メディアや電子工学の進化によって変形していく「ライヴ」という概念に関してブラウンとライナーはそれらを敵対的な関係に置くことなく、共に存在することによって新しい時代に挑んでいった。ロバート・ホイットマン、キャロリー・ショネーマンやエレイン・サマーズも複数の映写機を利用することによって実像と虚像を混乱させ、肉体表現の存在感とその価値を問い直した。彼らも同様に、肉体表現を電子メディアと対比したことによって作品が成り立つだけではなく、共存することによって現代のライヴ性を表象した。普段は通常の映画製作に触れていなかった芸術家たちは、エクスパンデッド・シネマによって映像表現を試みるだけではなく、映画と美術の隙間を探求することによって自己の表現とメディアの本質を再考した。

ハプニングやダンスと同様、この章に記したような映像を一部としたパフォーマンスは記録も断片的な形としてしか残っていない。記録という行為に内在してあるはずの「映画」を一部としながらも一回性の表現にこだわるエクスパンデッド・シネマ。それらの歴史的再考を試みる場合は、当時の作家ノートや略図、上演時のチラシ、写真や批評を参考にしなければならない。全体像が掴みづらいことが主な理由として映画史・美術史・演劇史の枠組みから外されていたエクスパンデッド・シネマだが、これほど六〇年代における時間性・ライヴ性の変化が深く組み込まれているメディア表現は他になかったのではないか。映画史・映画批評独特の論理を用いながらも、ダンス・パフォーマンス・演劇の理論を横断しながらエクスパンデッド・シネマの研究や再考がこれから進むだろう。当時のモダン・ダンスやハプニングを代表したブラウン、ライナー、サマーズ、ホイットマン、シュネーマンはこれからも芸術ジャンルの横断の再考には欠かせない人物たちとなり続けるだろう。

六〇年代に劇的な変化を示したライヴ性を巡る状況は、ニュー・メディアの進化によって今も止まらない。そんな中、映像と演劇・パフォーマンスの横断は今でも試みられている。デジタル素材を駆使した映像表現、またインターネットをメディアとする現代美術の試みは、各芸術ジャンルの枠組みを再考しながらも、現代の「時間」という解釈に基づいて表現されている。現在活動中の現代美術の作家にとって、即興性やライヴ性はどういう意味を持つのか？　またそれに対して、どのように肉体を位置づけているのだろうか？　美術がどんどん変化していくなか、この章で例として挙げた美術ジャンルの混合や、歴史の深いジャンルとニューメディアとの融合は、これからの美術表現の進化にも重要な参考となり続けるだろう。

†1　Jonas Mekas, *Movie Journal. The Rise of the New American Cinema, 1959-1971*, Collier Books, 1972, p. 188. メカスは一九六四年六月二四日に発表された記事 "Spiritualization of the Image"（映像の精神化）で映画の範囲を超えた映像活動について指摘していたが、初めて「エクスパンデッド・シネマ」という呼称を使ったのが一九六五年六月三日に発表された記事 "Robert Whitman's Expanded Cinema" であった。

†2　理由として挙げられるのが、エクスパンデッド・シネマを論じた代表的な書籍と思われる、一九七〇年に刊行されたジーン・ヤングブラッドの *Expanded Cinema* が、そのほとんどのページ数を機械技術や人工頭脳学と繋がりが深いマルチ・プロジェクションに割いたからだと思われる。ちなみにパフォーマンスを含めたエクスパンデッド・シネマの活動を彼は「インターメディア」と解説して、キャロリー・シュネーマンやロバート・ホイットマンについて短く触れている。Gene Youngblood, *Expanded Cinema*, P. Dutton & Co., Inc., 1970, p. 366-371.

†3　このパフォーマンスの平面性に関する分析は以下の文章を参考にしている。Andrew V. Uroskie, *Between the Black Box and the Whie Cube: Expanded Cinema and Postwar Art*, University of Chicago Press, 2014, p. 138-146.

†4　Richard Kostelanetz, *The Theatre of Mixed Means: An Intorduction to Happenings, Kinetic Environments and Other Mixed-Means Performances*, Dial Press, 1968, p. 224.

†5　Carolee Schneemann, *Imaging Her Erotics: Essays, Interviews, Projects*, MIT Press, 2002, p. 125.

†6　『ヴェト・フレークス』は六年の間収集した新聞・雑誌の記事や写真を切り取って、拡大鏡を通して見つめた映像をコラージュした作品だった。

†7　他にも久保田成子、フィービー・ネヴィル、タイローン・ミチェルなどがパフォーマンスに参加した。EATの創設者ビリー・クルーヴァーとシュネーマンは一九六二年にベル研究所で働いていた時期からの知り合いだった。

†8　Schneemann, *Imaging Her Erotics*, p. 75. シュネーマンが映像投影を使用したパフォーマンスにおいて生じる時間軸の混乱に関しては Pamela M. Lee, *OnTime in the Art of the 1960s*, MIT Press, 2004, p. 91-212 を参考にしてもらいたい。

†9　《ミート・システム・ワン：エレクトロニック・アクティベーション・ルーム》の詳細は、Kenneth White, "Meat System in Cologne," *Art Journal*, Summer 2015, p. 56-71 を参考にしてもらいたい。

†10　シュネーマンはジャッドソン・ダンス・シアターで《ラテラル・プレイ》*Lateral Play*（1963）や《ミート》*Meat*（1964）を上演した。

†11　日本では渋谷の山手教会が似たような形で邦千谷舞踊研究所などの美術活動を支えてきた。

†12　Sally Banes, *Democracy's Body: Judson Dance Theater, 1962-1964*, Duke University Press, 2002, p. 40.

†13 映写機を赤ん坊のように抱える姿は、母親の仕草を思い浮かばせることによって、男女平等論・フェミニズム的なパフォーマンスとしても解釈出来ると思う。同じく、《ホーム・メイド》というタイトルも台所の家庭料理を想起させる。

†14 映画作家ヴィンセント・ペレリラの写真を見ると、ブラウンの背後に小型スクリーンを持ち運んでいる人物が見える。おそらく当時の演奏では、映写機の投写をスクリーンで追う役がいたのであろう。日本でも、邦千谷舞踊研究所の舞踏家が小型スクリーンを持ちながら踊っているところを、実験映画作家の飯村隆彦が、彼の作品『さかさま』(1963)が流れる映写機の投影で追う、という似た例が挙げられる。

†15 Peggy Phelan, *Unmarked: The Politics of Performance*, Routledge, 1993, p. 146.

†16 Philip Auslander, "Liveness. Performance and the anxiety of simulation," *Performance and Cultural Politics*, Routledge, 1996, p. 198.

†17 ホイットマンの大型鏡は数年後に行われた一九七〇年大阪万博のペプシ・パビリオンの内面を想起させる。

†18 この点では、ライナーについていくつかの文章を執筆しているカリー・ランバートと意見が一致している。

Carrie Lambert, "Other Solutions," *Art Journal*, March 2004, p. 61.

†19 当時のプログラムによると、このパフォーマンスの一部として『ハンド・ムーヴィー』も上映されたという。

†20 Douglas Crimp, "Yvonne Rainer, Muciz Lover," *Grey Room*, Winter 2006, p. 46.

†21 七〇年代に入っても、ライナーは映写機をパフォーマンスに取り入れ、特にスライド・プロジェクターを利用していた。《ディス・イズ・ア・ウーマン・フー》*This Is A Woman Who...*(1973)では、女性と男性が掃除機をかけている場の背景に投影されたスライドに同じようで細かく異なる「考え事」が言葉として映る。

†22 サマーズも、ホイットマンやシュネーマンと同じく、ニュー・シネマ・フェスティバルに参加している。

†23 Mekas, *Movie Journal. The Rise of the New American Cinema, 1959-1971.*

2

VI

マイケル・スノウ再考

スーパーインポーズの再帰性

阪本裕文

序論

シトニーの構造映画論

実験映画のなかでも、あるコンセプトに基づいて映画全体の形態を規定し、前景化された構造を持つ映画を指す言葉として、「構造映画」(Structural Film) という言葉がある。このような動向は『フィルム・カルチャー』一九六九年四七号に掲載された、P・アダムス・シトニーの論文『構造映画』によって、初めてまとまった形で論じられた。[†1] 同論の中では構造映画の特徴として「カメラ位置の固定」「光の明滅効果」「ループ状プリント」「スクリーンの再撮影」という四点が挙げられているが、それらは決して必須の条件ではない。また、同論において構造映画は、フルクサス・フィルムのような、コンセプチュアルアートの文脈にある映画とは対照的なものと位置付けられている。シトニーは、フルクサスのジョージ・マチューナスの批判に対する応答として、コンセプチュアルアートと構造映画に対する無分別な理解があると述べ、同語反復的で単純な形式によって成り立っているフルクサス・フィルムと、全体的な形態を明確に持つことによって成り立つ構造映画のあいだには違いがあることを強調している。あくまでシトニーの関心は、構造化された映画全体の形態にあったというべきだろう。シトニーはこのような考えに基づいて、構造映画へ発展する前段階として、まず比較的単純な形態を持つ実験映画を挙げる。それは、アンディ・ウォーホルの『眠り』*Sleep*(1963-1964)、『食べる』*Eat*(1963) から『ビューティー No.2』*Beauty No.2*(1965) に至るまでの固定ショットによる初期作品や、ペーター・クーベルカの『アデバー』*Adedar*（1957）、『シュヴェカター』*Schwechater*（1958）、『アーヌルフ・ライナー』*Arnulf Rainer*（1960）などのリズミカルなフリッカー効果を引き起こす一連の映画、そしてロバート・ブリアによる一九五〇年代の実験アニメーションである。このような先駆的な作家・作品の存在を踏まえた上で、シトニーは一九六〇年代中頃に登場した構造映画の例証に入ってゆくのだが、ここで挙げられる作家・作品の対象範囲は思いのほか広い。はじめに名が挙がるのはブルース・ベイリーの一九六六年から一九六七年にかけて制作された作品や、スタン・ブラッケージの『ソング6』*Song 6*（1964）といった作品であるが、一般的には彼らが構造映画の作家として括られることはない。それでも、シトニーは彼らのフィルモグラフィーの一部を構造映画的なものとみなし、その重要性を強調する。続いてシトニーは、マイケル・スノウによる『波長』*Wavelength*（1966）や『↔』*Back and Forth*（1969）、アニー・ゲールによる『Morning』（1968）や『Wait』（1968）、ファウンドフッテージを再構成したケン・ジェイコブスの『トム、トム、笛吹きの子』*Tom, Tom, the piper's son*（1969）、ジョイス・ウィーランドによる『Reason Over Passion』（1969）、フィルムの物質性を前景化させたジョージ・ランドウ（その後オーウェン・ランドと改名）の『エッジ・レタリング、ごみ、スプロケット穴などが現れるフィルム』*Film in Which There Appear Edge Lettering, Sprocket Holes, Dirt Particles, Etc.*（1966）、漸次的に展開する光の明滅によって激しいフリッカー効果を引き起こすトニー・コンラッドの『フリッカー』*Flicker*（1965）、多彩な色彩の明滅を構造化したポール・シャリッツの『N:O:T:H:I:N:G』（1968）、厳密な規定のなかでイメージに対する加工が展開してゆくホリス・フランプトンの『Artificial Light』（1969）などを論じる。このようなシトニーの構造映画論は、定義としては曖昧なものであるが、当時の新たな映画の動向を最初にまとめたという意味において、重要な意味を持つものであった。

構造的＝物質主義的映画の批判的意義

シトニーによって言及された作家・作品の他にも、構造映画と見なすことができる映画の形態への関心は世界各国で現れており、例えばドイツのウィルヘルム＆ブリギット・ハインや、日本の飯村隆彦の作品を、そこに含むことができるだろう。そのような各国の動きの中でも特に重要なものとして、ピーター・ジダルやマルコム・レグライスによって展開された、イギリスを中心とする物質的＝構造主義的映画（Structural / Materiarist Film）の理論と作品がある。[†2] ジダルのマニフェストである「構造的＝物質主義的映画の理論と定義」[†3] は、一九七五年に発表され、翌年ジダル自身が編集した『Structural Film Anthology』の一編としても再録された。ジダルらの立場からすれば、シトニーの論じるところの構造映画の概念は、ひとつの様式あるいは形式主義に過ぎず、ロマン主義的な側面を残すものであった。それに対して物質的＝構造主義的映画は、映画に唯物論的な思考を持ち込むものであり、再現や記録という映画的なイリュージョンの体系を批判対象とし、映画内の各部位や、撮影された対象とイメージの関係性を再検討するものである。これらの関係性は、観るという行為を含む映画の生産過程で構造化され、解読され、修正されてゆく。その結果生じることになる作品と観客の間での弁証法的な相互関係を、ジダルは次のように説明する。

こういう映画を見ることは、一本の映画を見ることであると同時に、映画そのものが「現前するにいたる過程」を見ることでもある。つまり、作品を生産し、また作品によって、その内で生産される意識のシステムを見ることなのである[†4]

ここでは、シトニーの論文では明確にされなかった、構造映画が持つ本質的な批判的意義が明らかにされている。それは映画を観る過程において生み出されてしまう観念論的体系に対する持続的な批判である。構造映画が持つこのような批判のメカニズムは、ある種の再帰性を備えており、現在から振り返ってみれば、後に美術批評家であるロザリンド・クラウスが述べるところの「技術的な支持体」と通底していると言えるだろう。ここには、まだ論じ尽くされていない批評的な可能性が存在している。しかし、構造映画は一般的に、一九五〇年代から一九六〇年代にかけての美術におけるモダニズム——すなわち美術批評家であるクレメント・グリーンバーグのメディウム・スペシフィシティ(メディウムの固有性)の概念——やフォーマリズムとの関係において理解されてきたと言える。美術におけるモダニズムの言説を単純化して、メディウムの純粋化や自律性という形で把握したとき、構造映画におけるフィルムや映写機といった物質的な支持体の前景化は、あまりに分かりやすいモダニズムの類型となっていた。そのため、モダニズムの後退にともなって、構造映画的な傾向は国を問わず過去のものとなり、構造映画を手がけていた作家たちの多くは表現の方向を変化させてゆくことになる。このような変化の中で構造映画に物語性を回復させた例としては、ピーター・ローズの『遠くを見られない男』*The Man who Could not See Far Enough*(1981)などを挙げることができるだろう。

映画と「技術的な支持体」

このような構造映画が持っていた可能性を読み直すにあたって、ひとつの契機となり得るのが、ロザリンド・クラウスが、ポストメディウム論の中で提示した「技術的な支持体」の概念であろう。クラウスは『北海への航海——ポストメディウム的状況の時代における芸術』[†5]のなかで、哲学者であるスタンリー・カヴェルが『眼に映る世界』[†6]において提示した、映画における「オートマティズム」——カヴェルが述べるところの「オートマティズム」とは複数の意味が重なり合った言葉であると言えるが、映画が世界を自動的に映し出すという意味での「オートマティズム」に加えて、カヴェルは伝統化された慣習、すなわちジャンルや形式といった技術的な支持体すらも「オートマティズム」のカテゴリーに含まれると見なす。そしてカヴェルは、モダニズムの芸術家の務めとは、伝統が立脚している「オートマティズム」を活用することで、メディウムの新たな「オートマティズム」を確立することにあると主張する——を参照することによって、それ以前のグリーンバーグ的なメディウム・スペシフィシティの概念を越えて、メディウムを技術的なものとして捉える視点を提示する。特に構造映画に関する記述のなかで、フィルムを多様な技術的支持体の複合として見直す契機が示されていることは重要である。これは、クラウスがかつてビデオ論の中で考察したような、異質なものを受け入れることによってナルシスティックな自己同一性を壊し、メディウムの固有性を無化させてしまうというビデオの不均質性に通じるものであり、カヴェルの「オートマティズム」を経由することによって、フィルムにおいてもビデオと同様に、ある種の不均質性をもたらす再帰的構造が見出されているのだと言える。こうして、フィルムは多様な技術的支持体の複合として捉え直される。ただし、クラウスの主たる関心対象は構造映画にはなく、同論は美術家であるマルセル・ブロータースの映画や、分散的なインスタレーションに対する考察を中心にして展開してゆく。そのため、構造映画の作品に対する具体的な言及は、スノウの『波長』とシャリッツに関する部分的なものにとどまっている。そして、クラウスは同論の中で、ブロータースの映画の中からは自己差異化の契機を取り出しながらも、構造映画については、映画それ自体を示すための提喩に向かったとの見方を取り、その批評性をメディウム・スペシフィシティの限界の範囲内に留め置いてしまう。しかし筆者としては、構造映画の内にこそ、まだ汲み尽くされぬ可能性が残されているように思えてならない。構造映画もまた、映画＝フィルムにおける新たな「オートマティズム」を打ち立てる作業であったと主張してみることは、それほど無理な話でもないだろう。

このような前提に立ったうえで、本論はスノウについての論考に入って行く。本論が取り上げる作品は『波長』『↔』『中央地帯』*La Région Centrale*（1971）、《De La》（1972）、『WVLNT: Wavelength For Those Who Don't Have the Time』（2003）、『Sshtoorrty』（2005）であり、そこに表れた再帰性の読み直しが主題となる。また、スノウの全体的な活動歴についても併せて言及する。

活動初期からニューヨーク時代まで――『波長』と『↔』について

マイケル・スノウは映画だけでなく、彫刻、絵画、写真、ホログラム、ビデオ、サウンドアート、そしてフリージャズ／フリーインプロヴィゼーションのピアノ奏者としての活動に至るまで、様々なメディウムを通して創作を行ってきた、器用かつ多才な芸術家として知られる。まず、簡単にスノウの出自を辿っておきたい。高校時代からニューオリンズ・ジャズに影響を受けて演奏活動を開始していたスノウは、一九五二年にオンタリオ芸術大学（Ontario College of Art）[†7]を卒業し、短期間デザイン会社に勤めた後でヨーロッパに渡って長期間滞在し、一九五四年にカナダに帰国する。そして一九五六年にペインティングの初個展を開催する。これをきっかけとして、スノウは後に『イエローサブマリン』*Yellow Submarine*（1968）の監督として知られる事になるジョージ・ダニングと出会い、グラフィック・フィルムズ社でアニメーションの仕事に接する機会を得る。また、この時期にスノウは最初のフィルム作品『A to Z』（1956）を完成させる。このようにして、スノウはペインティング、音楽、そしてフィルムという複数のメディウムを手にするに至った。そしてスノウは、一九六〇年から一九六七年にかけて「Walking Woman」シリーズに取り組む。[†8]これは歩く女性の輪郭を表したモチーフを、ペインティング、彫刻などの異なるメディウムのなかで個別に展開する――いわば様々なメディウムを横断させるという連作である。ここでは、スノウのメディウムに対する態度が、メディアアートに行き着くようなマルチメディア的な思考ではなく、個別のメディウムに対する純粋主義に向かっていることに注意したい。スノウは、一九六七年に書かれたステートメントのなかで、「私はプロフェッショナルではありません。私の絵画は映画作家によって産み出され、彫刻は音楽家により、映画は画家により、音楽は映画作家により、絵画は彫刻家により、彫刻は映画作家により、映画は音楽家により、音楽は彫刻家により…時として、それらは全て共に作業します」[†9]という言い方によって、自らのスタンスを説明している。それは、絵画を、彫刻を、音楽を、そして映画＝フィルムを、あくまで各メディウムの内部において、ただし通常とは異なる技術によって使用することである。この態度は、メディウムの内部に多義性を見出し、それを再編成するという点において、「オートマティズム」や「技術的な支持体」の概念を連想させる。スノウは、個別のメディウムに対する純粋主義のなかで、メディウムの見出されていなかった側面を取り出し、観客に示そうとしているのである。

さて、この「Walking Woman」シリーズに取り組んでいた一九六二年に、スノウはニューヨークに移り住み、本格的に映画の制作に取組み始める。ニューヨーク時代の最初のフィルム作品である『New York Eye and Ear Control』（1964）は、「Walking Woman」シリーズの造形作品を、任意の場所に設置して撮影した写真作品《4 to 5》（1962）の延長線上に位置する映画であった。サウンドトラックはフリージャズの革新的なサックス奏者であったアルバート・アイラーや、トランペット奏者のドン・チェリーをはじめとするメンバーが担当している。アイラーの起用については、友人であったトロンボーン奏者のラズウェル・ラッドを介して実現されたという。レコーディングは一九六四年六月一七日に行われ、一九六六年にはニューヨークのESPディスクより同名のレコードもリリースされた。[†10] そして、これに続いてスノウの代表作である『波長』［図1］が制作されることになる。

『波長』は構造映画の代表的な作品として知られるが、それは実験映画の範疇にとどまらず、ジャンルを超えたメディウムの問題を検討する上での参照点として、議論の俎上にあげられるだけの批評性を有している。クラウスは先述の『北海への航海』の中で、フィルムを技術的な支持体の複合として捉え直す視点を提示した。このアイデアは同論で述べられたことの一部に過ぎないが、それでも既存の実験映画の言説にはないような視点を、私たちに提供するものである。この視点においては、フ

図1　『波長』(1966)

ィルムは再帰的構造を持ったメディウムとして再発見される。

本作を特徴付けるものは、四五分間にわたる上映の持続の内部でズームインによって束ねられた、空間内の様々な事象の併置である。また、正弦波のグリッサンドによる特徴的なサウンドトラックは、上映時間の枠内において、一定の速度によって周波数を上昇させてゆく。この作品の舞台となるロフトでは、以下の一連の出来事が進行してゆく。

（Ⅰ）室内への家具の搬入作業
（Ⅱ）音楽を聴きながら会話する二人の女性
（Ⅲ）激しく争うようなフレーム外のサウンドと、その直後にフレームインして床に倒れこむ男性
（Ⅳ）横たわる男性を目にして、驚いて知人に電話をかける女性

しかし、カメラの動きはそのような事象を一顧だにせず、壁に貼られた一枚の写真に向かって断続的に前進してゆき、最終的にカメラのフレームは、波の写真――この写真は、写真作品《Atlantic》（1967）に引き継がれる――のフレームに同一化する。本作はこのようにして、カメラの運動に付随する形で、フレームが持っている、イメージを提示する機能の限界を前景化させた映画であるといえる。その一方で、この映画には、カメラの運動とは異なる次元で、再帰性の問題に関わる操作も加えられている。それは［A：カラーフィルターによる色調変化］と［B：スーパーインポーズによる時間の重層化］というふたつの操作である（［A］の操作は、レンズの前に掲げられた手持ちのカラーフィルターによって行われ、［B］の操作は、撮影段階および編集段階での多重露光によって行われる）。本作の基本構造である、ズームインによるフレームの前進は、映画の中に直線的な連続性を生じさせる。しかし、［A］および［B］の操作は、ズームによる直線的な持続を寸断し、別のものに置き換え、あるいは引き戻し、その連続性を解体するものとして機能する。まず、［A］の色調変化は、レンズの前に広がる光景を様々な色彩のバリエーションとして提示する役割を果たす。そして、［B］のスーパーインポーズの使用は、過去の時間（過去の出来事）を亡霊のように呼び戻すことによって、様々な時間の相互関係を可視的に浮かび上がらせる役割を果たす（例えば（Ⅳ）の電話をかける女性のイメージは、女性が立ち去った直後に再来する）。この［B］のスーパーインポーズの技術は、『波長』だけでなく、同じフィルム作品である『↔』［図2］や、後年のビデオ作品である『WVLNT: Wavelength For Those Who Don't Have the Time』や『Sshtoorrty』といった作品の中でも使用されて

図2　『↔』(1969)

ゆくことになる。さらに言えば、四枚の金網の間を観客に自由に行き来させる彫刻作品《Blind》（1967）も、このスーパーインポーズの機能を立体的に展開したものであったと言えるだろう。

そして、一九六九年にはフィルム作品『↔』が制作される。本作は冒頭から開始される左右を往復するパンの運動、そして三〇分を越えた辺りから開始される上下を往復するティルトの運動によって、『波長』と同じくカメラの運動とフレームに関わる機能を明らかにする作品であり、このテーマは、『波長』から『↔』を経て、『中央地帯』の三作品に共通するものとなる。このパンとティルトは、画角の倍以上の広がりを持つ空間を捉えるように反復されるが、当然ながら、その射程圏内の全てを一度にフレームに収めることはできない。よって、このフレームの空間的な拡がりとその欠落は、観客の意識内で補われることになる。さらにこの往復運動は、空間を圧縮するように徐々に速度を上げて行き、最終的にフレーム内のイメージは判別不能な状態に至る。この試みは人間の知覚の限界を分析するものであると言えるが、その一方で、本作における再帰性の問題は、先述したカメラの往復運動による本編においてではなく、本編終了のクレジットが表示された後に突如開始される、五分程度の奇妙なエピローグにおいて立ち現れる。このエピローグでは、本編で展開された四〇分超にも及ぶパンとティルトの運動が呼び戻され、スーパーインポーズによって三層に重ね合わされる。それによって個々の運動は、判別することが不可能ではないものの、混沌とした状態に置かれる。スノウはこのスーパーインポーズを、直前に観た映画の"Looking Back"または"Memories"[†11]と喩えるが、作家の発言を参照するならば、このエピローグの役割とは、観客の記憶の中にある映画の総体を事後的にレヴューするものであったことは明らかだろう。それは観客自身に、自らの意識内にある様々な時間の相互関係を再検証させるものである。ここにこそ、本作の再帰性が集約されていると言える。

カナダへの帰国以降――『中央地帯』と《De La》について

その後、スノウはフィルム作品『Dripping Water』(1969、パートナーであったウィーランドとの共作)や、構造的な写真作品《Authorization》(1969)、スライド作品《Sink》(1969-1970)などの制作を経て、一九七〇年頃にカナダのトロントに帰国し、三時間にも及ぶ大作『中央地帯』[図3・4]を制作する。

図3・4 『中央地帯』(1971)

本作は、雪が降り始める直前の一〇月のケベックの山岳地帯に機械制御式の撮影台を設置し、この撮影台に一六ミリフィルムカメラを取り付け、周囲の空間を被写体として全方位的に撮影した作品である。機械制御の撮影台は複数の回転軸によって構成された機構を持っている。この装置によって、カメラはあらかじめ設定されたパラメータに沿って複雑な回転運動を展開する。動きのコントロールは、サウンドテープに録音された発信音によって遠隔操作された（この発信音は、作中のサウンドトラックとしても使用される）。以下、やや冗長にはなるが、回転運動について箇条書きで記述する。

- 最初のパートで、カメラは足下の地面を捉えた位置からスタートする。やがてカメラはゆっくりと水平方向の回転を始める（第一の回転）。そして徐々に垂直方向の回転が加えられる（第二の回転）。カメラが真横に向いてフレーム内に地平線が映し出される辺りで、ようやく観客はカメラが設置された空間の状況を把握する。カメラはそのまま垂直方向に回転し、青空を捉える。
- 次のパートでは、最初カメラは水平方向の回転を持続させながら、天地が逆になった状態で青空を捉えている。そしてすぐに垂直方向の回転が加えられる。それによって、フレームの上部から地面がフレームインしてくる。カメラはそのまま垂直方向の回転を続けてゆき、正しい天地の位置に地平線が来るところで停止する（水平方向の回転は継続している）。さらに、カメラを支えている軸そのものが回転を始める（第三の回転）。それによって地平線がフレーム中央を中心点として回転する。以降、各パートのなかで、これら三つの回転軸の組み合わせによる、様々な運動のバリエーションが展開される。

■後半のパートになると、日が暮れて周囲の空間は暗くなってゆく。しかし、カメラは暗闇に対しても延々と回転運動を継続する。やがて白い光点のような月が真っ黒なフレームのなかに現れ、周期的な運動を繰り返す。

■最後のパートでは再び朝になり、相変わらず運動のバリエーションが展開されてゆくが、今度はそれにズームとフォーカスの変化が追加される。この変化によって、周囲の空間はピントのずれた不定形な色彩の運動に還元されてゆく。

このようにして撮影された光景は、まるで静止状態にある観客に対して、世界の側が回転によって崩壊するような経験をもたらすものとなる。このように、本作のコンセプトとなっているものは、あくまで『波長』から継続されてきた、カメラの運動とフレームに関わる機能の前景化であったといえる。そのため、一見すると本作には、いかなる再帰的構造も存在していないように見える。しかし、スノウが、本作と同じ撮影台をそのまま利用したビデオ・インスタレーション《De La》〔図5〕を、一九七二年にオタワのカナダ国立美術館において発表していることは見落とすべきではないだろう。この、姉妹作といえる《De La》では、一六ミリフィルムカメラはビデオカメラに置き換えられ、回転運動によって撮影した展示空間の光景が、その場に設置された四つのモニターにリアルタイムで映し出される。それによって、モダニズムの現前性に介入し、それを不均質化させるというビデオアートの特性が、カメラの運動とフレームに関わる問題と渾然一体となって立ち現れることになる。『中央地帯』と《De La》を連作と見なすことによって、初めて私たちは『波長』と『↔』の延長線上に、この二作品を置くことができるのだと言えよう。

『中央地帯』と《De La》以降のスノウは、相変わらずフィルムやビデオ、写真、スライド、ホログラム、ペインティングなど様々なメディウムを使用して、それぞれのメディウムの内部から、メディウムの見出されていなかった側面を取り出すような制作活動を、より一層押し進めてゆく。そのなかでも、特にサウンドや音楽に関わる仕事が活発化したことは強調しておくべきだろう。本論では詳しく述べることができないが、フィルムとサウンドトラックの関係を完全に解体し、二六のパートのなかで再構築することで、イメージとサウンドの見出されなかった関係性を提示してみせたフィルム作品『"Rameau's Nephew" by Diderot (Thanx to Dennis Young) by Wilma Schoen』(1972-1974)は、その代表的な作品である。また、サウンドアートの仕事としては、マイクロフォンやテープレコーダーに関する技術を捉え直した《Musics For Piano, Whistling, Microphone And Tape Recorder》†12(1975)や、テープレコーダーによる加工編集を駆使した、擬似的な民族音楽記録集という体裁の《The Last LP》†13(1987)を制作し、レコードとしてリリースしている。また、フリージャズ/フリーインプロ

図5 《De La》(1972)

ヴィゼーションの演奏家としては、一九七四年にグループとしてCCMC（Canadian Creative Music Collective）を結成し、現在に至るまで活発な演奏活動を継続している。ちなみに、CCMCは、結成時は一〇名近いメンバーによる集団即興を志向していたが、近年のメンバーは、スノウの他にポール・ダットン、ジョン・オズワルドのみとなっている。

フィルムからデジタルへの移行――『WVLNT』と『Sshtoorrty』について

さて、スノウは『Rameau's Nephew』以降も、『Presents』（1981）や『So Is This』（1982）などのフィルム作品を制作しているが、本論では締めくくりとして、二〇〇〇年以降のビデオ作品を取り上げたい。スノウはビデオ作品『*Corpus Callosum』（2002）においてビデオエフェクトによる画像変形の実験を行っているが、この作品の終盤においては、ビデオテープの高速巻き戻しによって映画を逆行させるという大胆な反転が仕込まれている。その表現には再帰的な構造への志向が潜んでいると言えるが、それがより明確に表れる作品が、続いて制作される『WVLNT: Wavelength For Those Who Don't Have the Time』［図6］および『Sshtoorrty』［図7］である。

二〇〇三年の作品である『WVLNT』は、四五分間の長さを持っているオリジナルの『波長』を素材として三分割し、これを半透明のレイヤーとして取り扱い、三層に重ねて並走させた一五分間のDVD作品[†14]である。この複数の時間の流れを並列化するスーパーインポーズが、『↔』における観客の記憶をレヴューするエピローグの全面化であることは明らかだろう。スノウは本作を、『波長』の

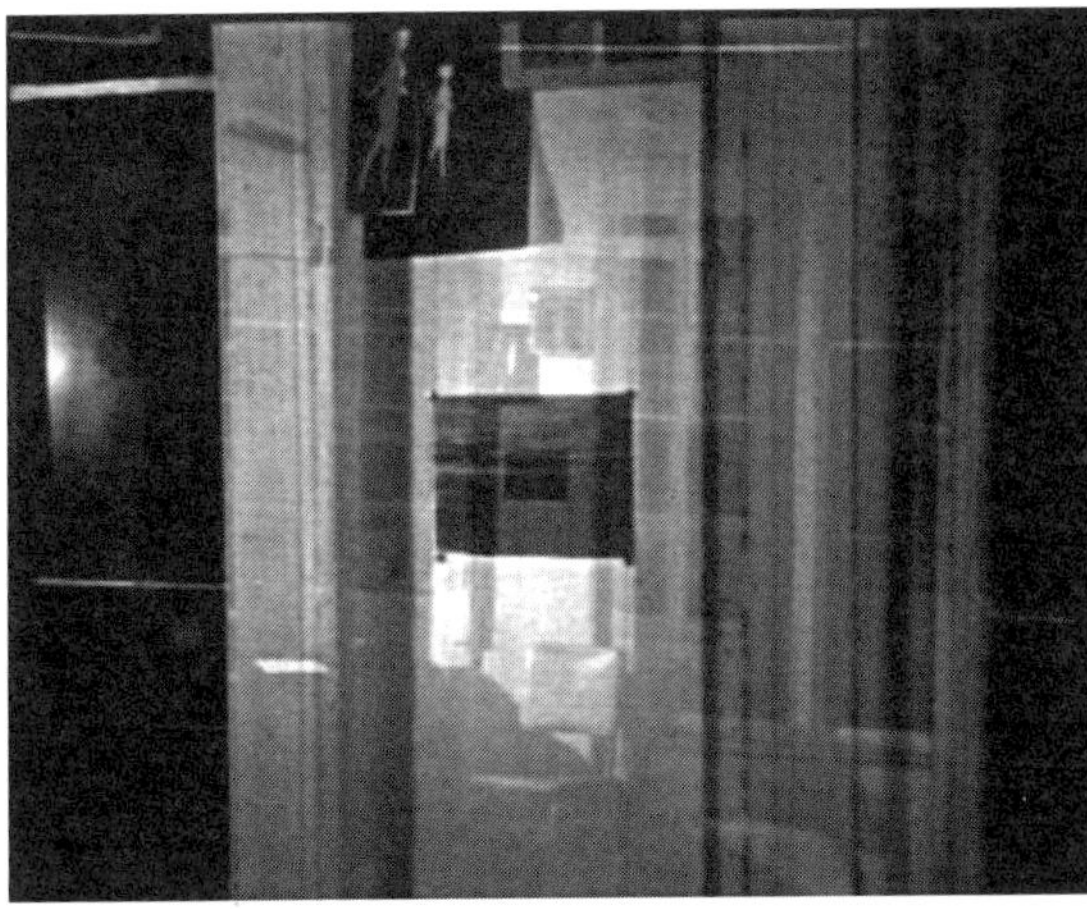

図6 『WVLNT: Wavelength For Those Who Don't Have the Time』(2003)

図7 『Sshtoorrty』(2005)

ビデオ視聴のためのバージョンであると表記しているが、ここでは、時間を自由に制御できるパーソナルなビデオ機器での視聴が、通常の映画館での上映に対しての、ある種のレヴュー行為として位置付けられている。そのため、このDVDを視聴するにあたっては、事前に映画館で『波長』を観ておくことが望ましいだろう。それによって視聴者は、三つの並列化された時間のレイヤーを即応的に結びつけながら、記憶の内にある映画の全体像をレヴューすることになる。一方、二〇〇五年の作品である『Sshtoorrty』は、俳優の演技によるストーリー展開のあるオーソドックスな短編ドラマを、時間をずらした半透明のレイヤーによって二重化したビデオ作品である（この二重化ではイメージだけでなく英語字幕までもが重ね合わされ、文字の判読は困難なものとなる）。この二重化は、『WVLNT』あるいは『↔』の終盤のエピローグほどの複雑さは持ってはおらず、ストーリーの流れを把握することと自体は不可能ではない。だが、通常は単線的なものであるはずのドラマのストーリーの進行は、複数化された時間の並走によって常に不安定な状態に置かれる。そのため観客は、相互の時間を補い合わせながら、ドラマ内で展開される出来事の経緯を認識することになる。以上、スノウの近年の作品の中でもこの二作品は、明らかに『波長』に始まるスーパーインポーズの系譜の延長線上に存在していると言える。いわば、スノウのフィルム作品における技術的なものは、フィルムというメディウムの物質的な拘束を外され、デジタルの内部に転移したのである。

おわりに——不均質な集合態

このように、スノウの作品の中に度々現れるスーパーインポーズを、ひとつの技術的な支持体とみなすのならば、スノウのフィルモグラフィーを、メディウムの物質性に限定されない拡がりにおいて捉えることが可能となる。本論はスノウの作品に現れたスーパーインポーズの表現に対し、「オートマティズム」や「技術的な支持体」の概念を参照しながら、その再検討を試みるものであった。スノウの作品に見られる特徴的なカメラワーク（ズーム・パン・ティルト・回転運動）の運動性や、『Rameau's Nephew』で取り組まれたようなイメージとサウンドの関係について分析を深めるためには、別の切り口が必要になるため、いずれ稿を改めたい。ここまで論じてきたように、技術的な支持体という概念によって過去の構造映画を再検討することは、フィルムからデジタルへの移行期である現在において、デジタル映画の中に、これまでの構造映画の試みを転移させるものになり得る。フィルムを自家現像したり造形的に加工したりするような、メディウムの物質性に立脚した表現はフィルムから離れることはできないが、支持体の物質性に由来しない技術的なものは、亡霊のようにフィルムとデジタルの間を漂い、転移する。そもそも映画とは、一定の持続の枠組みの中に寄せ集められた雑多なイメージやサウンド、そしてカメラや映写機の機構、上映空間、物質としてのフィルムなどから成る、技術的・物質的支持体のいびつな複合である。「構造映画」とは、そのなかでも特に不均質な集合態をとった映画の別名であろう。[†15] そして、この不均質な集合態は、物質的支持体としてのフィルムが完全にデジタルに取って代わられたとしても、デジタル映画の均質な安定性を内側から批判し、これを危険に晒すものとして機能するはずだ。

†1　P・アダムス・シトニー「構造映画」『アメリカの実験映画〈フィルム・カルチュア〉映画論集』石崎浩一郎訳、フィルムアート社、一九七二年、一八七―二二五頁（P. Adams Sitney, "Structural Film," *Film Culture Reader*, Cooper Square Press, 2000, pp. 326-348）。この論文の初出は次の通り。P. Adams Sitney, "Structural Film," *Film Culture*, No. 47, 1969.

†2　ピーター・ジダルが構造的＝物質主義的映画の例として挙げる作家は、イギリスの作家としてジダル自身、マルコム・レグライス、ウィリアム・レイバン、ロジャー・ハモンド、ジル・イーザリー、デイヴィッド・クロスウェイト、フレッド・ドラモンド、カナダの作家としてマイケル・スノウ、オーストリアの作家としてクルト・クレン、ペーター・クーベルカ、アメリカの作家としてホリス・フランプトン、ポール・シャリッツ、フルクサス・フィルムの一部である。

†3　ピーター・ジダル「構造的＝物質主義的映画の理論と定義」西嶋憲生訳『イメージフォーラム』2巻12号、ダゲレオ出版、一九八一年、八二―八九頁および同、2巻14号、八六―九五頁（Peter Gidal, "Theory and definition of Structural / Materialist Film," *Structural Film Anthology*, BFI, 1976, pp. 1-22）。この論文の初出は次の通り。*Studio International*, Vol. 190, No. 978, 1975.

ジダルの構造映画論については、次の論文も参照のこと。伊奈新祐「マイケル・スノーの〝WAVELENGTH〟について」『季刊映像』16号、日本映像学会、一九八〇年、二八―三二頁。

†4　ジダル「構造的＝物質主義的映画の理論と定義」八三頁。

†5 Rosalind Krauss, *A Voyage on the North Sea: Art in the Age of the Post-Medium Condition*, Thames & Hudson, 1999.

†6 スタンリー・カヴェル『眼に映る世界——映画の存在論についての考察』石原陽一郎訳、法政大学出版局、二〇一二年（Stanley Cavell, *The World Viewed: Reflections on the Ontology of Film*, Harvard University Press, 1979)。

†7 現在は The Ontario College of Art and Design University に改称。

†8 「Walking Woman」シリーズについては、次のカタログを参照のこと。*Biographie Of The Walking Woman*, Exhibitions International, 2005.

†9 Michael Snow, *The Collected Writings of Michael Snow: The Michael Snow Project*, Wilfrid Laurier University Press, 1994, p. 26. このステートメントの初出は次の通り。Michael Snow, Statement, *18 Canadian Artists*, Norman Mackenzie Art Gallery, Regina, 1967.

†10 Albert Ayler; Don Cherry; John Tchicai; Roswell Rudd; Gary Peacock; Sonny Murray; *New York Eye And Ear Control*, ESP Disk, 1966.

†11 筆者が二〇一四年一一月から一二月にかけて行った、マイケル・スノウへのメールインタビューによる。

†12 Michael Snow, *Musics For Piano, Whistling, Microphone And Tape Recorder*, Chatham Square Productions, 1975.

†13 Michael Snow, *The Last LP*, Art Metropole, 1987.

†14 Michael Snow, *WVLNT: Wavelength For Those Who Don't Have the Time*, Art Metropole, 2003.

†15 ケン・ジェイコブスが一九七〇年代から提唱する「パラシネマ」（Paracinema）も、構造映画と同じく、不均質な集合態としての映画を提示するものであったと言える。パラシネマとは、「エクスパンデッド・シネマ」（Expanded Cinema）とも近似する概念であるが、通常の映画上映から一つ以上の要素を意図的に取り除

いているという点において特徴がある。これはメディウム内部の欠如を手掛かりとして映画を再発明するものであり、例えばジェイコブスが現在に至るまで取り組んでいる、フィルムもビデオも使用しない特殊な3D上映パフォーマンス『ナーバス・マジック・ランタン』*Nervous Magic Lantern* などは、まさに再発明された、映画未満の不均質な集合態であると言うほかない。

3

VII

異鳴的うなり

ロバート・スミッソン『スパイラル・ジェッティ』

平倉 圭

「構造映画」の後にはエントロピーが無秩序に広がる。[†1]
——ロバート・スミッソン

空撮と死

一九七三年七月二〇日、テキサス州アマリロでアースワークの建設予定地を空から撮影していたロバート・スミッソンは、飛行機の墜落によりパイロット、写真家とともに死亡した。[†2] 三五歳だった。スミッソンの映画『スパイラル・ジェッティ』(1970)を観るとき、墜落を考えずにいることは難しい。映画の後半、ユタ州グレートソルト湖に建設されたアースワークを撮影するヘリコプターは、螺旋突堤《スパイラル・ジェッティ》の先端に、時にすれすれまで接近する。フレームに岩が迫る。破局は巧みな操縦で回避される。それでも「死」が連想されるのは、スミッソンの思考に取り憑く否定性ゆえだ。

一九六五年から六九年にかけてスミッソンは、批評・旅行記・イメージ分析・詩が渾然一体となった驚くべきテクスト群を『アートフォーラム』誌等に次々と発表する。そこには、退化・消耗・不活性・欠如・停止・忘却・無益・脱差異化……といった否定的な語が満ちている。[†3] スミッソンの好む語で言えば「エントロピー」だ。人間を摩滅・衰退・崩壊へと差し向け、そのプロセスを異なる時空間スケールにおいて、文明の廃墟化・種の絶滅・地質学的崩壊に重ねるのがスミッソンの基本的想像力だ。そこには「人間中心主義」への批判とともに、岩石のように風化し「絶滅」する人類というヴィジョンがある。[†4] だが時間のスケールを人間個体から外してしまえば、緩慢に死ぬことと急速に死ぬことの差は相対的だ。

一九六九年頃、書くことへのスミッソンの情熱の一部は映画制作に移行する。[†5] 中心をなすのは「空撮」だ。スミッソンにおいて空撮は二つの仕方で機能する。第一に、「スケール変換によるダイアグラムの生産」。空撮は、高度の変化とともに被写体のスケールを変える。[†6] 地上においてゴロゴロした岩の集合であったものは、ヘリコプターの上昇とともに二次元的な螺線図形に圧縮される。物体から抽象されるこの螺旋図形を、以降「螺旋ダイアグラム」と呼ぶことにする。下降すれば、螺旋ダイアグラムは再び岩の集合へと分解＝解凍される。

第二の機能は「航跡によるダイアグラムの生産」だ。『スパイラル・ジェッティ』では、ヘリコプターは突堤を上空から二度なぞり――一度目は螺旋をなぞりながら上昇／下降し、二度目は突堤の上を走るスミッソンを背後から追尾する――、航跡によって空に螺旋ダイアグラムを描く。

このアイディアは、翌年オランダで建設されたアースワーク《ブロークン・サークル／スパイラル・ヒル》（1971）の撮影計画（未実現）では、さらに複雑化される。（Ⅰ）アースワーク上でのヘリコプターの上昇／下降。（Ⅱ）丘と突堤を巡る飛行機の8の字飛行、（Ⅲ）突堤の上で行われる「四つ葉のクローバー」ループ[†7]［図1］。撮影計画を示すドローイングは、突堤と水溝からなる地上の円環ダイアグラムと、空中に描かれる三次元ループのダイアグラムを統合している。

どちらの作品においても、機体は墜落しない限りで、抽象的ダイアグラムを空に広げる。地に描かれたダイアグラムは機体とカメラによってフレーミングされ、フレームを通して空のダイアグラムへと巻き込まれる。[†8] 地の物体に触れない限りで。

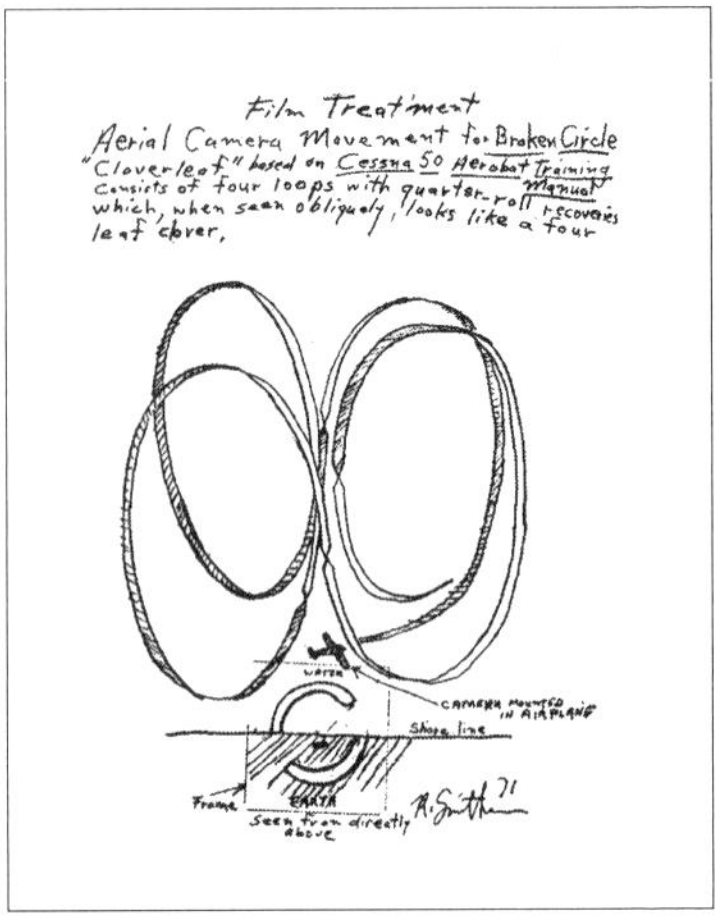

図1　「四つ葉のクローバー」ループ
（*Robert Smithson: Die Erfindung der Landschaft/ The Invention of Landscape: Broken Circle/Spiral Hill & Film*, Snoeck, 2012）

物体的干渉は消されていない。『スパイラル・ジェッティ』後半では、追尾するヘリコプターが螺旋の中心に至ったスミッソンに接近する。爆音が迫り、シャツの背がばたばたとはためき、水面に二重の波紋が広がる。もう少し高度が落ちれば、すべてがメチャクチャに破壊されるだろう。スミッソンの空撮は、現在のドローンを用いた滑らかな空撮のようには脱物質化されていない。スミッソンの映画は、物質的破局と非物質的ダイアグラム生産との間にかろうじて置かれている。それはいったいどういう場なのだろうか？　物質的破局すなわち死と非物質的ダイアグラムとの間でいったい映画は何を行うのか？　それが本稿の基底的問いだ。

先行研究を簡単に整理しよう。クレイグ・オーウェンスは一九七〇年代末から『オクトーバー』誌に発表された一連の高名な批評において、「ポストモダン」芸術の祖としてのスミッソン評価を決定づけた。[†9]オーウェンスが指摘したのは、複数のメディアを横断するスミッソンの「多声性」、廃墟と断片に向かう「アレゴリー性」、共時構造を通時構造に投射する「詩的言語性」だ。いま読めばあまりに「構造主義的」なオーウェンスのスミッソン評にはしかし、衝突して砕けるような文字通りの物質性は欠けている。二〇〇四年ロサンゼルス現代美術館で行われた大規模な回顧展に合わせて発表された三つのモノグラフでは、オーウェンスの構造主義的批評が相対化されるとともに、スパイラル・ジェッティの歴史的・政治経済的・地質学的コンテクストへの埋め込みがなされた。[†10] また同時期に、ジル・ドゥルーズの映画論を援用して『スパイラル・ジェッティ』の地層的時間性、およびダイアグラム性の分析が発表されている。[†11] より最近では、芸術制作の社会学の観点から《スパイラル・ジェッティ》の物質的生産プロセスが分析されている。[†12] これらを踏まえた上で本稿が問うのは、「物質」と「ダイアグラム」と「映画」という三者の関係だ。最終的な焦点は映画『スパイラル・ジェッティ』の準‐破局的な空撮シークエンスである。いったいそこでは何が行われているのか？

前提になるのはスパイラル・ジェッティには、アースワーク、映画、二年後に発表されたテクストという三つの形態があることだ（括弧の種類で区別する）。分析はこの三者を織り合わせるものでなければならない。[†13] 本稿は第一に、アースワークとしての《スパイラル・ジェッティ》の生産過程を追う。そこには複数の人間的・非人間的作用者の交渉から現れる、物とダイアグラムの混淆がある。第二に、物からダイアグラムを生み出すスミッソンの「抽象的地質学」をスパイラル・ジェッティ以前のテクストから分析し、それが物体化された「思考のムーヴィング・ピクチャー」へと展開されることを見る。第三にテクスト「スパイラル・ジェッティ」をC・S・パースの記号論を通して考察し、物とダイアグラムの二重系列の交叉による「思考」の可能性を示す。第四に映画『スパイラル・ジェッティ』の空撮シークエンスを分析し、心‐物複合的パターンが不一致＝異鳴的な「うなり」を生むことを明らかにする。最後に、映画の拡張された容器《コンテイナー》についてのスミッソンの未実現のアイディアに触れる。

映画『スパイラル・ジェッティ』は仮に三部に分けられる。概要は次の通り。[†14]

（Ⅰ）呼吸音に合わせて太陽が膨張・収縮しながらフレアを噴く。荒れ地を進む車の前に広がる道。千切られた地図のページが、崖の岩とひび割れた大地の表面に降る。車の後部から見られた道と塵煙。グレートソルト湖の現在と古代を重ねる地図。湖に現れる巨大な渦の伝説が語られる。道。鏡の上に載せられた五冊の本（コナン・ドイル『失われた世界』ほか）。道。アメリカ自然史博物館「後期恐竜のホール」が赤いフィルター越しに撮影される。反響する打音。ベケット『名づけえぬもの』の一節が朗読される。道。古大陸を示す地図。現在のユタ州の地図の上をカメラは滑り、グレートソルト湖へ。

（Ⅱ）さざなみを打つ湖面。ピンク色の水。防水服を着た男が杭と紐を使って湖に螺旋を描く。突堤を建設する重機の映像が、静かな湖面の映像と交替する。ステゴサウルスの絵。ダンプトラックの荷台から崩れ落ちる岩と土。重機が岩をスクリーンに向かって押す。湖面。ツノトカゲの写真。リッパーが突堤を掘り返す。

（Ⅲ）完成した突堤をヘリコプターが上空からなぞる。機体の影。太陽の反射。ヘリコプターは反時計回りに上昇し、次いで時計回りに下降する。岩のクロースアップ。塩結晶。泡立つ水。再びヘリコプターが、突堤の上を走るスミッソンを追尾する。ヘリコプターは螺旋の中央にスミッソンを残して浮上、曲芸的に旋回し、湖面に反射する太陽の光を繰り返し螺旋の中央に追いやる。突然のカット。スタジオに置かれた映画の編集台。フィルムのリールと突堤が螺旋形の韻を踏む。

物質的生産過程

まずアースワークとしての《スパイラル・ジェッティ》の生産過程を追うことにしよう。スミッソンは、映画の二年後にジョージ・ケペシュ編『環境の芸術』に発表されたテクスト「スパイラル・ジェッティ」の中で、かなり細かいエピソードとともにその過程を語っている。生産過程は、映画『スパイラル・ジェッティ』の第一・第二部でも形を変えて描かれる。スパイラル・ジェッティは自らの起源と生成を繰り返し問題にするのだ。

テクストによれば、起源をなすのは螺旋ではなく「赤い色」だった。一九六八年、カリフォルニア州のモノ湖という塩湖で作品を制作していたスミッソンは、ボリヴィアの塩湖についての本に出会う。それによると、ボリヴィアの塩湖はバクテリアの作用で赤く染まっているという。赤い湖のヴィジョンに取り憑かれたスミッソンは、「ボリヴィアは遠く、モノ湖は赤い色を欠くので」、ユタ州にある塩湖、グレートソルト湖を調査することに決める。[†15]

スミッソンはニューヨークからユタ州公園開発局に電話をかけ、グレートソルト湖を二分するルーシン短絡線の北側で、湖が「トマトスープの色」をしていることを知る。パートナーのナンシー・ホルトとともに地元の人物たちを訪ねたスミッソンはそこで、塩湖の腐食作用に出会う。この時点でスミッソンはまだ螺旋の形に至っておらず、ボートと艀《はしけ》で「島」を作るつもりだった。[†16] 最終的にスミッソンらは、ローゼル・ポイントと呼ばれる場所に向かう。

ハイウェイ83を西へ、午後遅くドライヴしながら、私たちはコリンヌを通り過ぎた。次いでプロモントリーへと続いた。ゴールデン・スパイク・モニュメント、それは最初の大陸横断鉄道の線路が出会ったことを記念したものなのだが、そこをちょうど過ぎたところで、私たちは土の道を広い谷へと降りた。[†17]

スミッソンは映画第一部の最後で地図を映し、同じルートを辿っている。「廃線」と書かれた地図上の点線をカメラが追う。「ゴールデン・スパイク・モニュメント」の文字が過ぎる。アメリカ横断鉄道は一八六九年にゴールデン・スパイクで開通した。だが一九〇四年に、より平らで直線的なルートを通るルーシン短絡線ができたことで、元の路線は廃止される。

長らく荒廃するままであったゴールデン・スパイクは、映画の前年にあたる一九六九年、開通一〇〇周年を記念する式典で突如賑わうことになる。このことをスミッソンは全く語らないが、地図はその文脈を暗に示していると考えることができる。式典では、横断鉄道の結合地点《マリッジ》に再敷設されたレール上にオリジナルの機関車レプリカ二台が向かい合わせに置かれ、当時の衣装を身に着けた白人たちが、最後のスパイク（線路を枕木に固定する犬釘）を打ち込む儀式を毎日再演していた。[†18] それはベトナム戦争テト攻勢（一九六八年）後に激しく分裂していくアメリカを、「起源」において再び結合しようとするローカルな儀式でもあっただろう。イベントを見学したスミッソンは、突堤の建設中、「ゴールデン・スパイク・モーテル」という名の宿を選んでいる。[†19]《スパイラル・ジェッティ》への道程には、失われたアメリカの夢が絡みついているのだ。

ゴールデン・スパイクを過ぎて谷に降りると、そこには見たこともない風景が広がっていた。

旅を進めるにつれ、谷は、私たちがこれまで見たことのある他のどんな風景にも似ない不気味な莫大さへと広がった。地図上の道はダッシュの網となった。他方、遥か遠くにはソルト湖が中断された銀の帯として存在していた。丘々は溶けた固体の姿を取り始め、琥珀の光の下で熱せられて輝いた。私たちは行き止まりへと滑るように進む道を辿った。砂の坂は粘つく知覚の塊へと変わった。ゆっくりと、私たちは湖に近づいた。湖は石基に捉えられた無感情でかすかな紫のシートに似ていた。その上には太陽が圧倒的な光を注いでいた。[†20]

映画第一部で車から映し出される荒れ地はこの場所だろう。圧倒的な太陽の下、風景の知覚が錯乱する。固体と液体が入れ替わる。三次元的な事物が二次元的記号（ダッシュの網、銀の帯、紫のシート）と交替する。

グレートソルト湖に着くと、スミッソンの前に再びアメリカの夢の廃墟が現れる。

二つの荒廃した小屋が、くたびれた石油掘削機の集まりの向こうに見えた。アスファルトによく似た黒い重油溜まりの連なりは、ローゼル・ポイントのちょうど南で起きている。四〇年かそれ

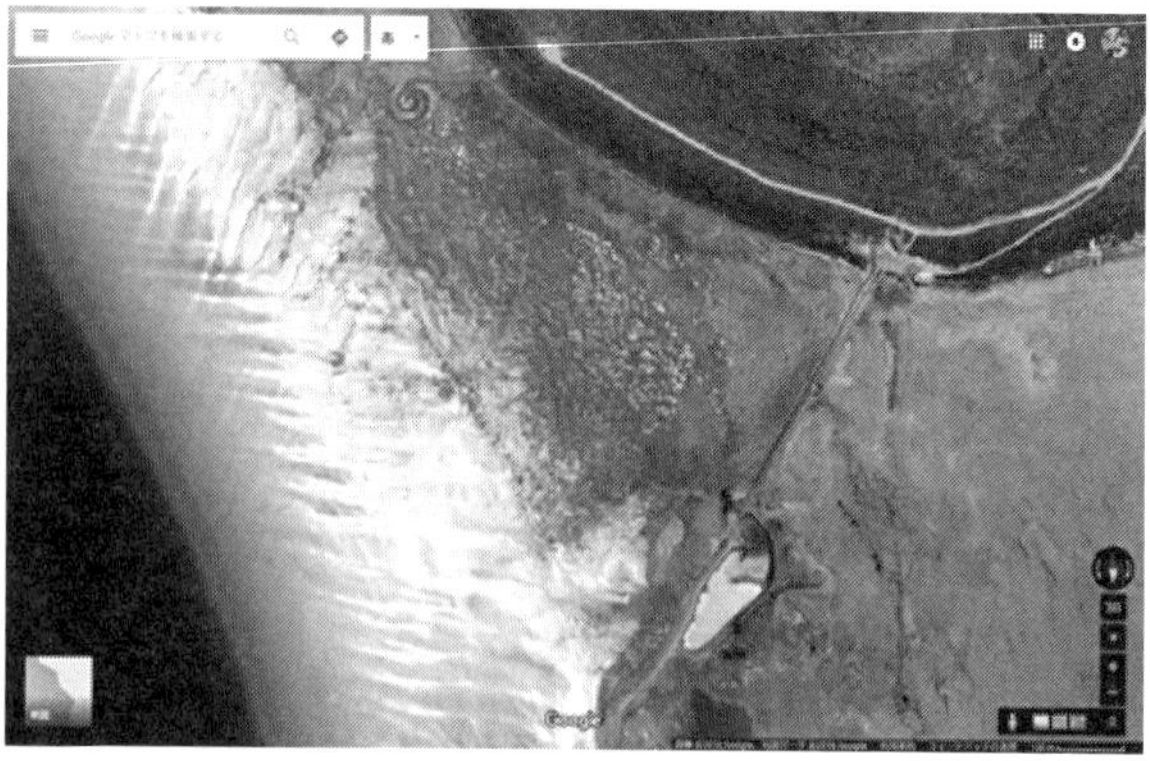

図2　上空から見た《スパイラル・ジェッティ》と、その南東に位置するより大きな「突堤」(Google Maps, https://goo.gl/maps/9Dite572Wrk)

以上の年月、人々はこの自然のタール・プールから石油を取り出そうとしてきた。黒いネバネバに覆われたポンプが、腐蝕性の塩の空気のなかで錆びていた。[†21]

ローゼル・ポイントを上空から見ると、《スパイラル・ジェッティ》の南東に、より直線的ではるかに大きい「突堤」があることが分かる［図2］。それがこの石油採掘の遺構だ。スミッソンが所蔵していた地図によると、ローゼル・ポイントには湖岸に沿って断層が走っている。石油は断層を通って滲み出しているのだ。[†22]「この石油が滲み出した場所から一マイル北に私は自分のサイトを選んだ[†23]」。《スパイラル・ジェッティ》もまた、断層の直上にある（「私は私の内部で軋む地質学的断層の上にいた[†24]」）。地質学的破壊と産業の廃墟化が重なる場所に、スミッソンのサイトは選ばれている。スパイラル・ジェッティのためのスミッソンのドローイングを見ると、ほとんどの場合、螺旋の尾が「湖岸」ではなく、わざわざ「車道」まで延ばされていることがわかる［図3］（右上の車道の上には「ローゼル・ポイント　ゴールデン・スパイク・サイトの南」と書かれている）。突堤は車道から流れ出す。車道を通って、廃線になったゴールデン・

スパイクと石油採掘の遺構の記憶が流れ込み、渦を巻く。

スミッソンはローゼル・ポイントの一〇エーカーの土地を、年一〇〇ドルで借りる契約をする。[25] 建設には六〇〇〇ドルが用意された。だが作業は順調には進まなかった。[26] 塩湖の軟らかい地面は接地圧が足りず、埋め立てなければ重機を支えることができない。また突堤には重い塩水の波に耐える大きさの岩を、十分に傾斜をつけて配置しなければならない。[27] 建設業者は自社の重機を使用することを渋った。トラックが泥に埋まり、あるいは転覆し、あるいは塩水を毎日洗い流すことができずに腐蝕するリスクがあったからだ。幸い自身で重機を所有する、土木工事が大好きなブージーという男の協力を得て、ダンプトラック二台、トラクターショベル一台、フロントローダー一台と、五人の作業員が揃えられた〔図4〕。

業者の不安は初日から的中した。フロントローダーが泥に沈み、それを引き出そうとしたダンプトラックもまた抜け出せなくなった。「プロジェクトは文字通り泥に沈むかのようだった」[28]。再び工事ができるようになるには一日以上がかかった。次に問題になったのは突堤に用いられた玄武岩の硬さだ。ローゼル・ポイントに散在する玄武岩は極めて重く、硬く鋭い角を持ち、ローダーからトラックにそのまま落とすと荷台が破壊されてしまう。

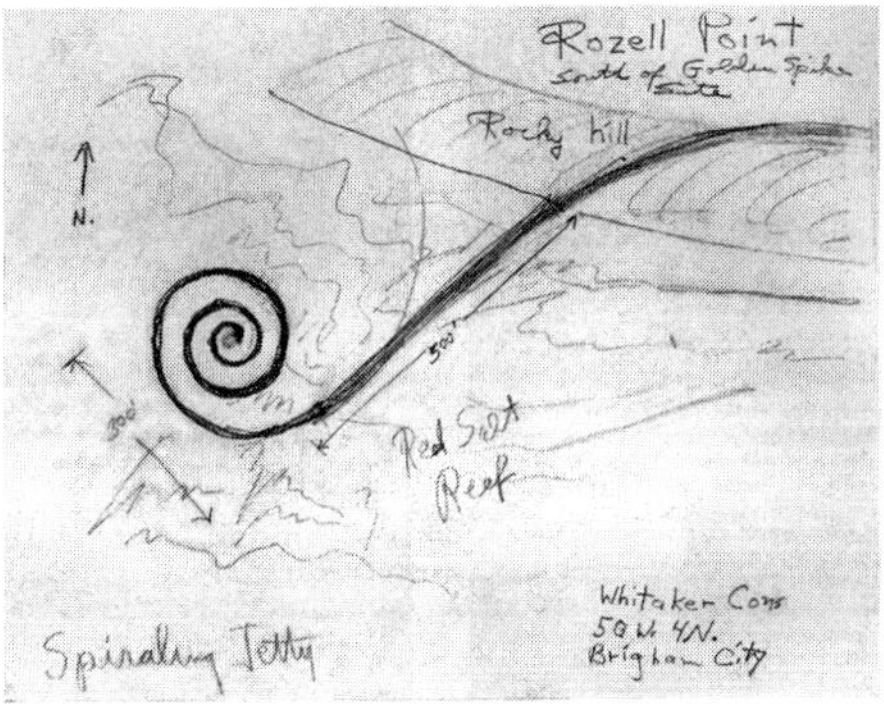

図3　スパイラル・ジェッティのためのスミッソンのドローイング（*Robert Smithson: Spiral Jetty*, edited by Lynne Cooke and Karen Kelly, University of California Press in cooperation with Dia Art Foundation, 2005）

図4　湖を埋め立てるトラクターショベル（*Ibid.*）

作業員たちは荷台に土を敷いて保護するという策で作業を進めたが、岩だけからなる突堤を造りたがったスミッソンとしばしば対立した。現場監督のボブ・フィリップスは、岩についた土を後から高圧水で吹き飛ばすことを提案したが、おそらく水の濁りを避けるために却下された。最終的に、埋め立てられた突堤を鉤爪状の「リッパー」で掘り起こし、土から岩を飛び出させるという方法で解決がなされた†29。映画第二部の最後には《スパイラル・ジェッティ》が「リッピング」される様子が繰り返し映し出されている。

　突堤は当初螺旋型ではなく、反転J型で完成された［図5］。スミッソンはこれに一度ＯＫを出したものの満足せず、さらに三〇〇〇ドルをかけて再工事を要請した。作業員のうち現場監督のフィリップスとブージーだけがこれに応じ、Jの最後の玉を崩してループ状に伸ばすことになった†30。岩の上で重機のバランスを取ることは極めて困難だったが、ブージーは大きな岩をローダーのバケットに積んでバランスをとり、バケットを上下させ、必要な位置に岩を投げ入れるという曲芸的操作で工事を完了した†31。工事期間は全体で二週間。建設には最終的に六六五〇トンの物質を要した†32。

　螺旋突堤の形態は、人間と機械と物質という複数の人間的／非人間的作用者の具体的で段階的な交

図5　反転Ｊ型で完成された当初の突堤（*Ibid.*）

渉の中から現れた。だが映画では、建設する人間の姿はほとんど描かれない。重機を操作する人は意図的にフレームから外されるか小さな影にされ、ローダーのバケットやリッパーだけが大きく映し出される。岩はダンプトラックの斜面から巨大な地滑りのように崩れ落ち、工事を非人称的な地質学的出来事として見せる。結果として、物体の堆積と記号的な螺旋ダイアグラムの生成が、映画では短絡されている。

テクスト「スパイラル・ジェッティ」は、さらに神話的な形で螺旋の誕生を語り直している。

> ピンクがかった浅い水の下には、網状に広がる泥のひび割れがあり、塩原を構成するジグソーパズルを支えていた。私が見るにつれその場《サイト》は地平線まで反響し、ちらつく光が風景全体を震えるように見せる間、ただ静止したサイクロンを示した。休止中の地震がはためく静けさの中へと広がり、動くことなく回転する感覚へと広がった。この場《サイト》は、自らを巨大な丸さの内に囲い込むロータリーだった。その渦巻状に旋回する空間から、《スパイラル・ジェッティ》の可能性は現れた。[†33]

スミッソンは、突堤の螺旋形態が、建設場《サイト》が持つ「回転」の感覚から直に産み出されたかのように語る。《スパイラル・ジェッティ》の建設過程を分析した人類学者のフェルナンド・ドミンゲス・ルビオは、ここに「やや不正直な、ロマン主義化された再構成」を見ている。[†34] しかしスミッソンのテクストはそもそも建設の「客観的」な過程として読むことはできない。説明されようとしているのは、客観的物質としての大地と、震動し回転する主観的感覚との関係だ。テクストでは、見る「私」の回転の感覚と、大地の回転との区別が消えている。主 - 客の区別ができなくなる目眩状の場《サイト》から、螺旋ダイアグラムは現れる。

抽象的地質学

スミッソンはスパイラル・ジェッティ以前に、物とダイアグラムの関係に関わるいくつかの「理論的」テクストを発表している。その一つ、「心《マインド》の堆積——アースプロジェクト」の冒頭はこう始まる。

> 大地の表面と心の空想は、芸術の離散的な領域へと崩壊していく一つの道を持つ。さまざまな作用者が、虚構的なものもリアルなものも、何らかの形で互いに場を入れ替える——人はアースプロジェクトのことになると泥の思考を避けることができない。あるいは私が「抽象的地質学」と呼ぶであろうものを。人の心と大地は恒常的な浸食状態にあり、心の川は抽象的な土手を削り、脳波は思考の崖を掘り崩し、観念は未知の石へと分解され、概念的結晶化は砂状の理性の堆積物

へと砕ける。[35]

観念と物質が互いを浸食して分解・崩壊させていくというスミッソンの根源的風景だ。スミッソンはこの「泥の思考」ないし「抽象的地質学」を、当時のアメリカにおけるモダニズム美術批判の文脈に接続している。

低下した意識レベルにおいてアーティストは、制作手順についての非差異化ないし非境界化された方法を経験する。それは理性的技術の焦点化された限界から決別するものだ。ここでは道具は、道具が操作する物質から非差異化される、あるいは原初の状態に沈み戻るように見える。ロバート・モリスは（『アートフォーラム』一九六八年四月）、絵筆がポロックの「棒」の中へと姿を消し、その棒がモーリス・ルイスの使う容器《コンテイナー》から「注がれる絵具」の中へと溶解するのを見た。では今度は人は容器をどうするだろうか？　この技術のエントロピーは人に空虚な限界を残す。あるいは限界は全く存在しない。〔……〕理性的な美術批評家は、「海洋的」非差異化へのこの放棄という危険を冒すことができない。彼はただ、このような非‐容器的世界への突進の後に現れる限界を扱うことができるだけだ。[36]

「理性的な美術批評家」とはここでは、クレメント・グリーンバーグとマイケル・フリードに代表される、諸感覚・諸メディウムの境界を峻別するモダニスト批評家を指す。[37]モリスを読み解くスミッソンによれば、ポロックとルイスの絵画は、道具あるいは容器の境界が消滅する「海洋的非差異化」の過程にある。絵筆は絵具を垂らす棒の中へと消滅し、棒は容器から降り注ぐ絵具の中へと消滅する。そして容器は——？　容器の底は抜け、その境界は大地の広がりの中へと消滅するだろう。アースワークとしての《スパイラル・ジェッティ》は、この「海洋的非差異化」の過程を推し進めた巨大な非-容器だとひとまずは考えることができる。そこでは、螺旋を描く重機という「道具」もまた文字通り泥の中に沈むのだ。エントロピック・サイト。

しかし、ではなぜ螺旋の形がわざわざ造られるのか？　なぜむしろ何も無いのではないのか？　ユタ州の荒野に太陽が照りつけ、嵐が過ぎるままにするだけではなぜ足りないのか。スミッソンは書いている。「〔……〕スパイラル・ジェッティはこれら全ての気候変動に耐えるのに十分なだけ物体的《フィジカル》であり、しかしなお、この気候変動と自然の撹乱に親密に巻き込まれている」[†38]。突堤は親密な風化作用を受け、しかし十分に物体的に形を残す。一挙に非差異化の極に行くわけではない。なぜか。なぜなら「抽象的地質学」の問題は人の心と大地、観念と物体が互いを掘り崩し合う場を造ることだからだ。空間の中の螺旋は、浸食されうる物体性を持つ観念である。すなわち物体的なダイアグラムだ。

一九七一年の未出版原稿「芸術と弁証法」の中でスミッソンは、ミシェル・フーコー『言葉と物』を変形しつつこう書いている。

> 後期モダニスト美術批評家はこれまで長い間、特定の物の秩序としての芸術にもっとも重きを置いてきた。環境から取り去られ、それ自体で存在する対象《オブジェクト》としてだ。〔……〕批評的境界は芸術

対象《オブジェクト》を形而上学的空間に隔離しがちだ。土地、労働、階級といった外的関係から独立させて。例えば、一枚の絵画は「開放性」の質を持つと言われうる。実際には開放性を表象しているだけであるときに。同じように、終身刑を受けた囚人に、あなたは自由だと人は言うかもしれない。その自由は形而上学的な、美術批評の言葉で言えば「美的な」ものなのだ。〔……〕弁証法的言語は、このような美的な意味を提供しない。いかなるものも全体から孤立しない――牢獄はいまも物体的《フィジカル》な世界の中の牢獄だ。〔……〕対象《オブジェクト》や物や「人間」という語が、砂浜の上の孤立した貝殻のように流されてしまいうることが分かるとき、海が自らを知らしめるだろう。弁証法はこの貝殻と海の関係として眺められうる。美術批評家とアーティストたちは、長い間、貝殻を海という背景なしに考えてきたのだ。[†39]

貝殻、すなわちモダニズム美術の「自律的」閉域は波に流され、「海洋的」非差異化が自らを知らしめる。フーコーが波打ち際の「砂」に直接書きつけた束の間の紋様としての「人間」は、ここでは硬い「貝殻」に置き換えられている。なぜ貝殻なのか。おそらく、砂では脆すぎ、観念的に隔離された対象が次第に背景へと砕けていく物体的な場を保持することができないからだ。貝を二枚貝ではなく巻貝と考えるなら、その殻の螺旋形は、突堤の物体的《フィジカル》な螺旋ダイアグラムと重なるだろう。観念と物体は脱差異化の途上において物体的ダイアグラムとなり、人と大地を混ぜ合わせる思考ないし「心《マインド》」を生む。「心の堆積――アースプロジェクト」でスミッソンは、「泥のプール・プロジェクト」という提案を語る。掘り返された地面を水浸しにして天日で乾かす。するとそこに網状の亀裂が生じる。スミッソンによればそれは、「泥の心（The Mind of Mud）」、あるいは「粘土の心（The Mind of Clay）」である。[†40]

大地は水浸しになることで非差異化された泥になり、乾くことで再び自身を差異化する亀裂のダイアグラムを発生させる。スミッソンは映画『スパイラル・ジェッティ』第一部で、ひび割れた大地の上に地図の断片を降らせ、大地の亀裂と地図のダイアグラムを形態的に共鳴させている。物体から発したダイアグラムが、地図と大地を反響《エコー》させ、観念と物体の閾を浸す「泥の心」を生む。それはいかなる「心《マインド》」なのか。手がかりになるのはアレグザンダー・グレアム・ベルだ。

草稿「場を見る者《サイト・シーア》としてのアーティスト」（一九六六―六七年）においてスミッソンは、「環境をコード化する」風景について論じている。[†41] 例として挙げられるのは、天体の運行をコード化する「新石器時代のコンピュータ」としてのストーンヘンジ、J・G・バラードがSF小説「待ち受ける場所」に書いた宇宙の歴史をコード化する巨石群[†42]、そして「測定モニュメント」としてのピラミッドだ。それらの例では、環境をコード化する知性《マインド》が有機的生命から切り離され、物体の配列のうちに構造化されている。スミッソンはそこに、ベルの実践を並置する。

スミッソンが指摘するのはまず次のことだ。電話の発明者であるベルは、スモークガラスの上に記録された発話音声のパターンを「視覚的形態」と呼んでいた。そこでは物体の配列のうちに観念がコード化されている。[†43]

またベルは、航空力学にも深い関心を持ち、四面体ユニットからなる特殊な凧を多数制作していた。スミッソンは、ベルが凧を観察するために、地上にも四面体型の観測所を造っていたことに注目している。[44]『アートフォーラム』一九六七年夏号に発表された「エアターミナル・サイトの開発に向かって」という文章でスミッソンはこう書いている。「彼の四面体の中から、ベルは自分の「飛行」プロジェクトを調査した――正方格子・凧だ。この結晶システムを通して、彼は地と空の間にグリッド結合を設立した。立体が格子を鏡映した。構造的等式において場《サイト》は空に結ばれた[45]」。誌面には凧の傍らに立つ異様に大きなベルの写真（左）が、四面体型「観測所」の写真（右中）とともに掲載されている[46]［図6］。誌面上では、四面体型の凧と観測所のサイズはほぼ等しい。そうすることでスミッソンは、地と空の「構造的等式」を視覚的に表現している[47]。

図6　「エアターミナル・サイトの開発に向かって」誌面（Robert Smithson, "Towards the Development of an Air Terminal Site," *Artforum*, June 1967, p. 39）

スミッソンは続ける。「言語の物質的特性についてのベルの意識は、電話を通して、言語と対象《オブジェクト》の関係についての誤解から彼を守った。言語はベルによって言語的オブジェクトに変えられた。このようにして彼は、芸術の理性的カテゴリーを避けたのだ[48]」。「芸術の理性的カテゴリー」とは、諸感覚・諸メディウムの境界を峻別するモダニズム芸術の論理を示唆する。ベルは聴覚的音響を視覚的形態に変えて視・聴の境界を横断し、同時に観念と物体の境界を横断して、観念的物体（言語的オブジェクト）を生産する。ベルの凧＝観測所は、スケールの異なる地と空の物体を等式で結び、鏡映・反復の関係に置くことで、現実の物体から、スケールフリーなパターンないしダイアグラムとしての四面体を剝離する。

スミッソンは同じテクストの最後で、トニー・スミスの「高速道路の経験」を論じている。『アートフォーラム』の同号ではマイケル・フリードが有名な「芸術と客体性《オブジェクトフッド》」を発表し、スミスの「高速道路の経験」に端的に表れる（とフリードが考える）ミニマリズムの「演劇性」を厳しく批判している。†49 すなわちスミッソンとフリードは、同じ誌上でスミスの「高速道路の経験」を論じたのだ。スミッソンはそこで高速道路の経験を、まさに狭義のモダニズム美術の外に飛び出す、物体化された観念の問題へと展開する。

> トニー・スミスは「暗い舗装道」について書いている。そこは「煙突、塔、煙、そして色光によって句読点を打たれていた」（『アートフォーラム』一九六六年一二月）。キーワードは「句読点を打たれた」だ。ある意味で、その「暗い舗装道」は「巨大な文《センテンス》」とみなすことができるだろう。そして道に沿って知覚される事物は「句読点記号」だ。「…塔…」＝エクスクラメーション・マーク（!）。「…煙突…」＝ダッシュ（—）。「…煙…」＝クエスチョン・マーク（?）。「…色光…」＝コロン（:）。もちろん、これらの等式を私は理性的データではなく、感覚データを基に形成した。†50

物体としての高速道路が、無数の抽象的句読点が飛び交うダイアグラム的文へと変換される。疾走する車のフレームからの眺めが、高速道路を次々に「言語的オブジェクト」として再生する。物体と観念は脱差異化される。だが完全に溶けているわけではない。高速道路上を走る車は、物体としての高速道路とその環境を運動によって抽象化しながら二重化し、物体から剝離するように、記号的ダイアグラムを生み出すのだ。

この「エアターミナル・サイトの開発に向かって」という文章は、当時建設計画中だったダラス・フォートワース空港のために、離着陸する飛行機から見られる作品を構想する中で書かれた。空港のための作品計画〔図7〕は現実には実現しなかったが、『スパイラル・ジェッティ』の「空撮」は、そのアイディアを拡張的に展開している。高速道路はそこで空中へと巻き上げられる。空撮するヘリコプターが空に描く螺旋が――ベルの観測所と凧のように――地と空のダイアグラムを二重化し、「構造的等式」で結ぶ。空中に「思考」が放たれる。[†51]

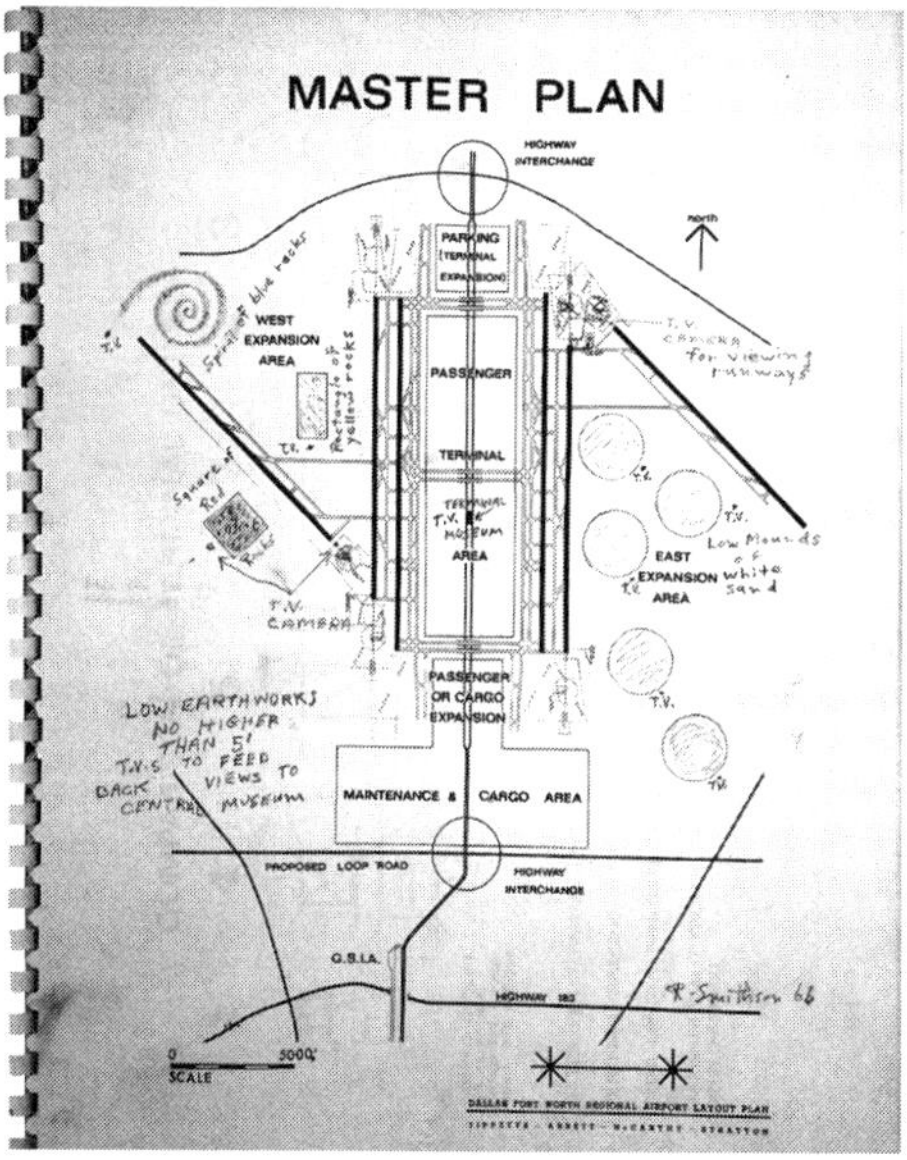

図7　空港のための作品計画（Ann Reynolds, *Robert Smithson: Learning from New Jersey and Elsewhere*, The MIT Press, 2003）

スミッソンには、心《マインド》の働きを物体的なダイアグラムで表現することに対する強い関心がある。出版された文章の中では初期に属する「エントロピーと新しいモニュメント」のなかで、スミッソンは既に笑いを「結晶システム」で表すというアイディアを語っている[†52]（普通の笑い＝□、含み笑い＝△、クスクス笑い＝○……）。同じ文章の最後でスミッソンは、哲学者チャールズ・サンダース・パースが開発した「存在グラフ」に言及し、それをパースが「思考のムーヴィング・ピクチャー」と呼んだことに注目している[†53]。存在グラフは、それを用いる人間の頭の外、紙の上で、「論証」という記号連鎖を実現する。それは物体上で展開する「思考」のダイアグラムだ。映画『スパイラル・ジェッティ』もまた、物体化された「思考のムーヴィング・ピクチャー」として考えることができるだろう。それはいかなる「思考」だろうか？

二重系列

映画『スパイラル・ジェッティ』の第一部、グレートソルト湖に向かうカーブした道の途中で、アメリカ自然史博物館「後期恐竜のホール」のシークエンスが挿入される。赤いフィルター越しに撮影されるホールを、カメラは恐竜の背骨と尾の弧線を追いながらゆっくりと時計回りに回転し、次いで恐竜のミイラを収めるガラスボックスの周りを反時計回りに回転する。回転は道のカーブを反響《エコー》しつつ、第三部でヘリコプターが行う〈反時計回り／時計回り〉撮影を予告し、それを恐竜の絶滅という大過去に巻き込んでいる。

スミッソンは明示的に語らないが、『スパイラル・ジェッティ』の源の一つはクリス・マルケルの『ラ・ジュテ』（1962）だと考えられている。[†54] 過去・現在・未来が交錯する場としての「自然史博物館」は共通するモチーフの一つだ。突堤の先端へと走る男を背後から撮影《シュート》／銃撃し、そこにヘリコプター／飛行機の爆音が重なるという点にも『ラ・ジュテ』が反響《エコー》している。ジェッティはジュテなのだ。ただし『ラ・ジュテ』における主人公の送迎デッキ《ジュテ》への走り込みは、幼年期への遡行の先に自らの死を目撃するという純粋な個体性の内に生を閉ざすものであったのに対し、『スパイラル・ジェッティ』における突堤《ジェッティ》への走り込みは、個体の起源を超え、人類の起源も超えて、恐竜の絶滅へと渦を巻いて遡行する。遡行を可能にするのは、場所とスケールを変えて反復される螺旋ダイアグラムだ。

螺旋はスパイラル・ジェッティの至る所にスケールを変えて現れる。そのことはテクスト「スパイラル・ジェッティ」のページ上でも明瞭に表現されている。《スパイラル・ジェッティ》の写真九枚が、次第に接近しながら撮影される。はじめに螺旋の全体。徐々に近づき、それぞれの石の縁を囲む白い塩結晶の輪が見える。さらに近づき、キューブ状の塩結晶。最後は回転草を覆う塩結晶のクローズアップで終わる。[†55] テクストは次のように語る。「それぞれのキューブ状塩結晶は、結晶の分子格子の観点においてスパイラル・ジェッティを反響《エコー》している。結晶の成長は転位点の周囲を回るように、ネジ状に進む。スパイラル・ジェッティは螺旋状の結晶格子の一レイヤーを何兆倍も拡大したものだと考えることもできるだろう」[†56]。塩結晶の成長もまたミクロスケールで螺線を反復しているのだ。それだけではない。「私の映画のために（一つの映画はフレーム群からなる一つの螺旋だ）、私は自分自身をヘリコプターから（ギリシャ語の helix, helikos から。螺旋を意味する）撮影させるだろう」[†57]。フィルム

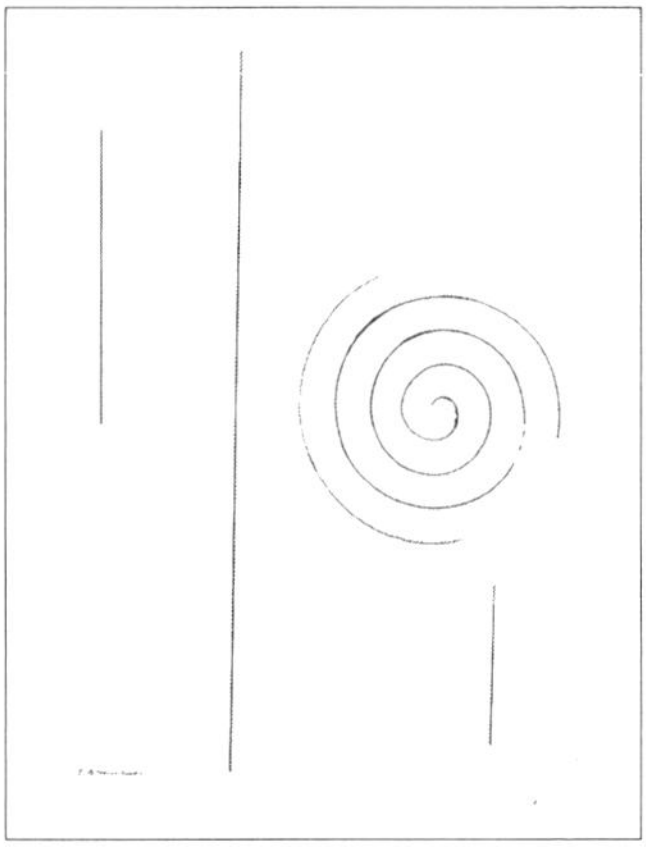

図8　ブランクーシが描いたジェイムズ・ジョイスの「渦巻状の肖像」（James Joyce and Constantin Brâncuşi, *Tales Told of Shem and Shaun: Three Fragments from Work in Progress*, Black Sun Press, 1929）

とヘリコプターの回転翼もまた、螺旋を複数のスケールで増殖させる。

　スミッソンの連想はさらに広がり、荷電粒子を加速する「サイクロトロン」、ブランクーシが描いたジェイムズ・ジョイスの「渦巻状の肖像」［図8］、「細胞核」などをスパイラル・ジェッティと関係づけている。複数の事物に繰り返し見出されるこの螺旋を、スミッソンはテクストの中で「複数の中心のスケール」と呼んで次のようなリストにしている。

（a）サイクロトロンのイオン源
（b）核
（c）転位点
（d）泥の中の木製杭
（e）ヘリコプターのプロペラの軸
（f）ジェイムズ・ジョイスの耳の溝
（g）太陽

(h) フィルム・リールの穴

さらにその「副産物」として、「複数の縁のスケール」という次のリストを挙げている。

(a) 粒子
(b) 原形質溶解
(c) 目眩
(d) さざ波
(e) 光のまたたき
(f) 分割
(g) 足のステップ
(h) ピンクの水[†58]

C・S・パースの記号分類を借りて言えば、「複数の中心のスケール」は概ね、スケールの異なる螺旋ダイアグラムのイコン的（類似的）な関係によって、異質なものを連鎖させている。連鎖を現働化するのは、そこに類似を見出す解釈者（アーティスト、観者、読者）の心だ。つまり解釈者がそこに類似を見る（螺旋を再認する）ことで、類似が解釈者の心において現実的に作動する。他方「複数の縁のスケール」は、「複数の中心のスケール」と部分的に対応しながら、螺旋ダイアグラムがその物質的な縁で諸部分・諸粒子へと分解される契機を指し示しているようだ。
一方映画には、パースの分類で言えば、解釈者の心抜きに作動する複数の物体間のインデックス的（力動的・接触的）な関係も映し出されている。渦巻くヘリコプターのプロペラは、その風圧によって力動的に、水の上に波紋を作る。スミッソンはヘリコプター撮影者のために描かれたと考えられるドローイングの一枚に、「水+泡がコプターの羽で飛ばされる」「コプターの羽は塵　泡+水を飛ばすべき」「真下に撮影　25フィート〔約7.6ｍ〕かそれ以下」と書きつけている〔図9〕。事物は物質の力動的干渉によっても連鎖するのだ。

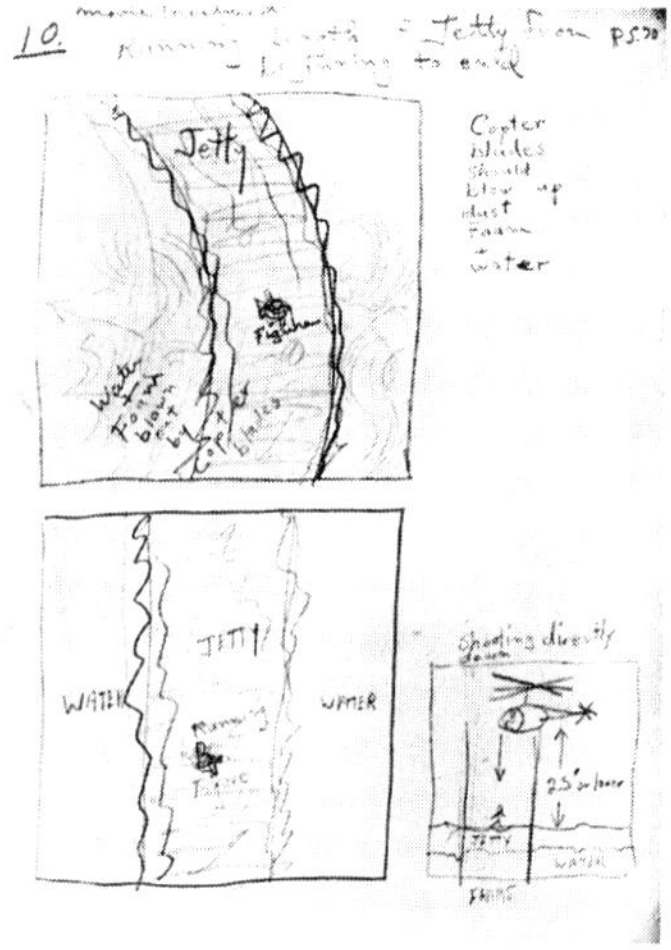

図9　『スパイラル・ジェッティ』撮影のためのスミッソンのドローイング
（*Robert Smithson: Spiral Jetty*）

すなわち映画には、少なくとも次のような二重の連鎖系列が存在する。
〈系列Ⅰ：イコン的〉　螺旋ダイアグラムａ（塩結晶）-螺旋ダイアグラムｂ（スパイラル・ジェッティ）-螺旋ダイアグラムｃ（回転するヘリコプター）-螺旋ダイアグラムｄ（太陽のフレア）-……
〈系列Ⅱ：インデックス的〉　物体ａ（成長する塩結晶）-物体ｂ（揺れる水）-物体ｃ（回転するヘリ

コプター）‐物体ｄ（太陽光）‐……

イコン的に連鎖する「ダイアグラムの系列」と、インデックス的に干渉する「物体の系列」は、ずれを孕みながら絡みあう。「複数の縁のスケール」は、イコン的なダイアグラム系列がインデックス的な物体系列へと砕けていく閾を指し示すだろう。映画は絡みあう二重の系列を包含《コンティン》し、二重の系列を通して「思考」する。どのようにしてか。

C・S・パースをさらに導入しよう。パースは物体の内に実現されたパターンの連鎖に「思考」を見出し、そこに必ずしも脳の媒介は必要ないと考えていた。「思考は必ずしも脳と結びつく必要はない。思考はみつばちや水晶の仕事、そして純粋に物理的な世界の到る所に現れている。ものの色や形などが本当にそこにあることを否定できないのと同じように、思考が本当にそこにあることも否定できない」[†59]。パースによれば記号とは、「何か他のもの（解釈項）を規定して、自分の場合と同じやり方で、自分の関わっているもの（対象）に関わるように仕向けるもの」であり、「次にこの解釈項もまた記号になるといった具合に無限に続く」[†60]。水晶の成長パターンには、物体間の接触的・力動的関係に規定されるインデックス的な記号の連鎖があり、そこに人間の心から切り離された「思考」がある。同じ意味で『スパイラル・ジェッティ』は「思考」していると言えるだろうか？　――否。同じではない。同じではなく、心‐物が複合されている。そこには物体間の力動的干渉の系列だけでなく、人間的解釈者の心を通してはじめて現働化されるイコン的ダイアグラムの系列が入り混じっているからだ。次のように言うことができるだろう。いかなるものも、その質において、際限なく多数のものと「似る」ことが可能である（いかなる意味でも他の何ものにも似ていない何かを、私たちは考えることができない）。それゆえイコン記号は、無際限な可能的関係であり、解釈者はその一部を知覚することで類似を縮減しかつ現働化する。解釈者の「心」に依存するこの可能的類似記号の現働化が、インデックス的な記号を構成する「物」の力動的干渉と同じ対象において交叉する時、いわば物が心を食み、心が物へと滲み出す複合的な場が示される。

複数の事物を横断する心‐物複合的な記号の連鎖。『スパイラル・ジェッティ』が「思考」するのはこの意味においてだ。その「思考」は、心的なダイアグラム連鎖と力動的な物体連鎖との二重系列の交叉において、人の心が物へと砕けながら物とともに行う記号作用である。

異鳴的うなり

具体的に見ていこう。映画第三部、塩結晶の映像を間に挿んで、二つの空撮シークエンスが現れる（以下、空撮シークエンス1・2と呼ぶ）。

空撮シークエンス1。ヘリコプターは近距離から螺旋に沿って反時計回りに二周回転し、螺旋中央に来ると上昇しつつさらに三周半回転する。その間スミッソンは、独特に流動的なニュージャージー州北部訛りの抑制的な声で、[†61]呪文的な文を唱え続ける。

スパイラル・ジェッティの中央から。

北―――――泥、塩結晶、岩、水
北微東―――泥、塩結晶、岩、水
北東微北――泥、塩結晶、岩、水
北東微東――泥、塩結晶、岩、水
東微北――泥、塩結晶、岩、水
東―――――泥、塩結晶、岩、水
東微南―――泥、塩結晶、岩、水
南東微東――泥、塩結晶、岩、水
南東微南――泥、塩結晶、岩、水
南微東―――泥、塩結晶、岩、水……

声は突堤を二〇方位に分割し、その物体的構成素を唱え続ける。しかしヘリコプターが上昇するにつれて構成素は脱差異化されて見えなくなり、突堤は平面的な「ダイアグラム」に変わっていく［図10・11］。

唱えられる方位がちょうど一八〇度回った所で、ヘリコプターは螺旋全体をリフレーミングし、今度は時計回りに下降を開始する。詠唱は続く。

南―――――泥、塩結晶、岩、水

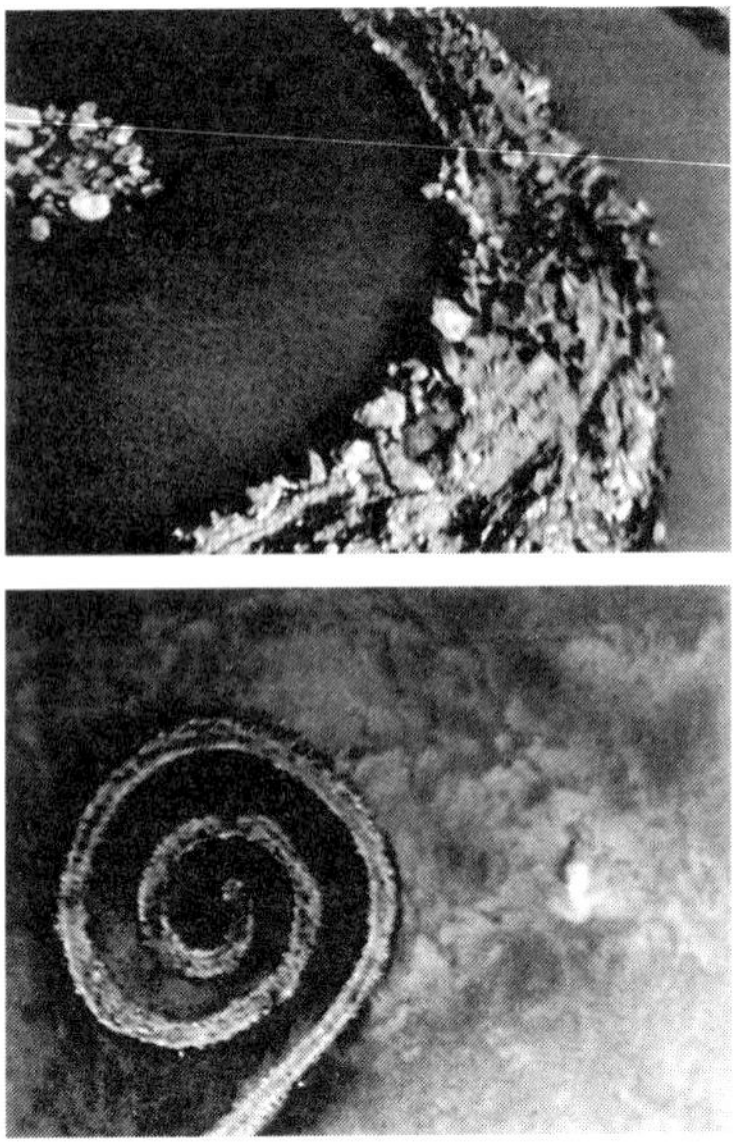

図10・11　ヘリコプターの上昇につれて平面的な「ダイアグラム」に変わっていく突堤（*Ibid.*）

南微西——泥、塩結晶、岩、水
南西微南——泥、塩結晶、岩、水
南西微西——泥、塩結晶、岩、水
西微南——泥、塩結晶、岩、水
西——泥、塩結晶、岩、水
西微北——泥、塩結晶、岩、水
北西微西——泥、塩結晶、岩、水
北西微北——泥、塩結晶、岩、水
北微西——泥、塩結晶、岩、水[†62]

上昇のときと同じく正確に五周半回転したところで、ヘリコプターは突堤の岩一つ一つが巨大に見えるほど最接近し、フレームに太陽の反射と突堤の先端を収めてカットする。恐るべき精確な操作だ。空撮シークエンス1が見せるのは、ヘリコプターの〈反時計回り上昇◎時計回り下降〉とともにスケールが変わり、〈物体（泥、塩結晶、岩、水）◎ダイアグラム◎物体〉が連続的に入れ替わる過程だ。岩と塩結晶と泡立つ水のクロースアップを挿み、続く空撮シークエンス2は六つのショットからなる。シークエンス2・ショット1。スミッソン自身が登場することで、撮影はシークエンス1より複雑化する。スミッソンは突堤の上を螺旋の中心に向かって、リッパーで岩が粗く掘り起こされた道の中央部を避けながら走って行く［図12］。途中で四回、道の右から左へ、また右へと横断する。螺旋の中心まで約四一〇歩、約三分間。一秒間に平均二歩強のペースで、スミッソンは時に小股でゆっくり、時に大股で慌てるように進む。停止することはない。岩の小さい場所は安定した歩みで、岩が大きい箇所では左右にさまよいながら。それゆえステップは、岩群の凸凹を反響《エコー》しながら増幅する。

スミッソンは「スパイラル・ジェッティ」のテクストで書いていた。

> ある地点の後、測定可能なステップ（「スケール（Scale）**skal n. it. or L; it.** ***Scala*****; L** ***scala*** 通常は ***scalae*** **pl., 1. a.** 元は梯子；一連の階段；そこから、**b.** 上昇の手段」）が、論理から「無理数の状態」へと降下する。〔……〕論理的純粋性は突然自らを沼地に見出し、予期せぬ出来事を歓迎する。〔……〕純粋さは危機の内に置かれる。私は極めて危険な道の上で私のチャンスを捉え、それに沿って私のステップはジグザグになり、螺旋を巻く稲妻に類似した。[†63]

ステップは岩群の凸凹と予測不可能な形でもつれ、ジグザグの稲妻を螺旋上に描く。その姿をヘリコプターは追尾する。「私の映画のために（一つの映画はフレーム群からなる一つの螺旋だ）、私は自分自身をヘリコプターから（ギリシャ語の **helix, helikos** から。螺旋を意味する）撮影させるだろう。直接頭上から、不安定なステップの観点からスケールを得るために[†64]」。時にゆっくり、時に歩を速めつつ進むスミッソンの背を、ヘリコプターは慣性によるずれを伴いながら追いかける。カメラはスミッソンの背に向かってリフレーミングを続ける。〈突堤‐スミッソン‐ヘリコプター‐カメラ〉。四つの物体は非同期的に、かつ心‐物横断的に連鎖している。数十センチメートルスケールで

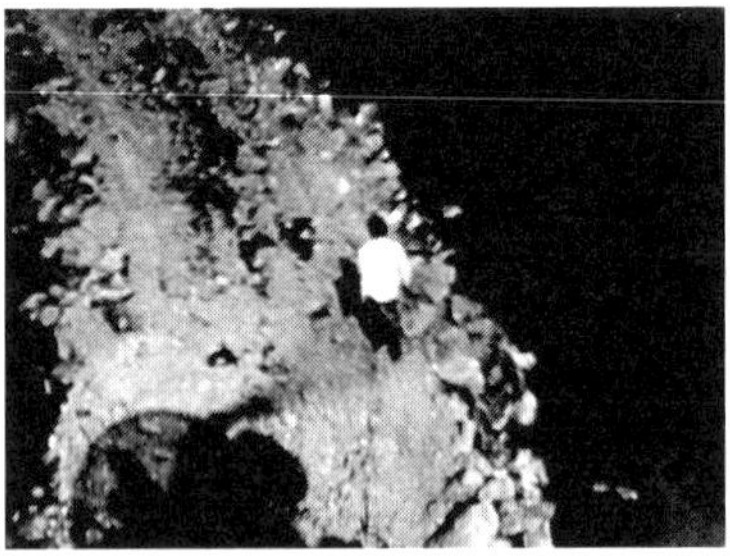

図12　突堤の上を走るスミッソンとヘリコプターの影（*Ibid.*）

岩群と干渉するステップの不安定なパターンは、物同士の力動的作用、追跡する撮影者＝解釈者の心の作動、解釈者の心に連結した諸機械の作動を通して、ヘリコプターの追尾パターンとカメラのリフレーミングパターンに遅れて反響《エコー》し、増幅される。その間、回転するプロペラの影が突堤の上に二度映る〔図12〕。螺旋がイコン的かつインデックス的に多重化される。

進行するステップは、岩群の空間的配置を粗く読み取りつつ動作の時間的パターンに変える。それをヘリコプターとカメラの動作がさらに粗く遅れて読み取り、増幅《アンプリファイ》する。まるでスミッソンの体を「針」にした緩結合のレコードプレイヤーのようだ。その間、ヘリコプターの主プロペラと尾翼プロペラは異なる周期で爆音を立て続ける。異なる周波数の音は干渉し、空撮シークエンスを特徴づける「うなり」を生む。「うなり」とは振動数の近い波の干渉で生じる合成波のことだ。これを視覚にも拡張して言えば、岩群の空間周波数と干渉しながらそれを反響《エコー》するステップのパターン、それを追尾するヘリコプターの運動パターン、リフレーミングするカメラの運動パターンもまた、ずれを孕みつつ重なることで、視・聴覚を横断する「うなり」を生産している。

再びテクストを引用しよう。

この〔スパイラル・ジェッティの〕記述は、ジェイムズ・ジョイスを「螺旋の耳」として描いたブランクーシのスケッチを反響《エコー》し、反射《リフレクト》している。なぜならそのスケッチは、視覚的かつ聴覚的なスケールを示唆するからだ。言い換えれば、それは目と耳の中に同時に共鳴《リゾネイト》するスケールの感覚を示している。ここには空間と時間を上下に反響《リヴァーブレイト》する螺旋の強化と延長がある。だからそれは人がアートを「対象《オブジェクト》」の観点で考えることを止めるところのものなのだ。揺れ動く共鳴は「客観的《オブジェクティヴ》な批評」を拒否する〔……〕。人は螺旋をつかむ、そして螺旋がひとつの把握になる。[†65]

スパイラル・ジェッティは目と耳に同時に共鳴し、空間と時間に反響する。ベルにおいて問題化されていた視‐聴覚および観念‐物体の横断が、共鳴し反響する複数の螺旋の間で実現される。レコードが単なる物《オブジェクト》でないのと同様に、スパイラル・ジェッティは単なる物《オブジェクト》ではない。それは再生され、ずれを孕む複数の螺旋を重ねて心‐物複合的な「うなり」をあげる。うなりは「客観的《オブジェクティヴ》な批評」の限界を抜けて、主‐客の分離を破壊する。[†66] モダニズム批判から何と遠くまで来ていることか。

図13　スミッソンの背にヘリコプターが接近する（*Ibid.*）

　突堤の中心に辿り着いたスミッソンの背に、ヘリコプターが接近する〔図13〕。その体を挟むように二重の同心円波が現れて干渉する。シャツがばたばたと振動する。ヘリコプターの爆音が、映画を観て‐聴いている私の体も貫いて震動させる。この震動を私は止めることができない。私の体もまた、物体の震動を反響《エコー》する物体だからだ。

この物体間の力動的な連鎖が、摩滅・衰退・崩壊への強い傾向性にもかかわらず、スミッソンの映画を生動化している。それは「人間的」有機体であることの手前で、しかし心的次元におけるダイアグラム連鎖と交叉しながら、事物を揺らす生動性だ。[†67] 墜落の回避で実現されること。それは全てがグチャグチャな「一つ」に潰されることを回避し、異質で不一致な（discrepant）心 - 物複合的諸記号の干渉による「うなり」を生むことだ。不一致 discrepancy のラテン語源 discrepare が「異なる音を立てる」を意味することを響かせつつ、これを「異鳴的うなり」と呼ぶことにしよう。[†68] 映画は心的かつ物体的な諸記号を異鳴的にうならせる。『スパイラル・ジェッティ』は巨大なうなりの発生装置となり、心 - 物複合的な「思考のムーヴィング・ピクチャー」を轟かせる。

死の予感は消えない。スミッソンはグレートソルト湖の「赤い水」を、直接的に「血」のイメージになぞらえている。「たしかに、嵐雲の集まりは血の雨へと変わるだろう。かつて、私が湖の上を飛んでいた時、湖の表面は筋（泡）のある生肉の破られていない部位の全ての特性を持っているように見えた。それはきっと奇妙な風の働きによるものだった。視界はしばしば他の諸感覚によって殺戮される[†69]〔……〕」。上空から見られた湖が血の海に変わる。私たちは『スパイラル・ジェッティ』のヘリコプター・ヴィジョン——それはしばしばアルフレッド・ヒッチコック『北北西に進路を取れ』（1959）への参照だと考えられてきた[†70]——を、むしろ、ベトナム戦争における空爆と関連づけて考えるべきなのではないだろうか？　英文学者のニコ・イズリアルは、近年盛んな「歴史的」スミッソン研究においても、冷戦およびベトナム戦争というコンテクストが中心的に扱われないことを指摘している。実際スミッソンはそれらに言及しない。『スパイラル・ジェッティ』においては「インドシナ

の食肉者」という台詞が、わずかにナパーム弾を連想させるのみだ。[†71]

スミッソンは一九七〇年九月（『スパイラル・ジェッティ』の制作中）、『アートフォーラム』誌上に掲載された「アーティストと政治――シンポジウム」における「アメリカの深まる政治的危機にアーティストは直接的にコミットすべきかどうか？」というアンケートに対し、以下に始まる悪名高い「非政治的」コメントを寄せている。

> アーティストは「アメリカの深まる政治的危機」への応答を意志する必要はない。遅かれ早かれアーティストは、そうしようとすらせずに、政治に巻き込まれ、あるいは貪り食われるだろう。私の「ポジション」は、地球規模の卑劣と無益の意識に沈み込むというものだ。政治の鼠はつねに芸術のチーズをガリガリ囓る。罠はセットされた。〔……〕直接的政治行動は、沸騰するシチューの中から毒を抜き取るという問題になる。〔……〕「深まる政治的危機」のより深いレベルから、最善の行為も最悪の行為も共に走り出し、渦巻く無力の中で人を取り囲む。[†72]

「渦巻く無力」の形象は、スパイラル・ジェッティにも直に関係するだろう。発言の非政治性は明らかだが、それはスミッソンの基本的想像力に直結している。スミッソンの意識は政治的「ポジション」の明確化より、そのエントロピックな脱差異化へと向かっている。

同じ年に書かれた草稿「見る《ルック》」では、写真雑誌*Look*一九七〇年七月二八日号に掲載された、ベトナム戦争で四肢と顔面を激しく損傷した米兵たちの凄惨な写真が扱われている。埼玉県朝霞市にあった米軍基地キャンプ・ドレイク第二四九病院でこれら米兵の手術にあたった神経外科医マレイ・H・ヘルファントの報告を、スミッソンは無感動に記述する。その間に、同じ雑誌に載るフォード、シェヴロン・ガソリン、コカ・コーラ、タリートン（タバコ）等の広告の能天気でマッチョな言葉が暴力的に挿入される。「〔……〕彼の脚は尻まで切断されている。その付け根は〔誌面上での〕サイズが黒い拇印のようだ――直径3/4インチ。〔……〕「だから我々タリートンの喫煙者は切り替える《スイッチ》よりむしろ戦う《ファイト》のだ！」と、ページ26のフルカラー広告が言う」[†73]。イメージによるアメリカ批判とも取れるが、その「ポジション」はやはり明確でない。むしろ全てを無差別なインクの染み（「黒い拇印」）に変えて層化する印刷物という場にこそスミッソンは惹きつけられているようにも読める[†74]。

　スミッソンの映画もまた、同じ無差別性の場に、絶滅のヴィジョンにおいて破壊的に沈み込む傾向を隠さない。草稿「カメラの眼を通した芸術」（一九七一年頃）では、スミッソンはアラン・レネの『夜と霧』（1955）を取り上げてこう書いている。「〔……〕どんな風景も、たとえどれほど穏やかで愛らしくあっても、惨禍の下層を隠している〔……〕。強制収容所の廃墟よりもさらに深い場所に、より恐ろしく、より無意味な諸世界がある。地質学の地獄はいまだ発見されていない。もし美術史が悪夢だとするなら、自然史とは何だろうか？」[†75]。『スパイラル・ジェッティ』の「カメラの眼」は、この絶滅の自然史に向けられている。人類史の惨禍を相対化しようとする「地質学の地獄」、あるいは「海洋的非差異化」の極において、事物は無差別一様に破壊されて潰される。――そこに複数の体を異鳴的に荒立てる「うなり」が無ければ。海洋的非差異化に向かって「渦巻く無力」と、異質な事物の多数性を打ち鳴らす「異鳴的うなり」は、弁証法的緊張関係に置かれているのだ。

空撮シークエンス2‐ショット1の最後に戻ろう。スミッソンを追尾し螺旋の中心まで来たヘリコプターはそこで、それまでの〈突堤‐スミッソン‐ヘリコプター‐カメラ〉の緊密な時間遅れ結合を解除し、スミッソンを残して浮上する。スミッソンもまた、もと来た道を歩いて戻り始める。カット。

続いて空撮シークエンス2‐ショット2。ヘリコプターが上空から時計回りに回転しつつ次第に降下し、歩いて戻るスミッソンを横から追い抜く。湖に鏡映されるスミッソンの体。歩行と航跡による、速さの異なる二つの螺旋ダイアグラムが突堤上で反響《エコー》する［図14］。

シークエンス2‐ショット3。今度は丘から螺旋の中心をめがけて、ヘリコプターが直線的に飛んで行く。カメラは望遠で螺旋を拡大し、また広角に戻す。機体は爆音を立てながら一挙に中心に迫る。平らな湖面に空が反射する。まるで空に墜落するかのようだ。画面が岩で満たされる。ヘリは傾きながら右旋回。急速に再ダイアグラム化する突堤がフレームの中で九〇度転回、ついで反対方向に一八〇度転回する［図15］。螺旋ダイアグラムが大地の物体から引き剝がされ、湖面に反射する空の中で宙を回る。物体／ダイアグラムとしての螺旋は、ヘリコプター‐カメラの距離とフレーミングによって刻々とその様相を変える。

シークエンス2‐ショット4。上空から眺められた螺旋。スミッソンの声が言う。「巨大な太陽を一心に見つめることで、私たちはついにその未知の面の謎を解き明かした。太陽は一つの燃える星ではなく、何百万もの星々が厚く群れをなして集まったものなのだ。〔……〕実際にはそれは、無数の太陽からなる巨大な螺旋状星雲なのだ」[†76]。太陽の内部に示唆される螺旋。ヘリコプターはゆっくりと時計回りに旋回する。フレームの右端から湖面に反射する太陽が現れる。太陽が螺旋突堤に刺さり、強

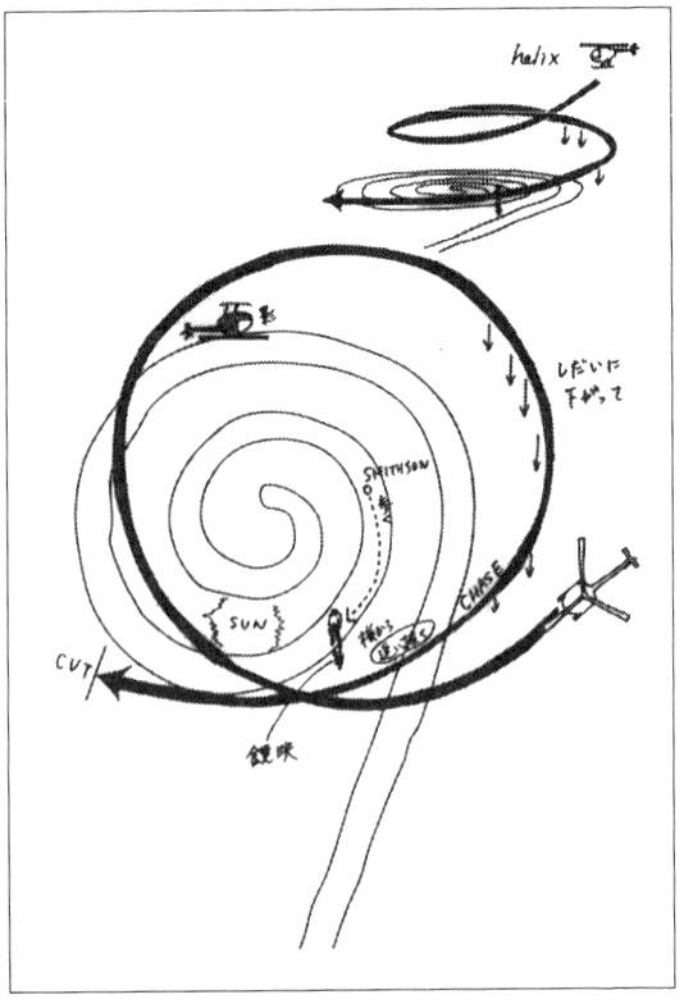

図14　速さの異なる二つの螺旋ダイアグラムが反響する（筆者作成）

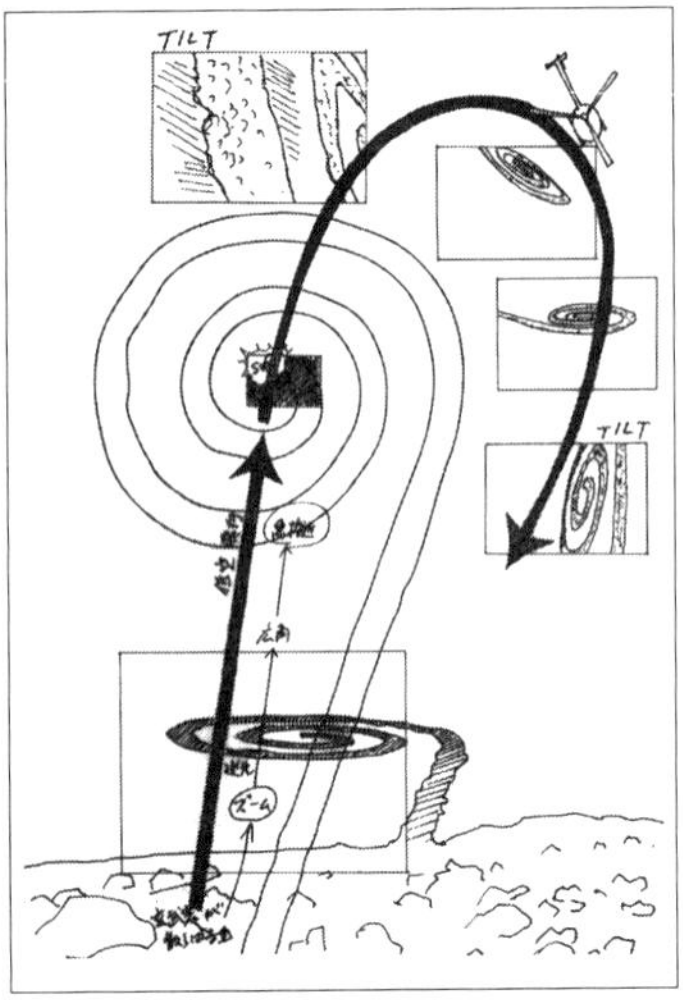

図15　突堤がフレーム内で90度転回し、反対方向に180度転回する（同）

い光で螺旋を消し去っていく〔図16〕。螺旋の中心に太陽が来たところでカメラはズームし、画面全体がホワイトアウトする。太陽は螺旋状の岩群に巻き込まれることで「無数の太陽群」に分解されるとともに岩群を消し去る。〈太陽‐突堤（物体／ダイアグラム）‐ヘリコプター‐カメラ〉が、心‐物を横断する事物の新たな凝集と分解を作り出す。

シークエンス2‐ショット5。フレーム右端から再び太陽の反射が現れる。奇妙な天体現象のように、太陽は螺旋突堤を通過しながら消去していく〔図17〕。螺旋の「食」を見るかのようだ。突堤以外の陸地は映らず、ヘリコプターが動いているのか、あるいは螺旋、あるいは太陽が動いているのか分からなくなる。主‐客の定位が不明化する。

シークエンス2‐ショット6。土煙を上げて丘から離陸するヘリコプター。逆光で捉えられ

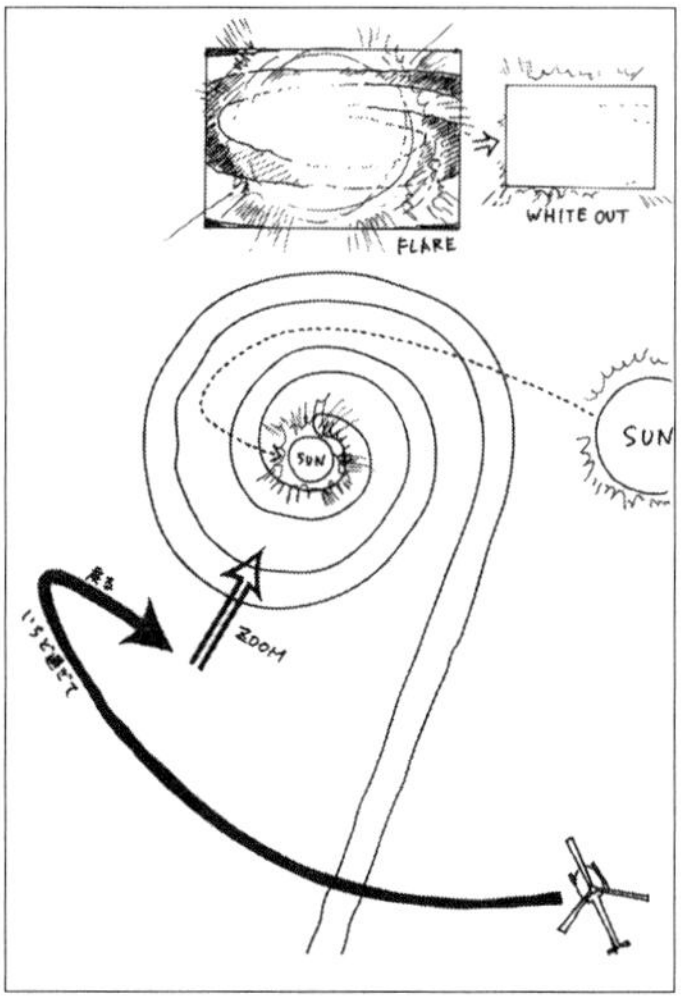

図16　太陽が螺旋突堤に刺さり、画面をホワイトアウトさせる（同）

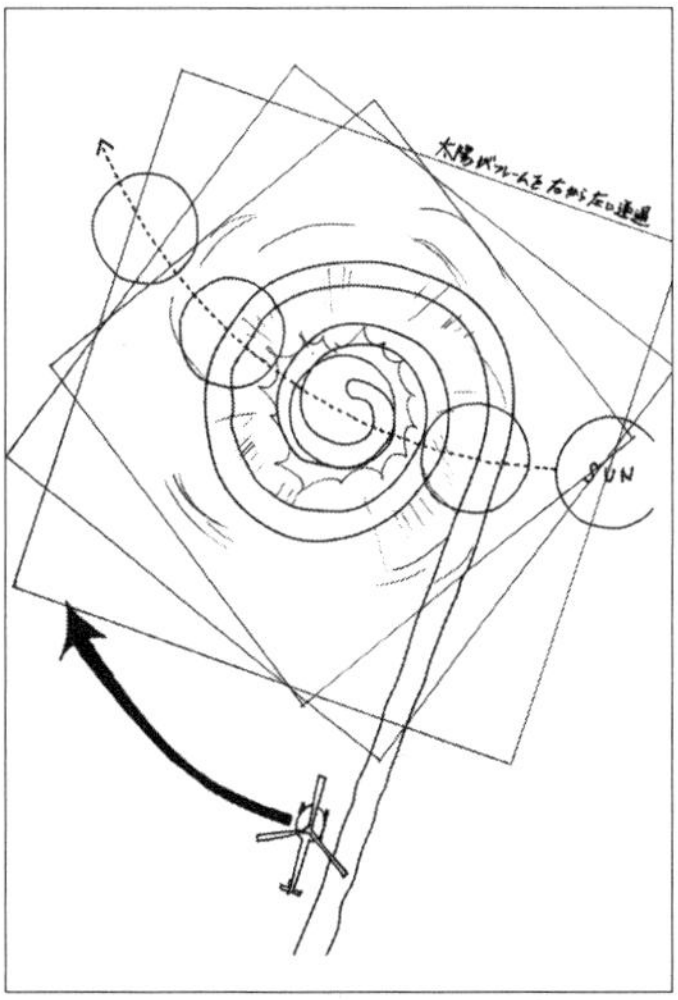

図17　太陽は天体現象のように螺旋突堤を通過しながら消去していく（同）

た螺旋。ヘリコプターは低い位置から次第に高度を上げていく。螺旋がスクリーンを満たすように望遠でリフレーミングされる。スミッソンは医学辞典からの引用を読み上げる。「日射病――この用語は通常、強烈な日光への曝露に由来する状態に限定される。〔……〕より深刻な場合は、強い頭痛、光への嫌悪、嘔吐、譫妄症状が現れうる。皮膚は乾き、脈拍は速くなる。〔……〕また長期にわたって記憶喪失と集中不可能（inability to concentrate）が続きうる」†77。強烈な日射は心‐物双方の体を貫き、共に崩壊させる。画面右の湖面が輝く。ヘリコプターは高度を上げる。広角でリフレーミング。太陽がじりじりと動き、螺旋の中心に入る。放たれるレンズフレア［図18］。ヘリコプター‐カメラはそこから、太陽を螺旋／レンズの中央に位置させたまま、湖面に近づいていく！　うなりをあげるヘリコプター。フレームの中心に置かれた‐螺

図18　放たれるレンズフレア（*Robert Smithson: Spiral Jetty*）

旋突堤の中心に輝く - 太陽がレンズの中心を貫き、画面をホワイトアウトさせる。太陽と螺旋とヘリコプターを結ぶ幾何学的交叉が画面を白熱させる。ヘリコプターは、反射の幾何学に決定された直線に沿って、ゆっくりと斜めに落ちていく［図19］。

空撮シークエンス2 - ショット4〜6では、太陽の反射を螺旋の中心に追い込む操作が繰り返される。スミッソンはヘリコプター会社のパイロットに宛てたと思しき一枚のドローイング——左上に「エド・コールフィールド、マウント・ウェスト・ヘリコプターズ、プロヴォ」と書かれているのが読める——の中で、撮影を具体的に指示している［図20］。「時計回り＋反時計回り」「ゆっくりと回転するポジションからのショット　ギラギラした《グレア》光が起きるとき……中心へ　それが明るい光へと焼き付くまで」。画面を螺旋中心からホワイトアウト

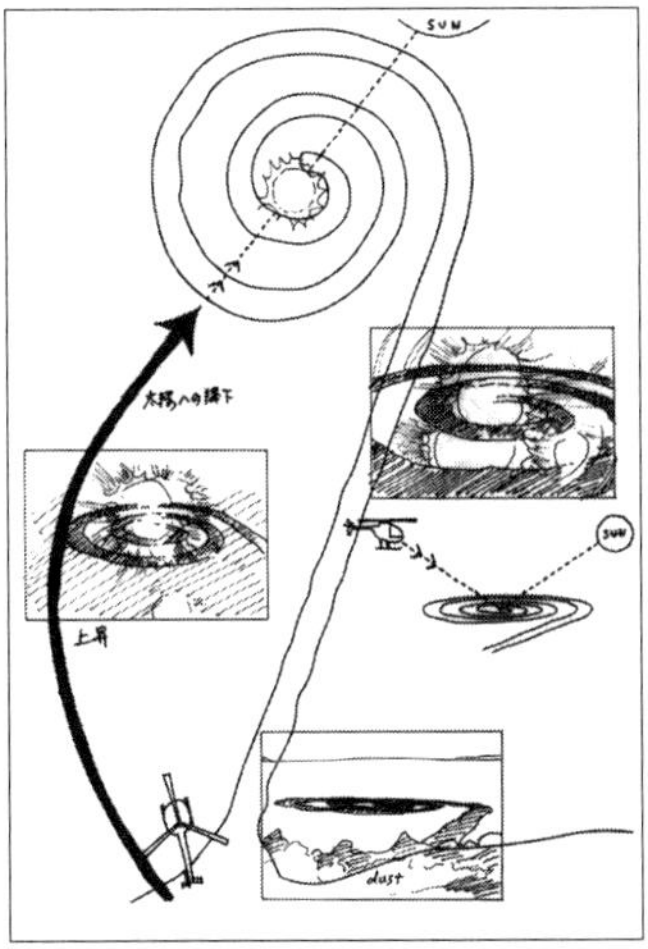

図19　ヘリコプターは反射の幾何学に決定された直線に沿って、ゆっくりと落ちていく（筆者作成）

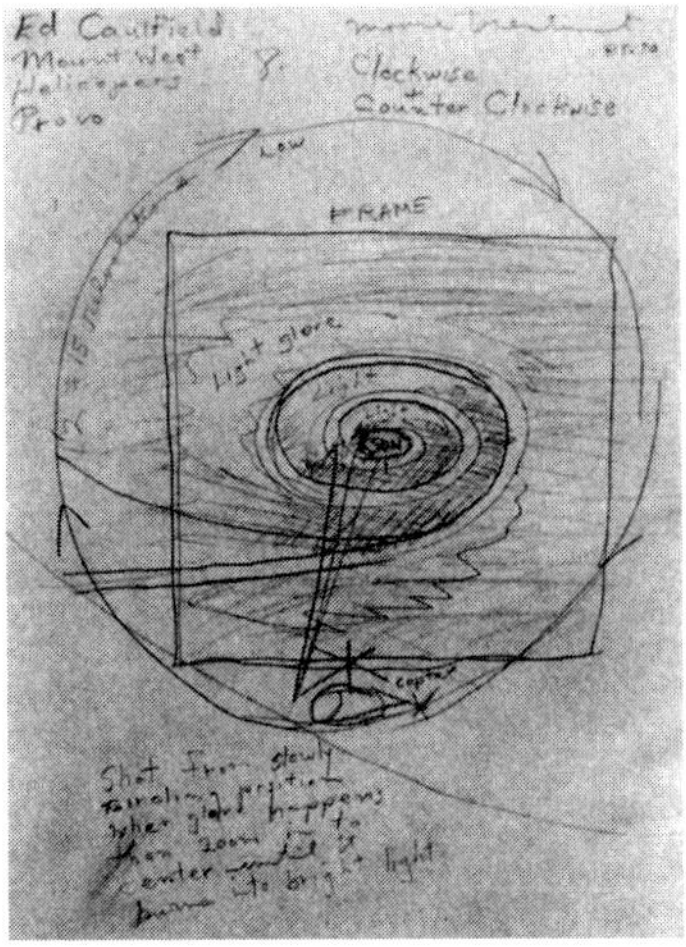

図20　スミッソンがヘリコプター会社のパイロットに宛てたと思われるドローイング（*Robert Smithson: Spiral Jetty*）

させるレンズフレアは、計画的に引き起こされている。それは映画冒頭に示される太陽の「フレア」をスケールを変えて反響《エコー》している。サングラスをかけるパイロットの目には太陽の輪郭が見えるだろうか。そもそも太陽を運転操作の基準点として見つめ続けることはできるのだろうか？　いずれにせよ異常で危険な操作だ。*Inability to con-centrate.* 中心が失われ、心的集中が物体的に砕けていく湖＝空の表面に向かって、ヘリコプターはゆっくりと斜めに近づき、落ちていく。

　カット。場面は突然スタジオに移る［図21］。編集台にかけられたリール。壁に貼られた《スパイラル・ジェッティ》の写真がリールと形態的な韻を踏む。映画全編を満たしていた反復的ノイズ（ヘリコプターの爆音、メトロノーム、さざ波……）が初めて消える。[†78] スタジオの外だろうか、車が行き交う音と鳥の囀りがわずかに聴

図21　場面は突然スタジオに移る（*Ibid.*）

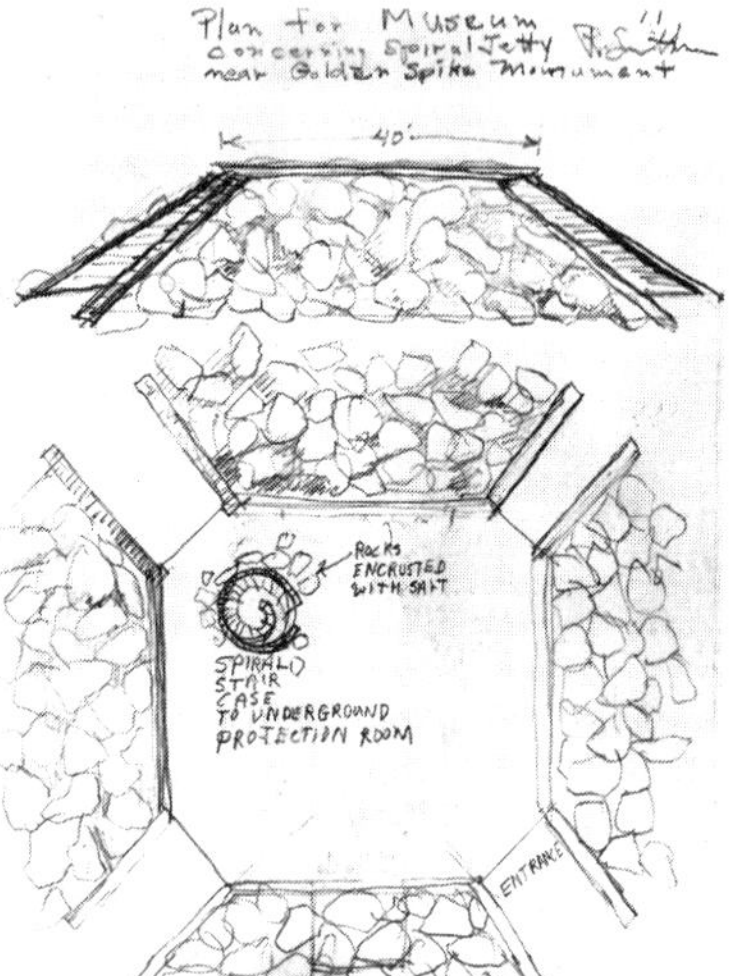

図22『スパイラル・ジェッティ』のために構想された映画館のドローイング（*Robert Smithson*, organized by Eugenie Tsai with Cornelia Butler, The Museum of Contemporary Art, Los Angeles, 2004）

こえるところで映画は終わる。私は体の中に「うなり」の残響を感じている。

だがここは最終地点ではない。後のインタビューでスミッソンは、マンハッタン島からスタテン島に向かうフェリーにプロジェクターを積み、船が螺旋を描いて港に戻ってくるまで映画を上映するというアイディアを語っている。[†79] またスミッソンはゴールデン・スパイクに、螺旋階段で地下に潜る『スパイラル・ジェッティ』のためだけの映画館も構想していた[†80]［図22］。映画は新しい容器《コンテイナー》に呑み込まれ、さらに多重化した螺旋の異鳴的うなりを繰り広げるだろう。プロジェクトはスミッソンの死により、宙吊りのまま開かれた。

†1 Robert Smithson, "A Cinematic Atopia,"（1971）, *Robert Smithson: The Collected Writings*, edited by Jack Flam, University of California Press, 1996, p. 139. 以下、同書は *CW* と表記し、文章の執筆年を括弧に入れて示す。強調は全て原文の通りとし、傍点で示す。

†2 Eugenie Tsai, "Robert Smithson: Plotting a Line from Passaic, New Jersey, to Amarillo, Texas," *Robert Smithson*, organized by Eugenie Tsai with Cornelia Butler, The Museum of Contemporary Art, Los Angeles, 2004, p. 31 参照。

†3 Robert Smithson, "Minus Twelve,"（1968）, *CW*, pp. 114-115 等を参照。

†4 「人間中心主義」に対するスミッソンの批判はしばしば、抽象表現主義に残存する「擬人間形態主義 anthropomorphism」に対する攻撃の形をとる。Robert Smithson, "Quasi-Infinities and the Waning of Space,"（1966）, *CW*, pp. 34-37 参照。

†5 スミッソンにおける「映画」の重要性を論じた先駆的論文である以下を参照。Elizabeth C. Childs, "Robert Smithson and Film: The *Spiral Jetty* Reconsidered," *Arts Magazine*, vol. 56, no. 2, October 1981, pp. 68-81.

†6 スケール変換のアイディアは当初、ダラス・フォートワース空港のために計画された、離着陸する飛行機から見るためのアースワークとして構想された。Robert Smithson, "Towards the Development of an Air Terminal Site,"（1967）, *CW*, pp. 52-60 および、"Aerial Art,"（1969）, *CW*, pp. 116-118 参照。

†7 Robert Smithson, "… The Earth, Subject to Cataclysms, is a Cruel Master,"（1971）, interview with Gregoire Müller, *CW*, pp. 258-259.《ブロークン・サークル／スパイラル・ヒル》については以下に詳しい。*Robert Smithson: Die Erfindung der Landschaft/The Invention of Landscape: Broken Circle/Spiral Hill & Film*, Snoeck, 2012 および、Eric. C. H. de Bruyn and Sven Lütticken, "In the Vicinity of…: A Dialogue on *Broken Circle/Spiral Hill* and/as Cinema," *Robert Smithson, Art in Continual Movement: A Contemporary Reading*, edited by Ingrid Commandeur and Trudy van Riemsdijk-Zandee, Alauda Publications, 2012, pp. 115-133.

†8 石岡良治は『スパイラル・ジェッティ』において、「作品上で構築されたテリトリーが、フレームを媒介にすることで脱テリトリー化の運動へと入り込」むことを明快に論じている。石岡良治「抽象からテリトリーへ──ジル・ドゥルーズと建築のフレーム」(『10＋1』No.40、二〇〇五年、一八四—一九一頁)。

†9 Craig Owens, "Photography *en abyme*," (1978), "Earthwords," (1979),"The Allegorical Impulse: Toward a Theory of Postmodernism," (1980), *Beyond Recognition: Representation, Power, and Culture*, University of California Press, 1992, pp. 16-30, 40-51, 52-69. 邦訳として、クレイグ・オーウェンス「アレゴリー的衝動──ポストモダニズムの理論に向けて　第1部（前）」（新藤淳訳・解題『ゲンロン1』二〇一五年、二一二—二三一頁)、同「第1部（後)」（新藤淳訳、中野勉監修『ゲンロン2』二〇一六年、二五八—二六六頁)。日本語で読める簡潔な解説として、松井みどり『アート：〝芸術〟が終わった後の〝アート〟』（朝日出版社、二〇〇二年、四二—四六頁)。

†10 Ann Reynolds, *Robert Smithson: Learning from New Jersey and Elsewhere*, The MIT Press, 2003 および、Jennifer L. Roberts, *Mirror-Travels: Robert Smithson and History*, Yale University Press, 2004 および、Ron Graziani, *Robert Smithson and the American Landscape*, Cambridge University Press, 2004.

†11 地層的時間性については、Andrew V. Uroskie, "*La Jetée* en Spirale: Robert Smithson's Stratigraphic Cinema," *Grey Room*, no. 19, Spring 2005, pp. 54-79. ダイアグラム性については、George Baker, "The Cinema Model," *Robert Smithson: Spiral Jetty*, edited by Lynne Cooke and Karen Kelly, University of California Press in cooperation with Dia Art Foundation, 2005, pp. 79-113.

†12 Fernando Domínguez Rubio, "The Material Production of the *Spiral Jetty*: A Study of Culture in the Making," *Cultural Sociology*, vol. 6 (2), 2012, pp. 143-161.

†13 アースワークとしてのスパイラル・ジェッティは二重山括弧、映画は二重鉤括弧、テクストは鉤括弧、限定

しない場合は括弧なしで示す。

†14 『スパイラル・ジェッティ』*Spiral Jetty*、一九七〇年、カラー、一六ミリ、約三五分。監督：ロバート・スミッソン。撮影：ロバート・フィオーレ、ナンシー・ホルト、ロバート・ローガン、ロバート・スミッソン。録音：ロバート・フィオーレ、ロバート・ローガン。編集：バーバラ・ジャーヴィス。ニューヨークのドワン・ギャラリーで一九七〇年一〇月三一日から一一月二五日まで上映された。

†15 Robert Smithson, "The Spiral Jetty,"（1972）, *CW*, p. 143.

†16 *Ibid.*, p. 145.

†17 *Ibid.*

†18 この文脈の指摘は以下に拠る。Roberts, *Mirror-Travels*, p. 116.

†19 *Ibid.*, p. 118.

†20 Smithson, "The Spiral Jetty," *CW*, p. 145.

†21 *Ibid.*, p. 146.

†22 この事実は以下に拠る。Graziani, *Robert Smithson and the American Landscape*, p. 112-113. この文脈の解釈については以下も参照。Roberts, *Mirror-Travels*, pp. 123-128.

†23 Smithson, "The Spiral Jetty," *CW*, p. 146.

†24 *Ibid.*, p. 148.

†25 Domínguez Rubio, "The Material Production of the *Spiral Jetty*," p. 158.

†26 建設過程は現場監督ボブ・フィリップスによる以下の回想に詳しい。Bob Phillips, "Building the Jetty," *Robert Smithson: Spiral Jetty*, pp. 185-197. またそれを基にした以下の研究。Domínguez Rubio, "The Material Production of the *Spiral Jetty*," pp. 143-161.

†27 Phillips, “Building the Jetty,” p. 188.

†28 *Ibid*., p. 191.

†29 *Ibid*., p. 192.

†30 *Ibid*., p. 194.

†31 *Ibid*., p. 196.

†32 Domínguez Rubio, “The Material Production of the *Spiral Jetty*,” p. 148 および、Graziani, *Robert Smithson and the American Landscape*, p. 112.

†33 Smithson, “The Spiral Jetty,” *CW*, p. 146.

†34 Domínguez Rubio, “The Material Production of the *Spiral Jetty*,” p. 150.

†35 Smithson, “A Sedimentation of the Mind: Earth Projects,”（1968）, *CW*, p. 100.

†36 *Ibid*., p. 102. 参照されているのは Robert Morris, “Anti Form,” *Artforum*, April 1968, pp. 34-35.

†37 Smithson, “A Sedimentation of the Mind: Earth Projects,” *CW*, p. 103.

†38 Robert Smithson, “Conversation in Salt Lake City,”（1972）, interview with Gianni Pettena, *CW*, p. 298. 同インタビューによれば、スミッソンがコンセプチュアル・アートに関心を持たないのは、この物体性を欠くからである。

†39 Robert Smithson, “Art and Dialectics,”（1971）,*CW*, pp. 370-371.

†40 Smithson, “A Sedimentation of the Mind,” *CW*, p. 109. スミッソンの「泥の思考」については以下で論じた。平倉圭「時間の泥――ロバート・スミッソン《スパイラル・ジェッティ》」（『photographers’ gallery press』10号、二〇一一年、一〇六―一一三頁）。

†41 Robert Smithson, “The Artist as Site-seer; or, a Dintorphic Essay,”（1966-67）, *CW*, pp. 340-345.

†42 J・G・バラード「待ち受ける場所」柳下毅一郎訳『J・G・バラード短編全集1』東京創元社、二〇一六年、一三三―一六六頁。バラードのこの短編は、熱射病、時空間スケールの変換など、多くのモチーフを『スパイラル・ジェッティ』と共有している。

†43 Smithson, "The Artist as Site-seer," *CW*, p. 342.

†44 *Ibid.*, pp. 342, 345. スミッソンによれば、ベルはそこで「ファラオの生」を追体験した。

†45 Robert Smithson, "Towards the Development of an Air Terminal Site,"（1967）, *CW*, p. 55.

†46 Robert Smithson, "Towards the Development of an Air Terminal Site," *Artforum*, June 1967, p. 39.

†47 ただしスミッソンの死後、ソル・ルウィットのデザインによって出版されたスミッソンの論集、およびそのデザインを踏まえた新版の論集では、写真の横幅が（ルウィット流に）同一に揃えられることで、元のレイアウトの意味が完全に破壊されている。*The Writings of Robert Smithson*, edited by Nancy Holt, designed by Sol LeWitt, New York University Press, 1979, p. 44 および、*CW*, p. 56.

†48 Smithson, "Towards the Development of an Air Terminal Site," *CW*, p. 55.

†49 Michael Fried, "Art and Objecthood," *Artforum*, June 1967, pp. 12-23.

†50 Smithson, "Towards the Development of an Air Terminal Site," *CW*, p. 59. 参照されているのは、Samuel J. Wagstaff, Jr., "Talking with Tony Smith," *Artforum*, December 1966, pp. 14-19. スミッソンのこの文章はまた、「印刷された物体（printed matter）」としての思考を問題にしている。以下を参照。上崎千・森大志郎「「出版物＝印刷された問題（printed matter）」：ロバート・スミッソンの眺望」（『アイデア』№320、二〇〇七年一月、四九―六六頁）。

†51 この意味で『スパイラル・ジェッティ』には、「ランド・アート」という呼称と同程度かそれ以上に、「エアリアル・アート」という呼称がふさわしい。二〇一五年一一月、上崎千氏との会話の中で示唆を得た。記し

て感謝する。ダラス・フォートワース空港のために具体的な作品を提案した以下も参照。Robert Smithson, "Aerial Art,"（1969）, *CW*, pp. 116-118.

†52 Robert Smithson, "Entropy and the New Monuments,"（1966）, *CW*, p. 21.

†53 *Ibid*., p. 23. 参照されているのは以下におけるパースの引用。Martin Gardner, *Logic Machines and Diagrams*, McGraw-Hill Book, 1958, p. 56.

†54 ナンシー・ホルトはゲイリー・シャピロによるインタビューの中で、スミッソンが『ラ・ジュテ』を繰り返し観ていたと伝えている。Gary Shapiro, *Earthwards: Robert Smithson and Art after Babel*, University of California Press, 1995, pp. 242-243.『ラ・ジュテ』を通した『スパイラル・ジェッティ』の解釈は以下。Uroskie, "*La Jetée en Spirale*," pp. 54-79.

†55 Robert Smithson, "The Spiral Jetty," *Arts of the Environment*, edited by Gyorgy Kepes, George Braziller, 1972, pp. 222-232. ただしルウィットがデザインした論集では、写真の順序が恣意的に入れ替えられ、シークエンスが破壊されている。*The Writings of Robert Smithson*, pp. 109-112 および、*CW*, pp. 143-148. 写真の解釈については以下も参照。Roberts, *Mirror-Travels*, pp. 129-130.

†56 Smithson, "The Spiral Jetty," *CW*, p. 147.

†57 *Ibid*., p. 148.

†58 *Ibid*., p. 150.

†59 *Collected Papers of Charles Sanders Peirce, volume IV, The Simplest Mathematics*, ed. by Charles Hartshorne and Paul Weiss, Belknap Press of Harvard University Press, 1980, c1933, 4.551（『パース著作集２　記号学』内田種臣編訳、勁草書房、一九八六年、一九九頁）.

†60 *Collected Papers of Charles Sanders Peirce, volume II, Elements of Logic*, ed. by Charles Hartshorne and Paul

Weiss, Belknap Press of Harvard University Press, 1974, c1931, 2.303（『パース著作集2　記号学』四九頁）.

†61 Nico Israel, *Spirals: the Whirled Image in Twentieth-century Literature and Art*, Columbia University Press, 2015, p. 171 参照。

†62 以下に採録されている。Smithson, "The Spiral Jetty," *CW*, p. 149.

†63 *Ibid*, pp. 147-148.

†64 *Ibid*., p. 148.

†65 *Ibid*., p. 147. ケネス・ベイカーによるインタビューでスミッソンは、同じブランクーシのスケッチに言及しながら「耳は反響《リゾネイト》し、目は反射《リフレクト》〔反省〕する」と語る。Kenneth Baker, "Talking with Robert Smithson," *Robert Smithson: Spiral Jetty*, p. 158.

†66 荒川徹はスミッソンのドナルド・ジャッド評から、スミッソンとジャッドに通底する、複数の周波数を反響させる空っぽな容器としての主体について論じている。それは映画『スパイラル・ジェッティ』の観客の姿とも響きあうだろう。荒川徹「包含、屈折、反響――ドナルド・ジャッドのパースペクティヴ」（『表象』8号、二〇一四年、一四二―一五五頁）参照。

†67 映画の冒頭における膨張／収縮する太陽や、第三部における塩結晶と岩石の映像につけられた反復的な「呼吸音」は、この非有機的生動性の観点で理解されるべきだ。スミッソンの反有機体主義については以下を参照。Reinhold Martin, "Organicism's Other," *Grey Room*, no. 4, Summer 2001, pp. 34-51. 震動するアクタントとしての物体については以下を参照。Jane Bennett, *Vibrant Matter: A Political Ecology of Things*, Duke University Press, 2010.

†68 discrepancy については以下を参照。Charles Keil, "Participatory Discrepancies and the Power of Music," *Cultural Anthropology*, Vol. 2, No. 3, August 1987, pp. 275-283.

†69 Smithson, “The Spiral Jetty,” *CW*, p. 148. なお上崎千は、『スパイラル・ジェッティ』に引用される図版のトカゲが目から血を吹き出す「コースト・ツノトカゲ」であり、これが湖 - 血と恐竜をつなぐモデルとなっていると指摘している。上崎千「Rewinding（Re-spiraling）“Jetties”」（シンポジウム「ランドアートの話」第八回恵比寿映像祭、二〇一六年二月一三日）。

†70 この解釈は Robert Hobbs, *Robert Smithson: Sculpture*, Cornell University Press, 1981, p. 195 において主張され、以降のスミッソン研究において繰り返されている。本稿もヒッチコックの影響を否定しない（回転する螺旋には『めまい』（1958）、『サイコ』（1960）も反響しているだろう）。多重決定があるはずだ。

†71 Israel, *Spirals*, pp. 183-185 の指摘。

†72 Robert Smithson, “Art and the Political Whirlpool or the Politics of Disgust,” in “The Artist and Politics: a Symposium,”（1970）, *CW*, p. 134.

†73 Robert Smithson, “Look,”（1970）, *CW*, p. 370. ベトナム負傷兵についての元記事は、Murray H. Helfant, “A Letter to the President,” *Look*, 28 July, 1970, pp. 48-53.

†74 この問題がもっとも凝縮されたスミッソンの実践は以下。Robert Smithson, “Strata: A Geophotographic Fiction,”（1970）, *CW*, pp. 75-77.

†75 Robert Smithson, “Art through the Camera’s Eye,”（c. 1971）, *CW*, p. 375.

†76 映画の台詞については、Robert Smithson, “Movie Treatment for *Spiral Jetty*, Part I, II,” a poster for Dwan Gallery exhibition, *Robert Smithson: Spiral Jetty*, p. 52 内のメモを参照。この台詞はSF小説、John Taine, *The Time Stream*, The Buffalo Book Company, 1946 からの引用。

†77 Smithson, “Movie Treatment for *Spiral Jetty*,” p. 52.

†78 Reynolds, *Robert Smithson*, p. 222 の指摘。なお Smithson, “Movie Treatment for *Spiral Jetty*,” p. 52 には、映画

第二部の静かなさざ波と、重機のノイズとの交替が「LOW / LOUD / LOW / LOUD / LOW」と書かれて示されており、映画が音響的にも構成されていることが分かる。

†79 Robert Smithson, "...The Earth, Subject to Cataclysms, is a Cruel Master," *CW*, p. 261.

†80 Baker, "The Cinema Model," pp. 80-82 に詳しい。

附記　本研究はＪＳＰＳ科研費 26870204 の助成を受けた。

3

VIII

不在の人物とその表象

ジェームス・ベニング『ステンプル・パス』

吉田孝行

今日のメインストリームの映画では、それがフィクション映画であれ、ドキュメンタリー映画であれ、その被写体として「人間」を撮ることが暗黙の前提となっているように思われる。実際、映画館で一般公開されている作品の多くは、フィクション映画の中の俳優であれ、ドキュメンタリー映画の中の生身の人間であれ、何らかの形で「人間」を被写体としている。絵画や写真といった他の視覚芸術とは異なり、映画という表現において、「人間」の存在は、依然としてその被写体の中心に君臨し続けていると言えるであろう。

しかし、スクリーンの中に、風に揺れる森林の樹木や、波打つ湖面などの風景が延々と映し出されるとき、そのような人間不在の世界は、世界の中心としての人間の存在が幻想であることを教えてくれる。また、リュミエール兄弟の最初期の映画がそうであったように、映画という表現の誕生には、日常の風景にまなざしを注ぐことが深く関係している。そして、現代アメリカの様々な風景と真摯に向き合うことによって、映画における人間中心主義を相対化し、映画が人間を中心に撮られ、作られ、思考されていることに対して問い直しを促すような映画作家がいる。

ジェームス・ベニング（James Benning）は、一九七〇年代から一貫して長回しの固定ショットでアメリカの「風景」を記録し続けている映画作家である。ベニングが描き出す風景は、森林、湖、雲といった無垢な自然の風景から、都市や郊外といった人間の手によって生み出された風景、さらにはアメリカ的な赤土の荒野を貫く鉄道や道路などの人工物の風景に至るまで多様である。それらの作品は、映像による現代アメリカの風景に関するある種の博物誌ともなっている。とりわけ近年の作品では、それらの風景の中に人間の姿が登場することは殆どない。しかし、ベニングは人間の存在を否定しているわけでも、また人間に対峙する存在として風景を描いているわけでもない。むしろ人間と、風景に象徴される非人間的なものが、等価なものとしてこの世界に存在しているということを描いているのである。そして、その中心となる主題は、映像研究者の阪本裕文が指摘しているように、その場所にまつわる様々な要素が重層的に絡み合った社会の仮象としての風景であると言えるであろう[†1]。ベニングが描き出す風景は、日記映画などにみられる詩的な風景やパーソナルな風景とは異なり、その背後に、地理的、歴史的、文化的な記憶の断片、さらには社会的な事件の痕跡が内包されている。ベニングの映画を観る者は、スクリーンに映し出される風景を凝視することによって、その風景の背後にあるアメリカ社会や人間の存在を読み解くことになる。本稿では、この映画作家が独特の風景映画を生み出すようになった変遷を辿り、近年の代表作である『ステンプル・パス』(2012)を取り上げ、風景を媒介とした不在の人物とその表象について考察を加えたい。

ジェームス・ベニングとは誰か?

ジェームス・ベニングは、一九四二年にウィスコンシン州ミルウォーキーで生まれ、七〇年代から現在に至るまで四〇年以上にわたってインディペンデントで活動を続けているアメリカの映画作家である[図1]。これまでに長編短編あわせて五〇本以上の作品を制作しており、アメリカのオルタナティヴな映画シーンにおいて孤高の道を歩んで来た。ベニングは、長回しの固定ショットで撮影した、いわゆる「風景映画」の作家として知られており、その作品の大半がアメリカの風景を主題としてい

図1　ジェームス・ベニング © Natascha Unkart

る。日本では一九八八年に『ランドスケープ・スーサイド』（1986）がイメージフォーラムの配給で一般公開されたほか、イメージフォーラム・フェスティバルや恵比寿映像祭などで、これまでに一〇作品以上が上映されており、おもに実験映画や映像アートの文脈で紹介されてきた。

ドイツ系移民労働者の家庭で育ち、野球に熱中する少年であったベニングは、野球の特待生としてウィスコンシン大学に入学する。大学では、数学を専攻し、大学院にも進学して数学者としての道を歩もうとしていた。しかし、友人が徴兵されてベトナム戦争で亡くなったことをきっかけに、当時学生に認められていた徴兵猶予を放棄し、大学院を中退する。そして、コロラド州で移民労働者の子ども達に読み書きを教える活動や、ミズーリ州で貧しい人々を支援する活動などに取り組んだ。ベニングが映画の道に進むことになったきっかけは定かではないが、一九七二年にウィスコンシン大学の大学院に入り直し、著名な映画研究者であるデヴィッド・ボードウェルのもとで映画を学ぶ。そして、各地の大学で映画制作を教えながら、インディペンデントで実験的な映画の制作に取り組んで行く。

そのキャリアの初期である七〇年代の作品においては、『8½×11』(1974)や『11×14』(1976)といった数字だけのタイトルが示唆しているように、ベニングの映画作家としての出発点には、学生の頃に学んだ数学や、親交のあったマイケル・スノウ、ホリス・フランプトン、ジョージ・ランドウといったアメリカの構造映画の影響が読み取れる。一九八〇年にベニングは活動の拠点をニューヨークに移し、社会的事件とその犯人を取り巻いていた風景を主題とした『アメリカン・ドリームス』(1984)、『ランドスケープ・スーサイド』『ユーズド・イノセンス』(1989)といった一連の作品を制作する。『アメリカン・ドリームス』は、風景を直接対象とした作品ではないが、メジャーリーグで活躍したプロ野球選手ハンク・アーロンと、大統領候補ジョージ・ウォレス暗殺未遂事件の犯人であるアーサー・ブレマーという二人の人物を中心に、ある種のアメリカの政治的、文化的な風景を描いた作品である。また『ランドスケープ・スーサイド』は、バーナード・プロッティとエドワード・ゲインという二人の殺人犯を描いた作品である。前者はクラスメートの少女をナイフで刺し殺した一五歳の少女であり、後者はアメリカ犯罪史上最も凶悪な猟奇殺人事件の犯人である。そしてキャメラは、プロッティが暮らしていたカリフォルニア州の住宅街や、ゲインが暮らしていたウィスコンシン州の田舎町の風景を映し出す。その後ベニングは、カリフォルニア芸術大学で教鞭を執るためにニューヨークを離れて、一九八七年にロサンゼルス北部のヴァル・ヴェルデに移り住み、現在もそこを拠点に活動を続けている。

ベニングの映画の特徴

ベニングはそのキャリアの初期から現在に至るまで、撮影から編集まで映画制作の過程をほぼ全て一人で行っている個人映画の作家である。そして、その作品の特徴の一つは、ほぼ全ての作品において、ほぼ全てのショットが、三脚に据えられた固定ショットで撮影されていることである。固定されたキャメラは常に不動で、左右にパーンすることも上下にティルトすることもない。

映画の構造的な特徴としては二つのことが指摘できる。一つ目の特徴は、ワンショットがある一定の時間に決められている作品が多いことである。例えば、初期の作品『ワンウェイ・ブギウギ』（1977）は、ワンショットがちょうど一分であり、六〇のショットで構成された六〇分の作品である。また、近年の作品でも、カリフォルニア州の郊外、都市、自然の風景を撮影した『セントラル・ヴァレー』（1999）、『ロス』（2000）、『ソゴビ』（2001）からなる三部作「カリフォルニア・トリロジー」は、三作品ともワンショットが二分三〇秒の三五のショットで構成された九〇分の作品である。さらに、様々な形状の雲を撮影した『一〇の空』*Ten Skies*（2004）や、アメリカ各地の湖を撮影した『一三の湖』*13 Lakes*（2004）は、ワンショットがそれぞれ一〇分であり、前者は一〇のショットで、後者は一三のショットで構成されている。ある作品の中でそれぞれのショットを同じ時間にするということは、全てのショットを映画的時間の持続において等価に扱うことであり、特権的なショットをあえて作らないということを意味している。

もう一つの構造的な特徴は、ある一つのイメージを映し出したショットを反復することによって構成された作品が多いことである。例えば、『ＲＲ』（2007）は、アメリカの四三ヵ所の地点で、人影のない荒野や大地を走る貨物列車が、遠くから画面に現れて、キャメラの前を通過し、画面から消え去るまでの過程を撮影した四三のショットで構成された作品である［図2］。ＲＲとは Railway Road の略で、これはベニングが一六ミリフィルムで撮影した最後の作品でもある。また、『スモール・ロード』（2011）は、アメリカ中西部の四七ヵ所の地点で、人影のない海に面した道路や森の中の道路を、自動車が遠くから画面に現れて、キャメラの前を通過し、画面から消え去るまでの過程を撮影した四七のショットで構成された作品である。自動車は、ある時はキャメラの前方から、ある時はキャメラの後方から画面に現れる。自動車が通過することはなく、雲の動きによって変化する舗装された道路上の光と影だけを映したショットも含まれているが、無人の風景を背景に何かがキャメラの前を通過するというイメージの反復によって構成されているという意味で、基本的には『ＲＲ』と同じ構造であり、『ＲＲ』の姉妹編と言える。前述の『一〇の空』と『一三の湖』も、それぞれ「雲」と「湖」というイメージの反復によって構成されている。また、風景を主題にした作品ではないが、戸外

図2　『ＲＲ』（2007）のワンシーン © James Benning

で煙草を吸う二〇人の男女のバストショットを撮影した『二〇本のタバコ』*Twenty Cigarettes*（2011）も、煙草を吸う人物のイメージの反復によって構成された作品である。映画という表現は、基本的に複数のショットの組み合わせによって成り立っている。そして、どのようにショットを組み合わせていくかが、映画を作品として成立させるための重要な要素であると考えられている。しかし、ベニングにとって、ショットとショットの組み合わせとは、編集によって物語や意味を構築するというよりも、構造的に並置させていく方法と言えるであろう。

ベニングはドイツの工業地帯であるルール地方で撮影した『ルール』（2009）からデジタルビデオでの制作に移行するが、ビデオでの制作に移行してからは、作風に二つの変化が見られるようになった。一つは、フィルムの時代には、ワンロールの時間的制限があったものの、ビデオでの制作に移行してからは、一つ一つのショットが長くなったことである。例えば『ルール』には、工場の煙突から定期的に吹き出す煙を一時間にわたって撮影したショットが含まれている。また、ワンショットによる作品も作られるようになる。『ナイトフォール』（2011）は、カリフォルニア州東部にあるシエラネバダ山脈の森の中で、日没の過程をワンショットで撮影した九八分の作品である。さらに、『BNSF』（2013）は、カリフォルニア州東南部のモハーヴェ砂漠で、無人の砂漠を通過する貨物列車の往来をワンショットで撮影した三時間一三分の作品である。貨物列車が一三回往来する光景を三時間以上にわたってキャメラに収めている。BNSFとはアメリカで最大の鉄道路線網を持つ鉄道の名称であり、この作品もまた前述の『RR』の姉妹編と言えるであろう。もう一つの変化は、ハイビジョン撮影による高画質な映像によって、光と影の変化や木々の揺らめきなど、ひとつのショット内での微細な変化までもがキャメラに収められていくようになることである。近年のベニングの作品にみられる長時間のショットは、一見単調に見えるものの、それを凝視することで初めて見えてくる映像の世界、耳を傾けることで初めて聞こえてくる音の世界を表現しており、ひとつのショットの中で得られる知覚の豊かさについて教えてくれる。それは、映像というものが意味や情報に従属して、分かりやすいものに短絡化されることへの危惧の表れでもある。現代の多忙な日常生活からは、ある風景の前にいつまでも佇むという自由と余裕が一掃されてしまった。ベニングによる長時間のショットは、現代では忘れ去られてしまったそのような経験を映画によって可能にするものなのである。

また、固定ショットでの撮影、単一イメージの反復、編集による物語性や作為性の排除といった単純な構成は、アンディ・ウォーホルの初期映画に象徴されるミニマリズムの映画を想起させる。実際、ベニングはインタビューなどで影響を受けた映画作家として度々ウォーホルの名前をあげており、ウォーホルへのオマージュである『アフター・ウォーホル』(2011)という作品も制作している。この作品は、ウォーホルの「スクリーンテスト」シリーズと同様に、白い壁を背後にした男女のポートレイトを正面からの固定ショットで撮影したものである。かつてルーマニア出身の彫刻家コンスタンチン・ブランクーシは「単純さは芸術の目的ではない。しかし、事物のリアルな感覚に接近してゆくと、知らず知らずに単純さに到達するのである」と言ったことがある。[†2] これは映画作家ではなく、彫刻家の言葉であるが、ある種の単純性に到達した近年のベニングの作品についても同様のことが言えるのではないだろうか。

キャビン・プロジェクト

『ステンプル・パス』は、ベニングがカリフォルニア州シエラネバダ山脈の山中に別荘と土地を購入し、そこで小さな小屋作りを始めたことがきっかけで生み出された一二三分の作品である。ベニングは、二〇〇七年から二〇〇八年にかけて別荘近くの場所に二つの小屋を建てるが、最初の小屋は、一九世紀のアメリカの思想家ヘンリー・デイヴィッド・ソローが一八四五年にマサチューセッツ州コンコード近郊のウォールデン池畔に建てた小屋のレプリカである［図3］。よく知られているように、ソローは、ウォールデン池畔の森の中に小屋を建て、そこで二年二ヵ月間、自給自足の生活を送りながら思索に耽る。その経験をまとめたのが代表作『森の生活』*Walden*（1854）であり、その思想は後の時代の作家や詩人に大きな影響を与えた。ベニングは、ソローのレプリカ小屋を建てる一方で、「ユナボマー」として全米を震撼させた連続爆弾事件の犯人であるセオドア・ジョン・カジンスキーが潜んでいた山奥の小屋に思いを巡らせる。そして、カジンスキーが一九七一年にモンタナ州リンカーン近郊のステンプル・パスという山奥に建てた小屋のレプリカを建築する［図4］。この二つの小屋の建築は、その後ベニングが展開する「キャビン・プロジェクト」という建築、アートブック、映像作品、展覧会などの複合的なアートプロジェクトの始まりともなった。

ソローのレプリカ小屋には暖炉が、カジンスキーのそれには薪ストーブが備えられ、二人が使用していたベッド、テーブル、椅子などの家具も再現されている。また、カジンスキーのレプリカ小屋の棚には約一二〇冊の本が並べられているが、そのうちの約半数はカジンスキーが逮捕された時に小屋の中から発見された本をベニングが購入したものである［図5］。ベニングは、映画作家として知られている一方で、自分が影響を受けたアメリカのアウトサイダー・アートの画家たちの絵を模写して複製画を描くという活動もしている。そして、二つのレプリカ小屋の中には、ビル・トレイラー、モーズ・トリバー、ヘンリー・ダーガー、マルティン・ラミレスといった画家たちの複製画が飾られてい

図3　ソローのレプリカ小屋 © James Benning

図4　カジンスキーのレプリカ小屋の正面 © James Benning

図5　カジンスキーのレプリカ小屋の内部 © James Benning

る。この二つの小屋は、ベニングの個人ギャラリーとしても使用されているのである。二つの小屋の様子は、一冊のアートブックにまとめられて二〇一一年に出版された。その中には、ベニングが撮影した二つの小屋の周辺や外観や内観の写真、ベニングが描いた複製画の図版などとともに、ソローとカジンスキーの文章からの抜粋が収録されている。[†3]

さらに、ベニングは『二つの小屋』*Two Cabins*（2011）という映像作品を制作する。これは、ソローとカジンスキーそれぞれのレプリカ小屋の内部から窓越しに外の森の風景を映したそれぞれ一五分の二つの固定ショットを組み合わせた三〇分の作品である。前半のショットにはソローが暮らしていたウォールデン池畔で録音された音が、後半のショットにはカジンスキーが暮らしていたリンカーン近郊で録音された音が重ねられている。また、ベニングは同じ時期に二つの小屋を建てた場所の近くの森で、『ナイトフォール』という作品を制作する。前述のように、この作品は人影のない森の中で日没の過程をワンショットで撮影したものである。スクリーンに映し出される風景は、森の中で孤独に暮らしていたソローとカジンスキーの視線と同化するものである。人工的な光源が全くない山深い森の中では、日暮れとともに辺りは真っ暗となり、スクリーンには深い闇が映し出される。人工的な光源の出現によって現代社会からは闇が一掃されてしまったが、山深い森の中には今でもなお深い闇が存在していることをこの作品は教えてくれる。

カジンスキーとその表象

そしてベニングは、カジンスキーが潜んでいた小屋とそれを取り囲んでいた風景を主題とする作品『ステンプル・パス』を制作することになる。カジンスキーはベニングと同じ一九四二年にシカゴで生まれる。少年期から学業は天才的な優秀さで、学年を飛び級して一六歳でハーバード大学に入学する。二〇歳でハーバード大学を卒業後、ミシガン大学で数学の博士号を取得する。そして、一九六七年に二五歳の若さでカリフォルニア大学バークレー校の助教に就任するというエリートの道を辿る。ところが、一九六九年に大学を突如辞職し、職を転々とした後、一九七一年にモンタナ州の山奥に自らの手で小屋を建てて移り住み、電気も水道もない環境で自給自足の生活を始める。カジンスキーは、科学技術を完全に否定し、自然のみに囲まれて生きようとするが、そのような山深い森の中にも、スノーモービルやヘリコプターなどの科学技術の産物は押し寄せて来る。そして、そのような科学技術を推進する人々への復讐として、一九七八年から一九九五年にかけて全米各地の大学や航空会社などに爆発物を送りつけ、一七ヵ所で爆弾事件を起こし三人の死者と多数の負傷者を出すテロを犯した。さらに一九九五年には、犯行を中止することを条件に、「産業社会とその未来」という犯行声明文を全国紙に掲載することを迫り、ニューヨークタイムス紙とワシントンポスト紙がこれを掲載して全米の注目を集めることになる。しかし、一八年間にわたってFBIを翻弄し続けた爆弾魔「ユナボマー」ことカジンスキーは、一九九六年についに逮捕され［図6］、現在はコロラド州の刑務所で終身刑に服している。

図6　逮捕時のカジンスキー © Associated Press

『ステンプル・パス』は、カジンスキーが暮らしていたレプリカ小屋とそれが建っている山深い森の谷間を固定ショットで撮影した四季の四つのショットのみで構成されている。[†4] その四つのショットは、同じ場所から全く同じ画角と構図で撮影されたものである。ベニングの別荘の軒先にキャメラをセットして、そこから撮影したものだという。遠景には山々が果てしなく広がり、画面の右隅には一棟の小さな小屋がひっそりと建っている。辺りに人の気配はなく静まり返っている。小屋の側面は樹木に覆われて隠れているが、小屋の正面と屋根と煙突は樹木の間から現れている。それぞれのショットは三〇分間続き、春、秋、冬、夏の順番に並べられている。季節の変化によって映し出される山深

図7　『ステンプル・パス』(2012) 春のシーン © James Benning

い森の風景は、その表情を大きく変える。そして、カジンスキーが残した手記の朗読が画面の外からナレーションとして挿入される。これはベニング自身がレプリカ小屋の中で朗読したものである。カジンスキーが逮捕された時、小屋の中からは、日誌や数字を羅列したノートなどが見つかり押収された。二〇一一年にFBIはそれらの押収物をオークションに出すが、朗読される手記は、その際に入手したものだという。それらの手記は未刊行のものであり、映画の中ではカジンスキー本人の許可なしに朗読されている。[＊5]

春のシーン〔図7〕では、カジンスキーが森の中で自給自足の生活を始めた頃の日誌が朗読される。その内容は詩的であり、自然の豊かさに心を弾ませながら、森の中を探検し、狩りを行った日々のことが綴られている。

山の高い尾根を東に向かって探検した。頂上に到達し、振り返る。木々が邪魔でよく見えないところもあるが、素晴らしい眺めだ。多くは幹の太い古木だ

図8　『ステンプル・パス』(2012) 秋のシーン © James Benning

> が、あまり高く伸びておらず、どうやら発育が不十分で、そのため伐採されなかったのだろう。頂上付近で後ろを振り返ると、1羽のライチョウが見えた。魚の缶詰にして約1缶の量に相当する分量の肉と引きかえに、22口径カートリッジを3つ、消費した。山小屋の手前で、ウサギ1匹を撃とうとしてしくじり、もう1つムダにした。仕留めるべきだったのに、緊張して気持ちが乱れたのだ。これまでにウサギを撃ったことがなく、仕留めていたら、リスにくらべ、かなり大きな肉塊だったろう。†6

森の中は次第に小雨がぱらつき始め、遠景の山々にかかる霧は微かに動いている。時折、風で樹木が揺れる音や鳥の鳴き声が聞こえてくる。

秋のシーン［図8］では、日誌とは別にカジンスキーが隠し持っていた紙束からの抜粋が朗読される。近隣にある山小屋に押し入って中を荒らすことから始まり、犯罪はだんだんとエスカレートして、爆弾による最初の犯行に至った過程を告白している。カジンスキーは自らの犯行の動機をテクノロジー社会とそれを促進する人間への復讐であるとしている。

> 動機だが、私は個人の自立性を奪うテクノロジー社会を嫌悪している。ある意味、避けがたいのかもしれないが、人々の行動様式ゆえにそうなるのだ。ゆえに、私はテクノロジー社会に生きる人々と、それに関連する現象、オートバイ、コンピューター、そして心理コントロールが嫌いだ。安定した職につく者の大半は、彼の側に貢献している。もちろん、私がもっとも嫌悪する人々は、自覚的にわざとテクノロジー社会を促進する連中、科学者、ビジネスマン、政治家たちだ。私の動機は個人的な復讐心によるものだと強調しておく。[†7]

秋の森は茶色に染まり、小屋の煙突からは時折白い煙が立ち上る。これは小屋の中でベニング自身が薪を焚いて演出したものだという。

冬のシーンでは、森は雪景色に包まれており、カジンスキーの暗号化されたノートを解読したものが朗読される。カジンスキーは、爆弾の製造や犯行の記録を暗号化して数字を羅列したノートとして残していた［図9］。ベニングはコンピューターでプログラムを組んでその暗号化された文章を解読する。すでに死去している人物など、不在の人物を描いたドキュメンタリーでは、被写体が残した手紙や日記などがナレーションとして使用される例はある。しかし、暗号化された文章を映画作家が自ら解読して、ナレーションとして挿入したという例はおそらく他にはないであろう。これは、数学の素

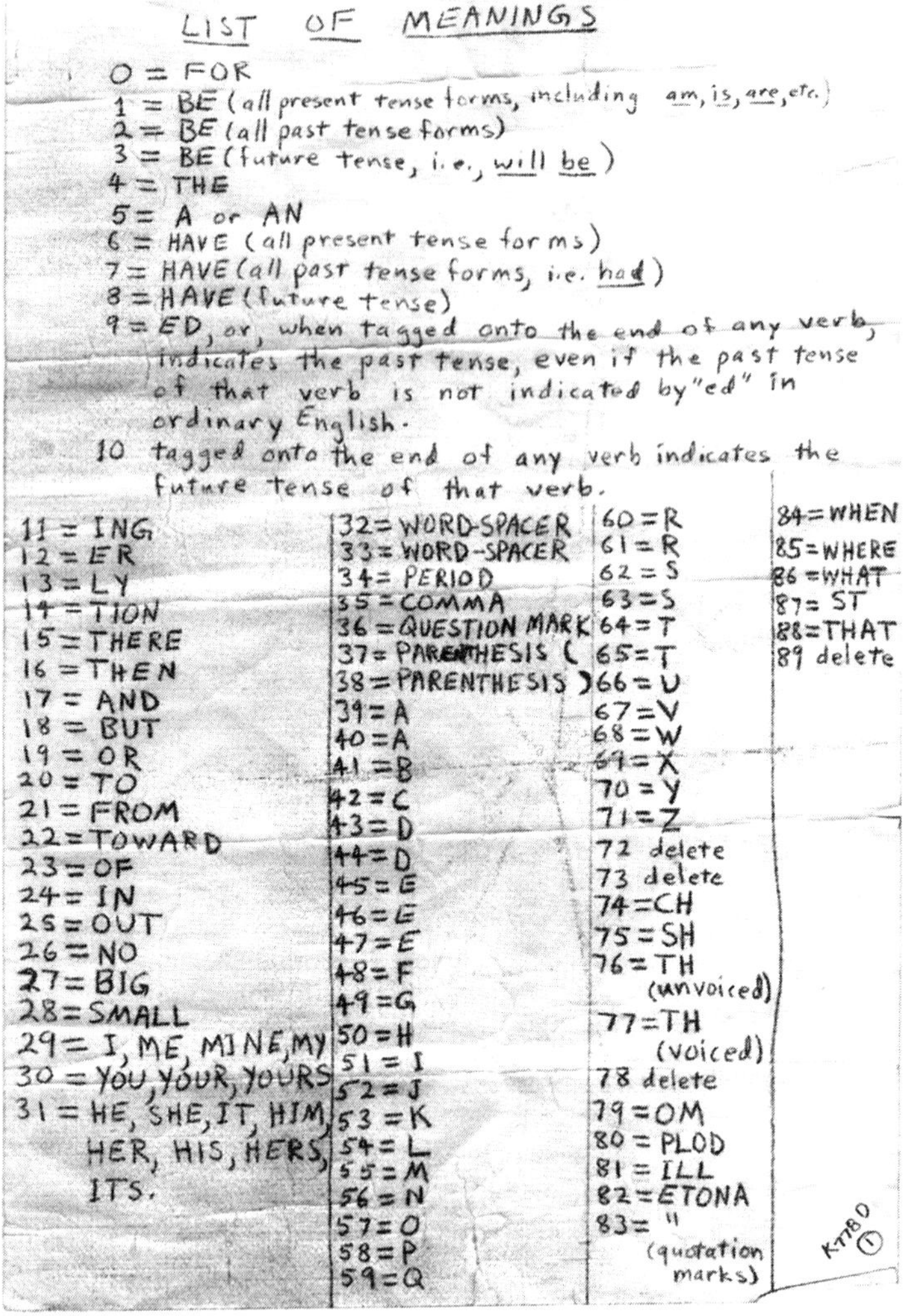
LIST OF MEANINGS

0 = FOR
1 = BE (all present tense forms, including am, is, are, etc.)
2 = BE (all past tense forms)
3 = BE (future tense, i.e., will be)
4 = THE
5 = A or AN
6 = HAVE (all present tense forms)
7 = HAVE (all past tense forms, i.e. had)
8 = HAVE (future tense)
9 = ED, or, when tagged onto the end of any verb, indicates the past tense, even if the past tense of that verb is not indicated by "ed" in ordinary English.
10 tagged onto the end of any verb indicates the future tense of that verb.

11 = ING
12 = ER
13 = LY
14 = TION
15 = THERE
16 = THEN
17 = AND
18 = BUT
19 = OR
20 = TO
21 = FROM
22 = TOWARD
23 = OF
24 = IN
25 = OUT
26 = NO
27 = BIG
28 = SMALL
29 = I, ME, MINE, MY
30 = YOU, YOUR, YOURS
31 = HE, SHE, IT, HIM, HER, HIS, HERS, ITS.
32 = WORD-SPACER
33 = WORD-SPACER
34 = PERIOD
35 = COMMA
36 = QUESTION MARK
37 = PARENTHESIS (
38 = PARENTHESIS)
39 = A
40 = A
41 = B
42 = C
43 = D
44 = D
45 = E
46 = E
47 = E
48 = F
49 = G
50 = H
51 = I
52 = J
53 = K
54 = L
55 = M
56 = N
57 = O
58 = P
59 = Q
60 = R
61 = R
62 = S
63 = S
64 = T
65 = T
66 = U
67 = V
68 = W
69 = X
70 = Y
71 = Z
72 delete
73 delete
74 = CH
75 = SH
76 = TH (unvoiced)
77 = TH (voiced)
78 delete
79 = OM
80 = PLOD
81 = ILL
82 = ETONA
83 = " (quotation marks)
84 = WHEN
85 = WHERE
86 = WHAT
87 = ST
88 = THAT
89 delete

K778D ①

図9　カジンスキーが書き残していた暗号表（Peter Pakesch, Bettina Steinbrügge〔eds〕, *James Benning: Decoding Fear*, Verlag der Buchhandlung Walther König, 2014）

養があるベニングにしかできない離れ業である。その暗号文の中で、カジンスキーは犯行の記録を例えば以下のように記している。

1982年5月、私はコンピューター専門家のパトリック・フィッシャーに爆弾を送りつけた。彼の秘書がそれを開けた。ある新聞は彼女が入院したと伝えていた。状態は良いが、腕と胸に傷を負ったらしい。他の新聞は、爆弾のせいで木の破片が彼女の体に食い込んだと書いていた。しかし彼女が永久的な障害を負ったという記述はどこにも無かった。自分が致命的な爆弾を作れないことに苛立ちを覚える。復讐の試みは、かなりの時間を食い、他の仕事を遅らせていた。しかし私は成功しなければならない。何としても復讐しなければ。[†8]

最後に夏のシーンでは、一九九五年に新聞に掲載された犯行声明文と二〇〇一年にカジンスキーが獄中で受けたインタビューの抜粋が朗読される。犯行声明文はカジンスキーの反テクノロジーの思想をまとめたものであり、インタビューからの抜粋では自然の中で生きる喜びについて語られている。そしてナレーションは、以下の文章で締めくくられる。

自然との親しみで得られるものはと言うと、五感が研ぎすまされるということである。聴覚や視覚の正確さが増すというよりも、多くのことに気が付くようになる。都市生活では、人は内側へ向きがちだ。環境が、不必要な視覚や音声に満ちているので、自動的にそれらの多くを自分の意識からブロックしている。森の中では注意が外側に向き、環境へと向うので、自分の身の回りで起きていることをもっと意識する。例えば、目立たなくても、地面の食べられる植物や動物の足跡などに気付いたりするのだ。人間が通って、ほんの一部足跡が残っているだけだったとしても、恐らくそれにも気付くだろう。耳に届く音が、何の音かも分かるはずだ。これは鳥のさえずり、これはウマバエの羽音、驚いた鹿が逃げ出したな、とか、あれはリスが松ぼっくりを切り落とす音だ、材木の上に落ちたな、ということまで分かる。認識できない音が聞こえると、それがいくら小さくてやっと耳に届くかくらいの音であっても、即座に自分の意識を捉える。私にとって、この緊張感、あるいは五感の広がりが、自然と親しんで生きることの最大の贅沢である。それは自分自身で経験しないことには理解できないことなのだ。[†9]

これは『ステンプル・パス』という映画そのものについて語っているかのような文章でもある。それぞれ三〇分間続く四季の四つのショットを観続けていると、観客は五感が研ぎすまされ、画面内の僅かな変化や微細な音に気が付くようになるのである。

やがてスクリーンには夏の日没の過程が映し出される。辺りはだんだんと薄暗くなり、次第に小屋は見えなくなって、『ナイトフォール』と同様に、この映画は闇とともに終わる。どのショットもカジンスキーの手記が読み上げられるのは前半の一五分程度であり、後半は森林風景を映し出した固定ショットが淡々と続くだけである。春のシーンでは次第に小雨がぱらつき始め、冬のシーンでは次第に雪が降り始めるが、長時間のショットによって、観客はそのような天候の微細な変化の過程をも経験することになる。

　ベニングのカジンスキーに対する接近の仕方は、まるでカジンスキーの生まれ変わりかのようである。もちろんベニングは、カジンスキーの反社会的な思想に共感しているわけではないが、ある意味で運命的でもある。ベニングは、カジンスキーと同じ一九四二年生まれであり、カジンスキーほど天才的ではなかったものの、カジンスキーと同様に学生の頃は数学を学んでおり、数学の教師をしていた時期もある。しかし、一方は連続爆弾事件のテロリストとなり、他方は映画作家となる。

　『ステンプル・パス』は、一方で、カジンスキーが潜んでいた小屋とそれを取り囲んでいた風景を再現し、ベニングが役者としてカジンスキーの役を演じるある種のフィクション映画である。しかし他方で、奇怪な人生を送ったカジンスキーという人物に関するドキュメンタリー映画でもある。とりわけ、この作品をドキュメンタリーとして観た場合、観客は通常のドキュメンタリーとは何か根本的に異なることに気がつくであろう。まず、カジンスキー自身は終身刑で服役しているので画面に登場することはない。また、ニュース映像や報道写真も含め、カジンスキー本人を撮影した映像や写真が使用されることもない。さらに、カジンスキーの親族や関係者が画面に登場することもない。この映画には、人物がただの一人も登場しないのである。そのような無人化は、個人であれ、集団であれ、被写体として実在の人物＝生身の人間を撮ることがドキュメンタリーであるとする暗黙の前提を揺るがしてしまう。それはまた、実在の人物＝生身の人間をキャメラに収める方法や技法をドキュメンタリーの評価の指標とする前提をも揺るがすものである。ドキュメンタリー映画では、ときに実在の人物よりも不在の人物ほうが、画面に登場する人物よりも登場しない人物のほうが、生々しくその存在感を示す場合がある。この映画の観客は、不在の人物の痕跡である主人を失った小屋と身体なき声に導かれることによって、画面には決して登場することがないカジンスキーという人物の存在を生々しく経験することになる。

また、この映画において、小屋が画面の中央に大きく配置されるのではなく、画面の右隅に小さく配置されていることは、ことのほか重要である。小屋を画面の中央に配置して、観客が小屋の全景を把握できるように撮影することも可能であっただろう。しかし、ベニングはそのような構図を選ぶことはなかった。なぜなら、小屋を画面の中心に大きく配置すれば、その周りの風景は、たんなる背景か添え物でしかなくなってしまう。ベニングが選んだ構図は、小屋とその周りの風景を、図と地の関係としてではなく、小屋も、森林の樹木も、遠景に見える山々も、全て等価なものとして見なす視線を表している。この映画では、画面に映し出されるものが、全て等しい価値を帯びて描かれているのである。

自生性と建築性

さらに、『ステンプル・パス』という作品を紐解くために、二つの概念を導入して考察してみたい。ひとつは「自生性」という概念であり、もうひとつは「建築性」という概念である。自生性（spontaneity）とは、イギリスのドキュメンタリー映画の編集者であるダイ・ヴォーンがリュミエール兄弟の最初期の映画を論じた「光あれ」という論考の中で提起した概念である。[†10] ヴォーンによれば、リュミエール兄弟による世界最初の映画を観た当時の観客は、『港を出る小舟』(1895)や『赤ん坊の食事』(1895)といった作品の中で、キャメラが撮影した三人の男が小舟を漕いで港を出て行く光景や両親と一緒に食事をしている赤ん坊の姿を見ながらも、その背景に偶然に映っていた、海上の波のうねりや風に揺れる木の葉といった自然現象に驚いたという。当時の観客は、キャメラが意図して捉えた人々の動きよりも、鉄工場の煙、汽車から出る蒸気、取り壊された壁から立ち上がる土埃といった生命を持たない自然の現象に魅惑されたのである。なぜなら、キャメラという機械、そして映画という新しい表現は、劇場の演劇では再現不可能な自然の自生性を描く能力を持っていたからである。

しかし、映像というものが意味や情報に従属し、ナラティブに奉仕するようになってしまった現代の映画において、そのような自生性はノイズまたは付属品と考えられるようになった。山深い森の谷間とその片隅に建っている小さな小屋のみを映し出した『ステンプル・パス』では、人物が登場することも通常の意味での物語が展開することもないが、微かに動く上空の霧や雲、風に揺れる森林の樹木、しとしととぱらつく小雨、煙突から吹き出る白い煙といった自然現象とその細部が印象に残る。むしろこの映画は、リュミエール兄弟に回帰するかのように、そのシンプルな形式において、人間の意図が及ばない自然の自生性を豊かに表現した作品となっている。

また、映画研究者の長谷正人はダイ・ヴォーンの自生性の概念を論じる中で、リュミエール兄弟の作品に見られる「空虚な空間」について指摘している。[†11] 例えば、『消防夫』(1896)のような作品では、主役となるべき被写体が画面の隅に置かれ、画面の中心に「空虚な空間」が生じており、何を撮ろうとしているのか、撮影者の意図が必ずしも明瞭ではないのだという。これは単なる構図の問題ではなく、リュミエール兄弟の作品では、映像をある意味に収斂させて観客に伝達するという機能からはみ出てしまう過剰な何かが表象されており、それが自生性と呼ばれている。前述のように、『ステンプル・パス』では、小屋が画面の右隅に小さく配置され、観客は画面の中央に生じた空虚な空間＝森林風景を中心にして映像を見続けなければならないが、逆に言えば、画面に映し出されるものを、全て等価なものとして凝視するベニングの視線こそが、この映画における自生性の表象を可能にしたと言えるのではないだろうか。

他方、「建築性」とは、建築家の鈴木了二が映画を建築の視点から考察した著書『建築映画』の中で提唱している概念である。鈴木の言う「建築映画」とは、有名な建築が登場する映画のことではない。また、建築家を主人公としたフィクション映画のことでも、建築家が登場するドキュメンタリー映画のことでもない。鈴木の言う建築映画とは、映画の一つの見方であり、「建築のまぎれもない建築性がはっきりと映っている」映画のことである。[†12] 建築性には、建物の具体的なあり方を伝える唯物論的な側面と、建物に潜む建築の存在感を伝える現象学的な側面があるが、そこで重要視されるのは、どんな建物が映っているかではなく、建物がどのように撮られているかである。それでは、一棟の小屋しか登場しない『ステンプル・パス』というこの映画において、建築性はどのように表現されているだろうか。

まず、映画作家が自らの手である建物を建て、それをキャメラに収めるという例は珍しいのではないだろうか。広義の意味では、劇映画の撮影のために制作されるセットがそうであると言えるかもしれない。しかし、それらはあくまでセットであって、例えば、実際に住居として使用するなど、必ずしも建築としての有用性を備えているわけではない。むしろ、二つの小屋を、まるでアート作品のように、自らの手で建てたベニングをある種の建築家と見なすことも可能であろう。『ステンプル・パス』は、まず何よりも建築と映画の出会いを可能にした作品なのである。

さらに鈴木は、建築映画の中に、ジャン・ルノワールの『南部の人』（1945）やサミュエル・フラーの『拾った女』（1953）など、小屋が印象的に登場する「小屋映画」という系譜があることを指摘し、「小屋を映画に登場させようとすること自体が、すでに建築映画的な振る舞いではあるまいか」と述べている。[†13] ルノワールやフラーにとっては、小屋を撮りたいという意図が明らかに先にあり、物語はその後についてきているのだという。小屋は建築の原型であり最小限の住宅でもある。構造が単純で、建てるのに費用や施工の手間がかからず、室内では移動の時間と労力が省けるなど、大きな建築にはない多様な特質を持っている。また、通常、建築は都市やコンクリートなどの人工的な物質と結びつけて考えられるが、小屋は、山小屋や水車小屋などのイメージが象徴するように、森、湖、川といった自然の物質と結びつけて考えられる。そうした小屋の特質がルノワールやフラーといった映画監督の関心を惹きつけるのかもしれない。

それではベニングは一棟の小屋をどのように撮ったのであろうか。キャメラの位置を変えて、小屋の近景や遠景、正面、外観、内観、窓から外の光景など、様々なショットを組み合わせて、この小屋の建築としてのあり方を具体的に伝えようとすることもできたであろう。しかしベニングは、この小屋の唯物論的な側面を伝えることには無関心であり、前述のように、観客は画面の右隅にひっそりと建っている小さな小屋とそれを取り囲む森林風景を二時間にわたって見続けるだけである。しかも、小屋の側面は樹木に覆われて隠れており、観客には小屋の正面と屋根と煙突しか見えないのである。この映画は、映像を見ただけで建物の図面を描くことができるような、あるいは建物のあり方が一日で分かる建築写真のようなショットで構成された作品では決してない。むしろベニングの関心は、観客とこの小屋の「対話」を促すことであり、カジンスキーという人物とこの小屋が交錯した記憶、人間と建築が交錯したある一つの歴史を観客に喚起させることである。

そして、その一つの方法論が、観客に建築の外部と内部を同時に経験させようとする試みである。鈴木は建築の内と外の関係について以下のように述べている。

内と外ほど建築にとって根源的な問題もない。なぜなら外観を持つと同時にその内部を経験できることが建築の第一条件であるからだ。〔中略〕したがって映画のなかに建築が登場する場合にも、その建築が生き生きと映るかどうかはその外部と内部の撮り方にかかってくる。建築的な観点から突き詰めると、映画とは外部と内部を出たり入ったりする運動のことに過ぎない、とも言える。〔中略〕スクリーンにはキャメラが置かれた場所しか映らない。内部が映っているときには外部が、外部が映っているときには内部が隠されているのである。[†14]

建築の外部を映したショットと内部を映したショットをいくら編集でスムーズに繋げたとしても、観客が建築の外部と内部を同時に経験することは容易いことではない。しかし映画という表現では、異なる場所で撮られた映像と音声を組み合わせて複層的に表現することが可能である。『ステンプル・

パス』では、小屋の外部を凝視すると同時に、その内部で朗読される手記に耳を傾けることによって、観客が建築の外部と内部を同時に経験する一つの方法論を提示していると言えるのではないだろうか。言い換えれば、映像トラックで建築の外部を、音声トラックで建築の内部を経験させようとする試みである。ベニングは、映像トラックと音声トラックの関係について、ソローとカジンスキーのレプリカ小屋を主題とした『二つの小屋』で、『ステンプル・パス』とは逆の試みを行っていることにも注目したい。つまり、それぞれのレプリカ小屋の内部から窓越しに外の森の風景を写した映像に、ソローが暮らしていたウォールデン池畔で録音された音と、カジンスキーが暮らしていたリンカーン近郊で録音された音が、それぞれ重ねられているのである。この作品では、映像トラックで建築の内部を、音声トラックで建築の外部を経験させようとしているのである。

さらに、前述のように、この映画には人物がただの一人も登場することはない。鈴木は、俳優が殆ど登場しないマルグリット・デュラスの映画に言及しながら、「いうまでもなく無人化とは建築映画の最高の条件である。なぜならそのときこそ建築が主人公になるほかないからだ」と述べている。[†15]『ステンプル・パス』は、紛れもなく一棟の小屋が主人公の映画であり、鈴木の言葉を借りれば、「全編にわたって建築が主人公であり続けるいわば完全な建築映画」である。[†16]しかしそれは、建築に「圧倒される」、あるいは建築を「浴びる」といった受動的な経験とは異なるものである。辺りに人の気配はなく、静まり返った山深い森の中でひっそりと建っている一棟の小屋を前にして、観客はまるで小屋がささやいているかのような、身体なき声に耳を傾けるのである。その小屋は、今はカジンスキーという主人を失った廃墟としての小屋、あるいはカジンスキーの代理である亡霊化した小屋でもある。画面の右隅にひっそりと建っている一棟の小屋は、ベニングが建てたレプリカであるものの、まるで呼吸をしているかのように、生きているかのように、その存在感を示しているのは、その廃墟性と亡霊化のためなのである。

そして、この映画の最後では、スクリーンに夏の日没の過程が映し出される。辺りはだんだんと薄暗くなり、次第に小屋は見えなくなる。やがて小屋は完全に見えなくなり、この映画は人工的な光源が全くない山深い森の中の深い闇とともに終わる。観客はこの映画の最後でその主人公が小屋から闇に代わる劇的な瞬間を目撃することになるであろう。鈴木は建築と闇との関係について以下のように述べている。

> 現代の建築からほとんど一掃されてしまったものが、ほかならぬ「闇」ではなかっただろうか。〔中略〕現代では、唯一、建築と「闇」とが同居しているのは映画館である。〔中略〕したがって、光ではなく、「闇」がスクリーンに投影されるとき、スクリーンは空間の「闇」と途切れなく繋がって、建築と映画とがひとつに溶け合った状態を生みだすことになるであろう。映画が同時に建築でもあるようなこの瞬間こそ、建築と映画との至福の出会いではないか。[†17]

『ステンプル・パス』は、映画作家が自らの手で小屋を建て、それをキャメラに収めたという建築と映画との出会いから始まり、最後にこの映画の主人公が一棟の小屋から山深い森の中の深い「闇」に代わり、スクリーンに「闇」が投影されるという建築と映画との至福の出会いで終わるのである。

おわりに

かつてハンガリーの映画理論家ベラ・バラージュは、風景を人間の顔になぞらえて以下のように述べたことがある。

しかし、どの土地の場所でも、それだけですでに風景だとはいえない。客観的な自然のままの自然は、風景ではない。風景は一つの相貌であり、田園地方の或る場所で、突然判じ絵のこんがらがった線の中から出て来たかのように、我々を注視する顔である。定義はできないにせよはっきりした感情の表現を持ち、理解はしにくいにせよ明瞭な意味を持つ田園地方の顔である。その顔は、人間に対して深い感情関係をもっている顔である。人間を思わせる顔である。自然の判じ絵の中からこの相貌を見つけ出し、枠でとりかこみ、強調すること、それが様式化を行なう芸術の仕事である。[†18]

バラージュの文章は、一九二〇年代のサイレント映画を念頭に置いて書かれたものであるが、現代アメリカの風景を記録し続けているベニングの映画についても同様のことが言えるであろう。ベニングの映画は、自然の中から風景の相貌を見つけ出し、キャメラのフレームという枠でとりかこみ、その様式化を行う芸術の仕事なのである。

本稿では、ベニングの近年の代表作である『ステンプル・パス』を取り上げて、この映画作家が風景の相貌に対して行った独特のアプローチを概観し、カジンスキーという不在の人物とその表象について考察を行った。ベニングは、カジンスキーが潜んでいた小屋とそれを取り囲んでいた風景を再現し、カジンスキーが残した手記を自らの声で読み上げるという行為を通じて、連続爆弾事件の犯人の姿を描き出した。観客はスクリーンに映し出された風景と一棟の小さな小屋を凝視することによって、カジンスキーという人物とこの男が巻き起こした連続爆弾事件の背景を知ることになる。また、四季の四つのショットのみで構成されたこの映画は、人物が登場することも物語が展開されることもないが、そのシンプルな形式において、むしろ自然の自生性や小屋の建築性を豊かに表現した作品ともなっている。この映画を観る者は、自然の中の風景と一棟の小屋を凝視し、自然音と身体なき声に耳を傾けることによって、世間を震撼させた反社会的事件の危うさとともに、画面には決して登場することはない不在の人物の生々しい存在感を経験することになる。

†1　阪本裕文「仮象としての「風景」」（二〇一二年一一月八日に同志社大学で開催された上映会〈風景／仮象——ジェームス・ベニング特集〉での配布物）。以下のURLに掲載されている（二〇一五年一一月九日にアクセス）。https://centralregionblog.files.wordpress.com/2014/04/benning.pdf

†2　エリック・シェインズ『コンスタンチン・ブランクーシ』中原佑介・水沢勉訳、美術出版社、一九九一年、一〇五頁。

†3　Julie Ault (ed), *(FC) Two Cabins by JB*, New York: A.R.T. Press, 2011. なお、タイトルに含まれている（FC）

の文字は、Freedom Club の略であり、カジンスキーが犯行の際に使用したイニシャルから取られている。

†4 『ステンプル・パス』の制作については、以下のインタビューに詳しい。Allan MacInnis "James Benning, The Unabomber, and Stemple Pass: an Interview," in Peter Pakesch, Bettina Steinbrügge（eds）, *James Benning: Decoding Fear*, Cologne: Verlag der Buchhandlung Walther König, 2014, pp. 184-199.

†5 『ステンプル・パス』のナレーションの日本語訳（西村美須寿、尾関加純、山下宏洋訳）は、以下のＵＲＬに掲載されている（二〇一五年一一月九日にアクセス）。http://www.imageforum.co.jp/sptext.pdf

†6 同前。

†7 同前。

†8 同前。

†9 同前。

†10 ダイ・ヴォーン「光あれ——リュミエール映画と自生性」『アンチ・スペクタクル——沸騰する映像文化の考古学』長谷正人・中村秀之編訳、東京大学出版会、二〇〇三年、三三−四〇頁。

†11 長谷正人『映画というテクノロジー経験』青弓社、二〇一〇年、二〇−二三頁。

†12 鈴木了二『建築映画——マテリアル・サスペンス』LIXIL 出版、二〇一三年、五〇頁。

†13 同書、六二頁。

†14 同書、二四二頁。

†15 同書、七八頁。

†16 同書、一三六頁。

†17 同書、一八四頁。

†18 ベラ・バラージュ『視覚的人間——映画のドラマツルギー』佐々木基一・高村宏訳、岩波文庫、一九八六年、

二二六―二二七頁。

3

IX

アメリカ／実験映画／現況

西川智也

アメリカ／実験映画

先日、私が教えているニューヨーク州立大学ビンガムトン校（通称、ビンガムトン大学）でロバート・ビーヴァーズを招いた上映会が行われた。ビーヴァーズは一九六〇年代後半から一貫してフィルムで作品を制作している映像作家で、現在はアメリカとドイツを拠点に活動している。上映会の前、観客に彼のことをどのように紹介したらいいかと聞いたところ、エクスペリメンタル・フィルムメーカーとは紹介されたくないと言った。理由を尋ねると、エクスペリメンタル・フィルム（実験映画）という言葉から連想される「実験途中の映画」を発表する作家だと思われたくないからだと答えた。

実験映画というジャンルを一言で説明するのは難しく、その言葉から連想される作品もさまざまだと思う。それでは、実験映画とは何かというと、私もなんとなく理解しているだけで、はっきりと定義できていない。ただ、実験映画に分類される作品の多くは、商業的な成功を目的とせず、アイデアやコンセプトを作家独自の方法で表現している、と私は考えている。作品の傾向は幅広く、抽象的、詩的な作品だけでなく、物語性やドキュメンタリー的な要素が強い作品もある。最近は映画祭の応募要項で、エクスペリメンタル・アニメーション、エクスペリメンタル・ドキュメンタリー、エクスペリメンタル・ナラティヴといったカテゴリーを見かけることも珍しくない。他にも、映写や動画の仕組みをコンセプトとする作品や、視覚に直接働きかけ、映画を観るという行為[†1]や経験を観客に考えさせる作品、また、映画を構成する要素や作品の構造そのものを題材とする作品などがある。さらに、拡張映画（エクスパンデッド・シネマ）[†2]と呼ばれる、通常の上映形態とは異なる方法で発表される作品も実験映画に含まれる。また、実験映画をビデオ・アートやメディア・アートと分ける明確な境界線はなく、稀ではあるが、実験映画と現代美術の文脈が交差することもある。一方、実験映画の歴史は長く、ジャンルとして確立されているので――それが良いか悪いかはともかく――このような作品を紹介する際には便利な言葉だと言える。

　私が初めてエクスペリメンタル・フィルムと呼ばれる作品を観たのは、ビンガムトン大学に編入した二〇〇一年の秋だった。この大学の映画学部を選んだ理由は、制作の実習科目があり、先に留学していた短大からの編入が容易で授業料が比較的安かったからである。てっきり劇映画の制作方法を学ぶものだと思っていたら、この学部は映像作家ケン・ジェイコブスとラリー・ガットハイムによって一九六九年に設立され、実習科目では実験映画と呼ばれる作品を制作する、ということを編入後に知った。今まで見たことも聞いたこともない作品に戸惑ったが、撮影や編集方法を学ぶことはできたので授業は楽しかった。ただ実験映画を楽しむことはなかなかできず、興味を持ち始めたのは卒業する頃だった。卒業後、同じような環境で制作活動を続けたいと思い、二〇〇四年にサンフランシスコ・アート・インスティテュート（ＳＦＡＩ）の大学院に入学し、映像作家アーニー・ゲアやジャニス・クリスタル・リプツィンなどのもとで学んだ。修士課程修了後、東京、タイ、マレーシアと、住む場所を変えながら制作とキュレーション活動を続け、二〇〇九年からはビンガムトン大学映画学部で教えている。この章では、さまざまな映画祭や上映会、映像制作ワークショップ、トークイベントなどに参加した体験をもとに、多分に主観的になるかもしれないが、現在のアメリカにおける、実験映画を取り巻く環境について紹介したい。

アメリカ／実験映画／映画祭

この一〇年余りを振り返ると、アメリカの実験映画の状況は、穏やかではあるが、より活発になっていると実感している。その理由のひとつとして、実験映画が上映される機会が増えたことがあげられる。

アメリカには一〇〇〇を越す数の映画祭が存在し、サンフランシスコ・ベイエリアと呼ばれる地域だけでも、二〇一六年現在、年間五〇を超す映画祭が開催されている。そのほとんどは劇映画やドキュメンタリー、アニメーション作品を主に紹介しており、特定の国や文化に焦点を当てた映画祭も多い。そして、数は多くないが、実験的な作品を紹介する映画祭もある。

二〇〇三年、私の作品がニューヨーク映画祭の実験映画部門〈ヴューーズ・フローム・ジ・アヴァンガルド〉（通称、ヴューーズ）で上映されることになり、当時は日本で働いていたが、休暇をとって映画祭に参加することに決めた。ニューヨークに着いたのは、ヴューーズ部門の上映が開催される前日で、招待作家を集めた夕食会に参加し、そこで多くの作家、キュレーターと出会った。夕食会の雰囲気には全く馴染めず、ほとんど誰とも話をしなかったが、ジェイコブスと、当時、同じくビンガムトン大学で教えていた映像作家のジュリー・マレーがいたのが救いだった。上映は、リンカーン・センター内のウォルター・リード・シアターという二五〇席ほどの会場で行われた。映画祭のメイン会場であるアリス・タリー・ホールは一〇〇〇席を超える会場だったので、それとくらべるとすごく小さいが、上映設備は素晴らしく、会場はほぼ満席だった。私の作品は短編プログラムの中で紹介され、上映前に他の作家とともに観客の前で自分の作品について手短に説明した。上映後の質疑応答は、特定の作家を特集した回顧プログラムのみ行われていたため、私は経験しなかった。初めて参加した映画祭は、興奮よりも居心地の悪さや緊張を覚えることが多かったが、その経験はその後、作品を作り続ける気持ちを後押ししただけでなく、映像キュレーションについて考える機会を与えてくれた。

ヴューズ部門は一九九七年から二〇一三年まで開催され、この時期にアメリカで最も注目を集め、話題となった実験映画の上映プログラムだった。最初の年に上映された作品数は二〇本余りだったが、その後規模を拡大し、最後の年には二〇〇本以上の作品が上映された。これは過去に例がない、大規模な実験映画の上映会となった。

作品は世界中から募集し、プログラムの多くは短編作品で構成され、テーマ別にキュレーションされていた。他にも、長編作品の上映や、映像パフォーマンス作品の紹介、またリンカーン・センター内のギャラリースペースを使い、インスタレーション作品の展示をすることもあった。毎年、会場には作品を発表するほとんどの作家が来場し、他の映画祭のキュレーターや上映組織のディレクター、実験映画の評論家も多く集まっていた。

二〇一三年、ヴューズ部門を設立し、専属キュレーターの一人であったマーク・マッケルハットンは体調を崩し、映画祭には姿を見せなかった。各プログラムの紹介は、ニューヨーク映画祭関係者ではなく、実験映画を上映する他の組織のキュレーターが行い、会場には奇妙な空気がただよっていた。

映画祭終了後、マッケルハットンがその地位を降りると発表し、ヴューズ部門の歴史は幕を閉じた。今思えば、この上映会は、ひとつの時代を終え、新しい世代のキュレーターに今後の実験映画を託そうとする、マッケルハットンの演出だったような気がする。

翌年、ニューヨーク映画祭は新たに〈プロジェクションズ〉部門を発足させ、マッケルハットンとともにヴューズ部門のキュレーターを務めたギャビン・スミスに加え、アイリー・ナッシュとデニス・リムをキュレーション・チームに招き、引き続き実験映画を紹介している。第一回プロジェクションズ部門で紹介された作品数は六三本と、前年のヴューズ部門に比べると上映本数は大幅に減ったが、私が観たプログラムはすべて満席で、チケット売り場には当日券を購入する人たちが長い列を作っていた。また、プログラムの評価も高く、『アートフォーラム』『フィルム・コメント』『フィルムメーカー』などの雑誌や、多くのオンライン・メディアが取り上げた。その翌年のプログラムも評判がよく、ヴューズ時代同様、作品の募集要項には、すべての上映フォーマットに対応すると記してあった。

余談となるが、実験映画を上映する組織の多くは、できる限り作家の希望するフォーマットで作品を上映しようと努めている。作家にとって、使用したフォーマットの持つ特徴的な色合いが、作品の重要な要素であるだけでなく、特定のフォーマットによる上映が必要な作品（フィルムやビデオの媒体が持つ特性や、八ミリやアナログビデオなどのフォーマットの特色をコンセプトとする作品など）もある。そのため、短編プログラムの場合、上映中にフォーマットを換えることがよくあり、会場によっては、映写技師がフォーマットを換えている間に、作品解説や質疑応答をする場合もある。また、映写室が設備されている比較的大きな会場は、DCP対応のビデオ映写機と、一六ミリ、三五ミリのフィルム映写機を常設しているところが多く、映写室のない画廊やオルタナティヴ・スペースで行われる上映会では、主催者が映写機や音響機器を持ち込むことになる。ここ数年、多くの映画館が三五ミリ映写機を処分し、DCP映写機だけを使用するようになっているので、このような状況も数年後には変わると考えられる。[†3]

独立した部門は持たないが、他のジャンルの作品とともに実験映画を紹介する映画祭もある。ミシガン州アナーバーで行われるアナーバー映画祭もそのひとつで、設立は一九六三年、インディペンデント映画を上映する映画祭として北米で一番歴史が長く、昔から多くの実験映画を紹介してきた。二〇〇六年、キュレーターであり映像作家でもあるデヴィッド・ディネルがプログラム・ディレクターに就任すると、さらに積極的に実験映画を紹介するようになった。

上映プログラムの多くはコンペティション参加作品で構成され、毎年異なる審査員を招き、受賞作品には賞金を与えている。また、審査員やゲスト・キュレーターによる特集プログラムの上映も行われ、会場には多くの作家、特に北米在住の作家が来場し、上映後には質疑応答が行われている。上映プログラム以外にも、評論家や他の上映組織のディレクターを招いて行うトークイベントや、隣接するミシガン大学付属の美術館を使い、インスタレーション作品の展示やパフォーマンス作品の紹介を行っている。

二〇一〇年、私が審査員として参加した際には、同じく審査員であった映画研究家・映像キュレーターのアイリーナ・ラインバッハと映像作家ベン・ラッセルと毎朝一緒に食事を取り、前日に観た作品について意見を交わした。そして映画祭最終日には朝から昼過ぎまで議論を行い、三〇本近くを入賞作品として選んだ。受賞作品の発表は、映画祭ディレクターが会場のステージで行い、そのいくつかの作品は映画祭の最終プログラムとして再度上映された。

映画祭に関連したイベントは年間を通して行われており、映画祭終了後には、上映された作品の中から新たにビデオ作品と一六ミリ作品に分けた巡回プログラムを組み、国内外の映画祭、上映組織、画廊、美術館、大学機関などで紹介している。また、二〇〇八年からは毎年、入選作品の中から一〇作品ほどを選んでＤＶＤを制作し、上映会場と映画祭ウェブサイトで販売している。

このような映画祭以外に、近年、アメリカを含むさまざまな国で、実験映画だけを紹介する映画祭が増えている。それらの多くは規模の小さな映画祭であるが、作家に作品を発表する機会を与え、地域の住民に実験映画を広める大きな役割を果たしている。

ボストンの北、ヘイブリルで行われる〈ヘイブリル・エクスペリメンタル・フィルム・フェスティバル〉は、二〇一三年に映像作家であるブレンダンとジェレミーのスミス兄弟が設立し、マサチューセッツ州で唯一、実験映画だけを上映する映画祭として知られている。アメリカでは、作家に上映料を支払う映画祭は少ないが、この映画祭は来場する入選作家に限り上映料を支払っており、二〇一五年は上映作品一本に対し一〇〇～二〇〇ドルを支払うと言っていた。

また、ある特定のジャンルやフォーマットに焦点を当てた実験映画の映画祭も存在する。二〇〇九年にロサンゼルスで始まった〈フェスティバル・オブ・（イン）アプロプリエーション〉は、短編のファウンド・フッテージ作品だけを上映し、二〇一一年に発足したシカゴ・エイトは、不定期ではあ

図1　モノ・ノ・アワレの会場風景（Photo by Alison Brockhouse, 2014）

るが、実験的な八ミリ作品だけを上映する映画祭を行っている。ニューヨーク州ブルックリンを拠点に活動するモノ・ノ・アワレは、二〇〇七年以降、フィルム作品に限定した拡張映画作品を募集し、インスタレーションとパフォーマンス作品を紹介するフェスティバルを開催している。二〇一四年に参加した際には、一五〇ほどの席はすべて埋まり、立ち見客があふれ、凄まじい熱気の中でイベントが行われていた［図1］。ディレクターのひとりである映像作家スティーヴ・コスマンによると、初年には七〇人しか集まらなかったが、二〇一四年のイベントには二日間で六五〇人以上が来場したそうだ。また、作品応募数も年々増加し、初年にはアメリカ国内から三〇本しか応募がなかったが、二〇一四年は、北米を中心に、さまざまな国から二〇〇本以上の作品が集められたと言っていた。

モノ・ノ・アワレは、フェスティバル以外の活動も行っており、〈コネクティビティ・スルー・シネマ〉という上映会では、作家やキュレーターを招いて特集上映を行っている。また、撮影機材のレンタルやフィルムの販売とともに、八ミリと一六ミリフィルムによる映画制作ワークショップをほぼ毎週行っている。その受講料は決して安くはないが、人気があり、定員枠が埋まってキャンセル待ちとなるワークショップも多い。

アメリカ／実験映画／上映組織

映画祭は、基本的に年に一度、新作を上映するイベントであるが、アメリカのいくつかの都市には実験映画を毎週上映する組織がある。そこでは、制作年や制作国に関係なく、キュレーションのテーマに沿って作品を選んだプログラムや、特定の作家や時代、国、文化などに注目したプログラムが組まれることが多い。

サンフランシスコ・シネマテックは、一九六一年に映像作家ブルース・ベイリーとチック・ストランドらによって設立され、サンフランシスコの映画館や画廊、美術館など、複数の上映会場と提携し、実験映画をほぼ毎週上映している。二〇一〇年には〈クロスローズ〉という映画祭を立ちあげ、国内外の新作を一〇本ほどのプログラムで紹介している。上映イベントの他にも、書籍やDVDの発行・販売、またレクチャーやフォーラムといったイベントを開催している。

サンフランシスコ・ベイエリアには他にもいくつか定期的に実験映画を上映する組織があるが、その中のひとつ、カリフォルニア大学バークレー校付属のパシフィック・フィルム・アーカイヴ（ＰＦ

A）は、サンフランシスコ・シネマテックと共同で作家を招待することが多く、その際、ふたつの異なるプログラムを組み、作家が両方のイベントに参加できるように上映日をずらしてイベントを行っている。

このように、アメリカでは複数の組織が共同で作家を招待し、作家に支払う渡航費や上映料を確保することが多い。ビンガムトン大学でも遠方の作家を招くときには、この地域で実験映画の上映を行っているコーネル大学やコルゲート大学に連絡を取り、スケジュールを合わせ、巡回上映イベントを共同企画することがある。

少し話がそれるが、私がサンフランシスコで暮らしていた時、それまで約一二年間、サンフランシスコ・シネマテックのキュレーターとして働いていたアイリーナ・ラインバッハが解雇された。その解雇を巡って、二〇〇七年一月、サンフランシスコ・シネマテックはパブリック・ミーティングを行い、会場には地域の作家やキュレーター、映画評論家など約六〇人が集まった。彼らは、なぜラインバッハが解雇されることになったのか、その理由と経緯をサンフランシスコ・シネマテックの役員たちに問いただすだけでなく、役員の役割や組織の運営方針についても質問した。張り詰めた空気のままミーティングは終わったが、サンフランシスコ・シネマテックが地域と共に組織を運営しようとする姿勢が見えた。そのミーティングは録音され、サンフランシスコ・シネマテックのウェブサイトで公開されている。

ニューヨークを拠点とするアンソロジー・フィルム・アーカイヴスは、一九六九年に映像作家ジョナス・メカス、ジュローム・ヒル、スタン・ブラッケージ、ペーター・クーベルカ、そして映画研究家P・アダムス・シトニーによって設立された。サンフランシスコ・シネマテックと違い、アンソロジー・フィルム・アーカイヴスはふたつの上映施設を保有し、上映会はほぼ毎日行われ、その数は年間九〇〇回に達する。上映イベントはいくつかのプログラムに分けられ、その中のひとつ〈SHOW & TELL〉と呼ばれる上映シリーズでは、月に一度、注目作家を招いて特集上映を行っている。フィルムやビデオだけでなく、実験映画・個人映画に関する写真やオーディオ資料も数多く保管しており、図書室には雑誌やその他紙媒体の資料が保管されている。また、実験映画作品の保存・修復をする組織としても有名で、今までに八〇〇本以上の作品を保存・修復した。実験映画の保存・修復作業は、他にもロサンゼルスにあるアカデミー・フィルム・アーカイヴ[†4]が行っている。

そのロサンゼルスを拠点とするL.A.フィルムフォーラムは、一九七五年から活動を続けている上映組織で、ロサンゼルス現代美術館やハリウッドにあるエジプシャン・シアターなどを会場に、年間を通して実験映画を中心に非商業映画を上映している。二〇一一―一二年には〈オルタナティヴ・プロジェクションズ〉という企画の中で、一九四五―八〇年に南カリフォルニアで制作された実験映画作品を三〇本以上のプログラムで紹介し、二〇一五年には同タイトルの書籍を出版した。

これらの組織には実験映画を熟知したキュレーターが存在し、他の上映会や映画祭にゲスト・キュレーターとして招かれることが多い。また、シカゴ美術館附属美術大学のジーン・シスケル・フィルム・センターやカリフォルニア芸術大学のレッドキャット、先に紹介したカリフォルニア大学バークレー校のPFAなど、大学に付属する映画館で定期的に実験映画を上映する場所もある。現代美術を取り扱う美術館や画廊、アートスペースでも実験映画を紹介することがあるが、アメリカの主要都市すべてでそのような特色が見られるわけではない。少しずつではあるが、実験映画を上映する地域は広がりを見せ、特に若い世代の作家やキュレーターによって新しい上映組織が生まれている。

キュレーターのエド・ホルターとトーマス・ビアードは、二〇〇八年に上映組織ライト・インダストリーを設立し、ブルックリンを拠点に活動している。上映はほぼ毎週行われ、現代美術家や実験映像作家の作品を紹介し、いまではニューヨークで最も注目を集めるオルタナティヴ・シネマの上映組織となった。二人とも同組織以外に活動をしており、ホルターは評論家として『アートフォーラム』や『シネマ・スコープ』などに寄稿しているほか、キュレーターとしてニューヨーク近代美術館、テート・モダン、ニュー・ミュージアムなどでプログラムを紹介し、現在はニューヨーク州アナンデール・オン・ハドソンにあるバード・カレッジのフィルム&エレクトロニック・アーツ学部で教鞭を執っている。ビアードは、実験映画だけでなく、幅広い分野の映画芸術に関わっており、二〇一五年、ニューヨーク近代美術館で行われたヴィム・ヴェンダースを特集した上映企画にもキュレーターとして関わった。

二〇〇三年に活動を開始したシネマ・プロジェクトは、オレゴン州ポートランドを拠点に、月に一度のペースで実験映画を紹介している。創設者である映像キュレーターのジェレミー・ロッセン、映像作家/キュレーターのパブロ・デ・オカンポ、そしてオータム・キャンベルは組織を去ったが、引き続き少人数のアーティストとキュレーターによって運営されている。イベントは、キュレーションのテーマに沿って選ばれた過去の作品を中心に上映するプログラムと、注目作家を招いて行う特集プログラムによって構成されている。上映は映画館や画廊だけでなく、ポートランド内の教会やその他の施設で行うこともある。また、同組織はポートランド国際映画祭の実験映画プログラムを担当している。

ボストンを拠点とするバラギャンは、一時期活動を休止していたが、二〇一一年一〇月、新たにステファン・グラボウスキとマリヤ・ニキフォロヴァをキュレーターとして迎え、再び上映活動を開始した。その記念すべき上映会では、ボストン周辺で活動する作家を特集し、多くの観客を集めていた。二〇一四年からは、不定期ではあるが、一六ミリ作品の制作ワークショップも開催している。二〇一五年、グラボウスキを含む、フィルムで作品制作をする地域の作家が中心となってAgXというコレクティヴを立ち上げた。現在、二〇人ほどの作家たちによって、活動拠点となるボストン西にあるウォルサムに自家現像をするための暗室やフィルム編集機材を設置した施設を作っている。グラボウスキは、今後、バラギャンとAgXによってさらに多くの制作ワークショップを行う予定だと語っている。

これらの組織の多くは非営利団体で、そのメンバーは他に仕事を持ちながら組織の活動および運営を行っている。活動資金は入場料収入のほか、助成金やクラウドファンディングによって集められている。ここ数年、クラウドファンディングはアメリカで大きな広がりを見せており、作家が個人のプロジェクトのために利用することもある。上映組織が利用する場合には、過去に上映会で紹介したことがある作家に作品の寄付を呼びかけ、資金提供者にそれらの作品を購入してもらうというかたちで金銭的支援を求める場合が多い。

アメリカ／実験映画／作品

近年、アメリカの実験映画として話題になり、主要な国際映画祭で上映された作品は数多くあるが、それらは個々の作家色が強く、全体としての共通点や傾向を見つけるのは難しい。現在の日本の実験映画との比較になるが、ビデオによる作品制作が主流になった今もなお、フィルムで作品を制作する作家が多いこと、ファウンド・フッテージを使って作品を制作する作家が多いこと、それから、拡張映画、特に映像パフォーマンス作品への注目が高まっていることが挙げられる。

二〇一二年、富士フィルムが撮影および上映用フィルムの販売中止を発表したが、アメリカに本社を置くコダックは、今後も映画用フィルムを生産することを約束した。しかし、フィルムの価格は毎年上昇し、その種類は減少を続けている。映画用フィルムを取り扱う現像所の数も減少を続け、二〇一四年にニューヨークで営業していたPac Labが閉鎖した時には、東海岸の個人映像作家に衝撃を与えた。ビンガムトン大学は、それまで学生が撮影したフィルムの現像にはPac Labを利用していたが、現在はマサチューセッツ州ニューベッドフォードにあるCinelabに依頼している。現像所のサービス料金も上昇しているが、それでも他国に比べればまだ安いと言える（二〇一六年六月現在、Cinelabで一六ミリ白黒／カラーネガフィルム一〇〇フィートを現像する料金は二〇ドル）。

カメラや映写機、編集機材などは中古で入手することになるが、それらはネットオークションで容易に手に入れることができる。アメリカには、映画用カメラなどの機材を修理する専門店もいくつかあり、先に紹介したモノ・ノ・アワレや、同じくブルックリンを拠点とするミレニアム・フィルム・ワークショップ[†5]など、フィルム制作に必要な機材や編集施設を、手ごろな価格で貸し出しする組織も複数存在する。

フィルムで作品を制作する作家は、その媒体に昔から慣れ親しんでいる世代だけでなく、若い世代にも多い。その理由のひとつに、フィルム制作の科目を設ける大学がいまだ多く存在するからだと言える。ビンガムトン大学ではフィルム制作のために、オプティカル・プリンター（フィルム再撮影機）、コンタクト・プリンター（フィルム複製／プリント制作機）、マグネティック・フィルム録音／再生機、自家現像施設などを用意している。また、最近は若い世代を中心にアナログ・メディアへの注目が高まっており、先に紹介したモノ・ノ・アワレの例のように、フィルム制作ワークショップが人気を集めている。それは、デジタル映像に慣れた若い世代がフィルムという媒体に目新しさを感じているからだと考えられる。

アメリカでは、昔からファウンド・フッテージを使った作品制作が盛んであるが、それは、日本で活動する作家とは著作権に対しての意識の違いがあるのかもしれない。私がＳＦＡＩで学んでいた時には、編集室のロッカーに一六ミリのファウンド・フッテージが山積みにされ、学生は自由に使っていた。ビンガムトン大学の制作科目でも、ファウンド・フッテージを使うことを特に問題にしていない。

ファウンド・フッテージを使う理由やその編集方法はさまざまで、ファウンド・フッテージを作品の一部として使ったり、すべての映像をファウンド・フッテージだけで構成した作品、またファウンド・フッテージを加工した作品などがある。ファウンド・フッテージを使うことによって、その映像が表現する内容や撮影された時代の特色、または雰囲気を映し出すだけでなく、その媒体が持つ特徴（VHSテープやカラーフィルムの劣化による映像の変化など）をコンセプトのひとつとする作品もある。その素材となる、個人が撮影した八ミリフィルムやビデオテープ、また一六ミリフィルムのテレビ・コマーシャルや教育映画は、ネットオークションやフリーマーケットで簡単に手に入れることができる。現在は、動画共有サイトに投稿されたデジタル映像／サウンド素材を使って作品を制作する作家も多い。

映像パフォーマンスは作品によってその形態が異なり、複数の映写機を使って即興的にフィルムを換える作品、コンピュータープログラムによってビデオ映像を加工する作品、映像に合わせサウンドを加工する作品、映写機の位置や映写速度などを変える作品などがある。ひとりの作家によるパフォーマンスだけでなく、複数の映像作家やサウンド・アーティスト、パフォーマンス・アーティストによるコラボレーション作品も多い。

建築家でもあるブルース・マックルーアは、この一〇年あまりで最も注目された映像パフォーマンスをする作家のひとりで、複数の映写機を使って一六ミリフィルムをループ映写し、フリッカー映像とオプティカル・サウンドを加工するパフォーマンスを行っている。初めて見た彼の作品は、二〇〇六年、カナダのウィンザーで行われているメディア・シティ映画祭で発表した『Nethergate』（2006）だった。彼のパフォーマンスについては噂に聞いていたのでなんとなく想像していたが、その体験は想像をはるかに超え、映像、サウンドともに暴力的かつ魅惑的だった。

サンドラ・ギブソンとルイス・リコダーは、二〇〇〇年よりコラボレーションを始めたデュオで、パフォーマンス作品の他に、映写機やカメラ・オブスクラを設置するインスタレーション作品を発表している。パフォーマンス作品は複数の映写機を同時に操り、映写する映像を影絵的なパフォーマンスで加工を行うなど、ひとりでは不可能なパフォーマンス作品を発表している。二〇一四年にビンガムトン大学でパフォーマンスを行った際には、上映中に二台の一六ミリ映写機の位置を変える作品『Alignments for Linea』（2003）を発表した。

映像パフォーマンスをする作家の増加とその人気にともない、近年、画廊やオルタナティヴ・スペースなど、客席やスクリーンを自由に配置できる会場でイベントを行う映画祭や上映組織が増えた。二〇一二年にカリフォルニア州オークランドに設立された組織であるシェイプシフターズ・シネマは、拡張映画のパフォーマンス・イベントを毎月行っている。このような状況を踏まえ、二〇一四年、ビンガムトン大学映画学部では拡張映画作品を制作する二科目を選択必修科目にした。

アメリカ／実験映画／配給

作家の多くは自ら作品の配給を行っているが、配給組織に作品を預けている作家も少なくない。アメリカで有名な実験映画の配給組織として、主にフィルム作品を配給する、サンフランシスコのキャニオン・シネマ[†6]とニューヨークのフィルムメーカーズ・コーポラティヴ[†7]、そしてビデオ作品を配給する、ニューヨークのエレクトロニック・アーツ・インターミックス（EAI[†8]）とシカゴのビデオ・データ・バンク[†9]がある。作品情報やレンタル料金はウェブサイト上で調べることができ、ビデオ・データ・バンクでは教育機関に限り、作品のデジタル・ファイルを購入先施設のネットワークでストリーミング配信するライセンスも販売している。

組織によって比率は少し異なるが、配給によって得られるレンタル料の半分ほどが作家に支払われるようになっている。キャニオン・シネマとフィルムメーカーズ・コーポラティヴは会員制を取っており、作品を預かっている作家から毎年会員費を受け取っている。また、フィルムメーカーズ・コーポラティヴは配給する作品・作家に対して審査を行なっておらず、会員になれば、どんな作品でも配給を頼むことができる。

新しい配給の動きとして、二〇一〇年に発足したFandorは、動画配信サービスによって作品配給を行っており、「アヴァンガルド」カテゴリーを設け、西海岸で活動する作家の作品を中心に実験映画の配信を行っている。定額制サービスなので、実験映画を知らない人に、このような映画を知る機会を提供すると考えられ、注目されている。また、若い世代を中心に作品、またはその一部をオンライン上で公開している作家も多い。

アメリカ／実験映画／作家／大学

アメリカで活動する実験映像作家の特徴として、そのほとんどが白人で、ヒスパニックやアジア系は少なく、黒人の作家はさらに少ない。これは現在、ビンガムトン大学で制作科目を履修する学生の人種／民族構成とほぼ一致する。男女の比率は正確には分からないが、私の印象では、世代が上がるほど男の作家の割合が高くなり、若手作家の場合はほぼ同じで、これもビンガムトン大学で制作科目を履修する学生の比率と同じである。また、幅広い世代の作家が活動しており、新しい作家の出現にともない、作家の全体数は増え続けている。

若い世代の作家が増えている要因のひとつに、実験映画を紹介する大学の存在があげられる。近年、注目される若手作家の多くは、在学中に主要な映画祭で作品を発表し、キュレーターや評論家の関心を集めている。そのような作家を輩出する大学のほとんどは修士課程を設けており、その中でも、イリノイ大学シカゴ校、ボストンにあるエマーソン・カレッジとマサチューセッツ芸術大学、カリフォルニア芸術大学、シカゴ美術館附属美術大学、バード・カレッジのミルトン・エイブリー芸術大学院などが有名である。他にも、二〇一一年に新設されたノースキャロライナ州ダーラムにあるデューク大学の修士課程プログラム「エクスペリメンタル・アンド・ドキュメンタリー・アーツ」が注目を集めている。

これらの修士課程には「クリティーク・セミナー」と呼ばれる必須科目があり、学生は制作途中の作品を見せ、それを他の学生と長い時間をかけて議論し、意見を交わす。私にとってこの経験は、作品の見方を広げ、制作における表現方法を客観的かつ論理的に考える力を磨くことができただけでなく、上映後、観客の前で行われる質疑応答に備えるためのいい訓練になった。

実験映像作家が制作活動によって生計を立てるのは難しく、その多くは別に仕事をしながら作品を制作している。大学で教える仕事は作家に人気があり、その理由として、大学が所有する施設や機材が使えるという利点と、テニュア制度（テニュア・トラックとして雇われた教員が通常六年目に審査を受け、通過した場合に得ることができる終身雇用資格）による安定した雇用形態があげられる。アメリカでは、映画／映像制作の科目を設ける大学は年々増加しており、実験映像作家が大学で教える機会も少しずつ増えているが、その多くは非常勤講師である。

アメリカの大学はリベラル・アーツ・カレッジ（教育に力を入れる大学）とリサーチ・ユニバーシティ（研究に力を入れる大学）に分けられ、リベラル・アーツ・カレッジで教える作家は、労働時間の大半を授業とその準備に費やすが、リサーチ・ユニバーシティで教える作家はその時間を作品制作に当てることが求められる。ビンガムトン大学はリサーチ・ユニバーシティで、私が雇われた時の説明会では、労働時間の五〇％を制作活動、四〇％を授業とその準備、そして残りの一〇％をその他業務に割り当てるように指導を受けた。学期中は労働時間の半分を制作活動に費やすのは難しいが、夏と冬の休みが合計四ヶ月間あり、その間、大学での業務はほとんど無くなるので、制作活動に集中する時間は十分にあると言える。また、リサーチ・ユニバーシティの多くは、テニュア・トラックの新任教員に対し、制作活動費を用意したり、長期休暇を与えたりするほか、作品の制作や発表活動を支援する助成金制度を設けている。リサーチ・ユニバーシティで教える作家の多くが毎年作品を制作・発表している背景には、このような大学の方針があるからだと言える。

実験映像作家が大学で教え始めたのは一九六〇年代後半からで、その地域は当時、実験映画の上映が盛んであったサンフランシスコやニューヨーク周辺の都市に限られていた。その後、映画や映像制作の科目を設ける大学の増加にともない、実験映像作家が教える大学も少しずつ増えていった。大学で教職を得た作家は、積極的に他の映像作家を大学に招いて上映イベントを行うとともに、作品収集に力を入れ、大学には実験映画のコレクションが形成されていった。ビンガムトン大学では、最近はフィルム作品をプリントとして購入することはほとんどなくなったが、ＤＶＤやブルーレイディスクに納められた作品の収集は毎年行っており、作家から直接購入しているものも多い。これらの作品は授業で使われるほか、学生がキャンパス内で行うイベントなどで上映されている。また、大学で教える作家同士が自身の作品ＤＶＤを交換し、上映許可を与え合うことによって、より多くの最新作を学生に紹介することを可能にしている。

実験映画を教える大学では、現在でも定期的に作家を招いて上映会を行っているところが多い。ニューヨーク州ハミルトンにあるコルゲート大学では、〈オルタナティヴ・シネマ〉という上映会で毎週火曜日に実験映画やビデオアート作品の上映を行っており、そのいくつかのイベントで作家を招待している。コロラド大学ボルダー校の〈ファースト・パーソン・シネマ〉というイベントでは、一学期に五回ほど上映会を行い、特集上映会には作家をゲストとして招いている。ニューハンプシャー州ハノーバーにあるダーマス・カレッジは、二〇一一年から新しく発足したイベント〈アイウォッシュ〉で月に一度、作家やキュレーターを招いて上映会を行っている。冒頭でヴィーバーズの上映会について書いたが、ビンガムトン大学でも〈ヴィジティング・アーティスト・シリーズ〉として一学期に三人の作家または実験映画研究家を招き、上映会を行っている。これらの上映会は学生のためだけでなく、一般に無料公開され、地域の人にも実験映画を観る機会を提供している。

また、アメリカの大学では、選択科目の多くは学部の壁を越えて履修できるため、映画や芸術分野を専攻しない学生が実験映画を学ぶこともできる。異なる複数の分野を専攻したり〈ダブルメジャーなど〉、副専攻を持つ学生も多いので、法学部や神経科学学部の学生が実験映画を制作する科目を履修することも珍しくない。

さらに、数は多くないが、カリフォルニア大学バークレー校のキャシー・ゲリッツやシカゴ美術館附属美術大学のエイミー・ベストなど、実験映画のキュレーターが映像キュレーションについて教える大学や、ウィスコンシン大学ミルウォーキー校が行う〈ミルウォーキー・アンダーグラウンド・フィルム・フェスティバル〉のように、学生が主催する実験映画の映画祭も複数存在する。私も二〇一〇年にビンガムトン大学で映像キュレーション科目を新設し、年に一度、キャンパス外の映画館や画廊、レストランなどを会場に、学生による映画祭を行っている。

アメリカ／実験映画／今後

それでは、今後、アメリカの実験映画を取り巻く環境はどのように変化していくのであろうか。映画祭の数はこれからも増え続け、実験映画を学んだ若手作家やキュレーターによって新しい上映組織も増えることが予想される。そのすべての組織が順調に活動を続けるとは考えられないが、全体的に見て、実験映画が上映される機会は増えていくと考えられる。

上映の拠点を映画館ではなく、アート／オルタナティヴ・スペースにする組織は今後も増えることが考えられ、このような会場では、映像パフォーマンスやインスタレーション作品を発表することが容易なので、拡張映画はこれからも注目されることが予想される。

また、モノ・ノ・アワレやAgXのように、地域に住む作家が集まり、上映会や制作ワークショップなどを通じてコミュニティの形成を目的とする組織も増えていくと考えられる。そして、同じような目的を持つ、国内外の組織と連携したイベントを行うなど、そのネットワークは新しい組織の誕生とともに広がっていくことが予想される。

今後、フィルムで制作する作家の数は減るだろうが、コダックがフィルムの供給を続ける限り、作家はフィルムで作品を制作する選択肢を持ち続けることはできる。また、フィルムの生産が終了することを視野に、自作の感光乳剤を塗布したフィルムで撮影を行ったり、コーヒー(カフェイン)やビタミンCなどを使った自家製現像液でフィルムの現像を行う作家もいる。

二〇一二年に結成したプロセス・リバーサルは、おもにコロラド州で活動する作家のコレクティヴで、ほぼ毎年、北米とヨーロッパで上映ツアーを行い、プロセス・リバーサルや他のフィルム・コレクティヴのメンバーが作った自家現像作品を中心に紹介している。また、上映会場やその近くの施設を使い、自家製感光乳剤や現像液の制作、薬品を使ったフィルム映像の加工方法などを教えるワークショップも積極的に行っている［図2］。

アメリカでは最近、格安でテレシネ(フィルム映像をビデオ映像に変換する作業)サービスを行う個人や組織が増えている。二〇〇七年に設立されたブルックリンのDiJiFiは、アナログ・メディアのデジタル化を専門に行っており、一〇〇フィートの八ミリもしくは一六ミリフィルムを三〇〜四五ドルでHDビデオに変換するサービスを行っている。フィルムの上映プリントやオプティカル・サウン

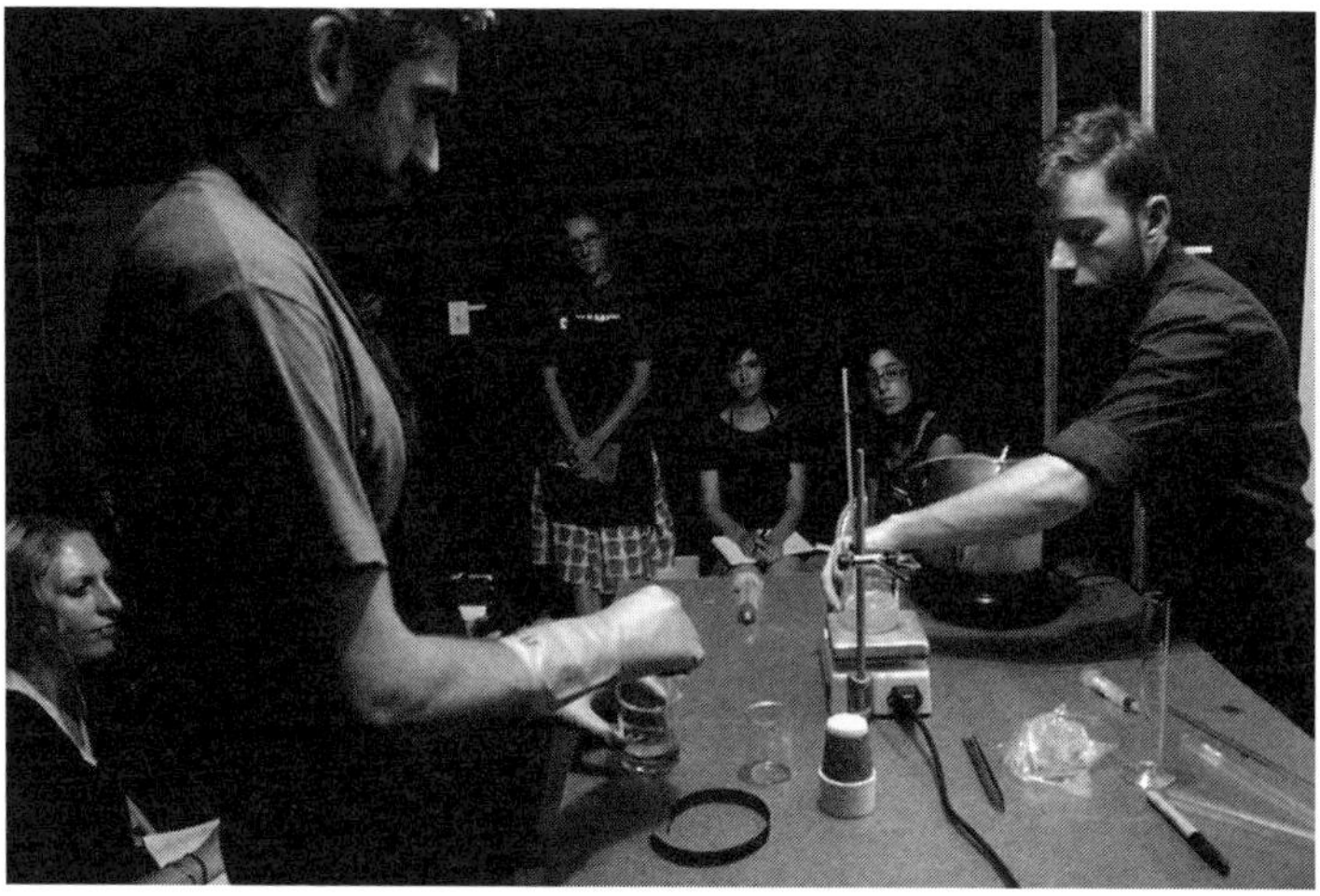

図2　プロセス・リバーサルによるフィルム映像制作ワークショップ（Photo by Margaret Rorison, 2014）

ドトラックを制作する費用は安くないので、撮影にフィルムを使うが、現像後にテレシネし、ビデオ映像を編集して作品を完成させる作家が増えることも予想される。

ビデオとその周辺技術はこれからも発展を続け、より操作の簡単な映像編集ソフトウェアの登場によって、さらに多くの作家が動画を制作し、映像をライブ・パフォーマンスとして発表するようになることが考えられる。

また、作品の配給や発表方法もさらに多様になり、より多くの作品をネット上で観ることができるようになると思う。そして、動画はより日常生活との関わりを強めるとともに、動画芸術を教える大学はさらに増え、より多くの作家やキュレーター、実験映画研究者が大学で教えることになると予想できる。

アメリカの実験映画界の巨匠、スタン・ブラッケージが亡くなったのが二〇〇三年。その後、この一〇年余りの間に、ジョーダン・ベルソン、ジョージ・クチャー、ブルース・コナー、トニー・コンラッド、ロバート・ブリアなど、実験映画の歴史に大きな影響を与えた作家が何人も亡くなった。彼らの作品は、さまざまな映画祭や上映会で特集されただけでなく、作品の保存・修復、およびDVD／ブルーレイ・ディスクの発売が行われた。残念ながら、今後もこのような機会は続くわけだが、その度に、現在活動する作家やキュレーター、また映像芸術に興味を持つすべての人に、アメリカ実験映画の歴史を再認識する機会を与えることになるだろう。

†1　このような作品の中に構造映画と呼ばれる作品がある。構造映画は、一九六九年、アメリカの前衛映画研究家であるP・アダムス・シトニーによって示された映像作品の形式で、撮影または編集方法に規則性を持つ作品が多い。例として、映像やサウンドが持つ空間、または時間的な要素を解体、再構築し、再撮影などによって映像を繰り返し、その反復や変化をコンセプトとする作品がある。

†2　一九六〇年代より美術家、実験映像作家により発表されている映像作品の形式。多様な表現形式があるが、代表的な例として、複数の映写機を使って異なる映像を同時に映写する作品や、ループ映写される映像によるインスタレーション作品、また上映中に映像を加工するパフォーマンス作品などが挙げられる。

†3　DCP（デジタル・シネマ・パッケージ）は、デジタルデータによる、二〇一六年現在最も主流な映画の上映方式。

†4　アカデミー賞を開催する映画芸術科学アカデミーの関連組織であるアカデミー・ファウンデーションの付属組織で、ハリウッドに位置し、国内外の商業映画、ドキュメンタリー作品とともに実験映画の作品修復・保

存も行っている。

†5 一九六六年にケン・ジェイコブスによって設立された組織。上映、映像制作ワークショップの他に、機材や編集施設の貸し出しを行っている。また、一九七八年から映画専門雑誌『ミレニアム・フィルム・ジャーナル』を発行している。長い間マンハッタンを拠点としていたが、現在はブルックリンを拠点に活動している。

†6 サンフランシスコに拠点を置く実験映画の配給組織。一九六七年に、ブルース・コナー、ラリー・ジョーダン、ロバート・ネルソンらによって設立された。配給する作品の数は三〇〇〇本以上。二〇一三年からは非営利団体として運営されている。

†7 一九六二年にジョナス・メカスの呼びかけに応じたスタン・ヴァンダービーク、ジャック・スミス、ロバート・ブリア、ケン・ジェイコブスらによって設立された会員制組織。配給だけでなく、上映会やフィルム制作ワークショップを行っている。二〇一六年現在、五〇〇〇本以上の作品を配給している。

†8 アート・ディーラーであったハワード・ワイズによって一九七一年に設立。ビデオ／メディア・アート作品の収集とともに三五〇〇本以上のビデオ作品を配給している。ＥＡＩや他の会場で上映会やパフォーマンス、アーティスト・トーク、パネル・ディスカッションなどのイベントを行っているほか、ビデオ／メディア・アート作品の保存・修復作業も行なっている。

†9 一九七六年にシカゴ美術館附属美術大学が設立した組織。ビデオ・アート作品とともに実験映画作品の販売・配給を行っており、配給するビデオ作品は五〇〇〇本以上におよぶ。

3

X

前衛を分かち合う場所

アンソロジー・フィルム・アーカイヴス

岡田秀則

私にとってものをつくること——芸術作品、映画あるいは絵画または音楽と呼ぶこともできますが——と、それをほかの人と分かち合うことのあいだには何の違いもありません。そして分かち合うためにはそれを保存しなければならない——それ以外にどうしてほかの人と共有できるでしょうか。だから私は映画をつくり、そしてほかの人によってつくられた映画やその他の芸術作品を観ます。そしてもしそれらを好きになり、気分を駆り立てられるならば、ほかの人と分かち合いたくなる。またそれらが失われようとしているならば、保存するためにあらゆることをしなければならない。それがアーカイヴ作業の役割です。もし自分がなにかを好きになれば、私はそれを分かち合いたいわけです。自分ひとりだけで見ても、幸せにはなれません。〔……〕そしてほかの人との分かち合いには、それがなんであれ、自分の愛するものを管理し保存することが関わってくるのです。

——ジョナス・メカス†1

ジョナス・メカス、もう一つの横顔

壁の貼り紙に目を留めない限り、この威圧感ある煉瓦造りの建物の中で、世界の実験映画が保存され、入れ代わり立ち代わり上映されているとは誰も気づかないことだろう。ニューヨーク、マンハッタン島南部にあるアンソロジー・フィルム・アーカイヴスは、一九七〇年一二月に映画作家ジョナス・メカスが、盟友である実験映画作家ペーター・クーベルカやスタン・ブラッケージらとともに創立し、齢九三を数える現在も彼が所長を勤めるフィルム・アーカイヴである。前衛映画や個人映画、世界のインディペンデント映画を中心に収集と保存、上映を行っている世界でも貴重な組織だが、同じニューヨークで、近代美術館(MoMA)の映画部という世界的な映画アーカイヴが映画史のメインストリームを志向してきたのと対照的に、アンソロジーはオルタナティヴな映画芸術を顕揚し、いわばMoMAとの間で互いを補完する活動を展開してきた。

今は国際フィルム・アーカイヴ連盟(FIAF)や映像アーキヴィスト協会(AMIA)の会員でもあるアンソロジーだが、ともすると映画史のメインストリームの陰に隠れがちな映画を扱うだけに、長年、資金的な基盤は満足できるものではなかった。現在も、米国芸術基金(NEA)、ニューヨーク州、ニューヨーク市や複数の映画企業の支援を受けているが、メカス自身、長年国内外のあらゆるところで支援を呼びかけ続けてきた。自前の収入増加にも苦心を重ねており、入場料収入とならぶ柱となっているのが、メンバーシップと寄付の制度である。個人・二人一組・学生のメンバーシップのほか、今世紀に入って映画保存事業を直接の目的とする大口寄付制度も作られた。

何よりも、いまや神話的ともいえる一人の映画作家を活動の中枢に抱き、作家自らがその先頭に立っているという運営形態が世界のアーカイヴの中でもほとんど例を見ない(ニューヨークにいる限り、メカスはほぼ毎日出勤しているそうである)。だが、そもそもメカスにとって映画を作ることと、見せること、論じること、保存することは別々の理念に属する仕事ではない。彼がこうした理念を抱き始めたのは、一九四九年、リトアニアから難民としてアメリカにたどり着き、映画キャメラを手にした時からである。一九五五年に雑誌『フィルム・カルチャー』を創刊、一九六二年には「フィルムメーカーズ・コーポラティヴ」を組織して個人映画の自主配給に乗り出し、さらに「フィルムメーカーズ・シネマテーク」を根城に上映活動へと仕事の幅を広げる中で、〝産業〟とは無縁なこの分野の映画を

図1　アンソロジー・フィルム・アーカイヴスの施設外観（撮影：中井澪、2016）

いかに守るかという問題に突き当たっていった。アンソロジーはその延長線の上に、彼の映画思想のなかでごく自然に着想されたアーカイヴなのである。

このいかめしい建物はかつて裁判所だったもので、窓の鉄格子など、所々に留置場らしき造りをとどめている。アンソロジーは、創立以来二回の引っ越しを経て一九七九年にこの「裁判所」を入手、全面的なリニューアルの結果、一九八八年一〇月に二つの劇場、資料室、保存部門、事務室、展示室を備えた本格的な映画施設として開館を果たした［図1］。そこへ至る険しい道のりはいまや語り草となっているが、計画に賛同する著名アーティストや、世界に散らばる友人たちの援助が大きな役割を担った（日本でもイメージフォーラムなどを中心とする「映像美術館建設賛助計画」が発足した）。二〇一六年現在、映写技士と劇場受付を除く常勤スタッフは九名で、ほかに映画研究者やインターンも積極的に受け入れている。筆者訪問時（二〇〇五年）に事務室で飼われていた猫や、四方の壁面にチラシやポスターを散りばめたメカスの執務室は、このアーカイヴ独自の親密さを保証しているように思われた。

「エッセンシャル・シネマ」の衝撃

上映は二〇〇席の「裁判所（コートハウス）劇場」と七五席の「マヤ・デレン劇場」の二つで行われ、いずれも三五ミリや一六ミリはもちろん、八ミリ、スーパー八ミリ、各種のビデオ・フォーマットにも対応している。年間の上映プログラム数は平均して九〇〇。劇場はスタッフによるプログラミングだけでなく、ゲスト・キュレーターを迎えての企画や小規模な映画祭にも門戸を開く。とりわけ、アンソロジーならではの特筆すべき上映企画が「エッセンシャル・シネマ」と呼ばれるプログラムだ。アンソロジー創立後の五年間をかけて彼らの「選考委員会」が選定した、世界の前衛映画史を俯瞰する約三三〇の作品が、約一一〇プログラムに組まれてレパートリー方式でいつでも規則的に上映されている。続々と世界の最新作が紹介されるアンソロジーの多彩な番組の中でも、一貫して変わることのない部分だ。

だが、この「エッセンシャル・シネマ」こそ、この組織のレーゾン・デートルなのである。何より、文学作品などの「名作選集」を示すこの語を組織名に冠したことが、彼らのアーカイヴ思想の根本をなしている。このプログラムによって、新たに映画に触れる学生たちに、たった四週間か五週間で濃縮された映画芸術史を体験する機会が与えられる。優れた映画は何度でも観られねばならず、またその鑑賞条件も常に最適でなければならない。そういう場を維持することが、メカスらの当初からの望みであった。もちろん、この試みの経緯をよく理解しない人々から、このリストには映画史の重要作が激しく欠落しているといった批判を受けることもあったらしい。だが、もとより「エッセンシャル・シネマ」の持つ意義は、彼らが編み出した映画芸術の〝定義〟を半永久的に発信し続けることなのだ。リストは常に更新され得るもので、決して「完成」されることはない。映画史の各方面にくまなく配慮したカノンを築くことより、映画史に向かって妥協なき批評的視座を提示することの方が、彼らには大切なのである。彼らがアーカイヴを築くのは、「芸術としての映画を定義する」という終わりなき実験を唯物的に保証するためであり、アンソロジーは言わばその思想の結晶である。

それにしても「エッセンシャル・シネマ」のリストは興味深い。実験映画やアヴァンギャルド映画については、スタン・ブラッケージ作品の比重が抜きん出ているとはいえ、幅広く作家の名が挙げられ、この分野の殿堂としての誇りがくっきりと見える。その一方、古典作品については、選ぶ側の個性の強さがむき出しになっている。日本から唯一参加を許されているのが戦前期の小津安二郎作品だというのも、この組織の性格に鑑みてみれば、かえって感激を催さないでもない。小津は「日本映画の巨匠」というよりも、むしろ文体の冒険者として扱われているのだ。

アンソロジーの映画保存活動

またアンソロジーの映画保存の実践は、一九七二年にインディペンデント作家たちの作品の保存プログラムに着手したことに遡る。メカス作品はもちろん、スタン・ブラッケージ、シャーリー・クラーク、ジョゼフ・コーネル、マヤ・デレン、ジョージ&マイク・クチャー、ブルース・ベイリー、マリー・メンケン、ポール・シャリッツ、ハリー・スミスといった錚々たる映画作家たちのフィルム素材を収集、ネガフィルムやマスター素材への転写を行うことで、作品を散逸から守ってきた。建物内の「低温保存庫」には貴重なオリジナル素材を収めた保存棚が並ぶが、もちろん上映と同じく、フィルムとビデオそれぞれの多様なフォーマットを一手に引き受けている。保存庫内で、すべてのフィルムを映画作家別（アルファベット順）に配置する方式は世界的に見ても類例がなく、あくまで個人作家の仕事を顕揚するアンソロジーの思想が濃密に表れている。よって、所長であるメカスの作品は保存庫中央部の「M」の場所にあるが、この棚ではメカス本人が自作の整理を続けていて、他のスタッフは立ち入れないという。

アンソロジーの保存事業は、今世紀に入って急速に質量ともに拡大している。二〇〇三年九月に初めて専門のフィルム・アーキヴィストが着任して以来新しい活動に次々と着手、保存プロジェクトと同時に、一般のアクセスに対応できるための態勢作り、さらに地下にある保存スペースの改善にも取りかかった。その後二〇〇五年に、メカスがニューヨークに住み着いて以来撮りためてきた素材を約三時間にまとめた代表作『ロスト・ロスト・ロスト』（1975完成）の復元公開にこぎつけている。さらに二〇〇九年からの音声資料（アナログテープは約二〇〇〇本）のデジタル化事業を通じて、これらのウェブ公開にも着手している。

またアンソロジーは、前衛映画を専門とするドキュメンテーション・センターとして世界最大と言える資料室を擁している。収蔵の対象は書籍（約一〇〇〇〇冊）・雑誌、スチル写真、ポスター、映画作家の講演やインタビューの録音テープ、上映カタログ類といった資料だが、そのほかに映画作家・

団体・主題別の諸ファイル（約二四〇〇〇点）が作成され、直筆原稿や書簡、脚本、ノート、新聞記事などの一次資料が収められている。現在は、閲覧希望者からの要請に応じて開室している。

ロスト？　ロスト？　ロスト？

メカスはフィルム・アーカイヴを、映画を人々と〝分かち合う〟場所だと定義づけた。映画への愛情を言葉のまま野ざらしにしてはならず、何らかの〝システム〟によって裏付けさせること、それこそがフィルム・アーカイヴの本質だという考え方である。例えば、アンソロジーの近年の活動として定着してきた事業として、一九九二年に始まった「アンソロジー・フィルム・アーカイヴス映画保存賞」がある。映画保存に功績のあった個人や組織に与えられるこの賞からは、アーティストとしてのメカスとは違った一人の稀有なアーカイヴ人を発見すべきだろう。いまだ精力的に製作活動とアーカイヴ運営にエネルギーを費やしているが、メカス以降のアンソロジーがいかに永続的な態勢を築くべきかも課題となってゆくはずだ。

『ロスト・ロスト・ロスト』は、祖国を失ったまま、いまだ新しい場所を獲得していない人間による苦痛の痕跡だと語る彼にとって、アンソロジーとは、映画によって打ち立てたもう一つの〝土地〟だとも言える。「ロスト」の語が、もっとも苦痛に満ちた言葉であるのはフィルム・アーカイヴにとっても変わりはしないからだ。かくして、作ること、集めること、守ること、論じること、見せること、見ることがすべて一つの行為であるような映画の分かち合いの〝家〟、この世でもっとも〝詩〟

に近いフィルム・アーカイヴを、メカスとその仲間は打ち立てようとした。そして、その〝家〟を守る闘いは続いてゆくだろう。たとえ、古い親友のこんな助言が残されているとしても。

私はずっと、ジョナスのプロジェクトを支持している。だけど、〔……〕ジョナスは自分の映画製作に必要な時間を他のことに割いてはだめだよ。（アンディ・ウォーホル）†2

†1 ジョナス・メカス（インタビュー）「すべての過去は私の中にあるのです」『アート・ティクトク vol.0』近畿大学国際人文科学研究所、二〇〇六年、頁付なし。

†2 「ジョナス・メカスのアンソロジー・フィルム・アーカイヴス」『美術手帖』一九八三年一〇月号、九七頁。

附記 本稿は、「NFCニューズレター」第66号（東京国立近代美術館フィルムセンター、二〇〇六年）を大幅に改稿したものである。『映画という《物体X》フィルム・アーカイブの眼で見た映画』（立東舎、二〇一六年）所収、「ジョナス・メカスの映画保存所に行った」も同じ原文からの改稿であるが、本稿はそれとは趣旨の異なる改稿である。

「エッセンシャル・シネマ・レパートリー」全映画リスト

「エッセンシャル・シネマ」は、アンソロジー・フィルム・アーカイヴスの思想的基盤とも言える上映プログラムである。そのセレクションは恣意的であるが、その恣意性こそ彼らの誇りにほかならない。一見して、アメリカを中心とする実験映画に手厚いところが「アンソロジーらしさ」と言えようが、さらには、アヴァンギャルド映画でない作品を含めた無声映画へのこだわりが、彼らのラディカルな映画芸術観を補強している。

（岡田秀則）

［凡例］

・リストは監督名（姓）をアルファベッド順で並べた。

・作品名はイタリックで表記し、（　）内には英題を、〔　〕内には共作者、上映形態その他の補足情報、『　』内には、主な邦題を記した。

（邦題監修：西村智弘）

ジェームズ・エイジー James Agee:

In the Street, 1952〔with Levitt and Loeb〕

ケネス・アンガー Kenneth Anger:

Fireworks, 1947『花火』

Puce Moment, 1949-70『プース・モーメント』

Eaux D'Artifice, 1953『人造の水』

Inauguration of the Pleasure Dome, 1954-66『快楽園の創造』

Scorpio Rising, 1963『スコピオ・ライジング』

Kustom Kar Kommandos, 1965『K.K.K.』

Invocation of My Demon Brother, 1969『我が悪魔の兄弟の呪文』

Rabbit's Moon, 1950-70『ラビッツ・ムーン』

Lucifer Rising, 1974『ルシファー・ライジング』

ブルース・ベイリー Bruce Baillie:
Mass, 1963-64『ミサ（弥撤）』（『弥撤（ミサ）ダコタ・スー族のために』）
Quixote, 1965
Castro Street, 1966『カストロ通り』（『カストロ・ストリート』）
All My Life, 1966『オール・マイ・ライフ』
Valentin de las Sierras, 1968
Quick Billy, 1971

ロバート・ビーバース Robert Beavers:
From the Notebook of..., 1971

ジョーダン・ベルソン Jordan Belson:
Allures, 1961『誘惑』
Re-entry, 1964『リ・エントリー』
Phenomena, 1965『フェノミナ』
Samadhi, 1967
Momentum, 1968
Cosmos, 1969『コスモス』
World, 1970
Meditation, 1971
Chakra, 1972

スタン・ブラッケージ Stan Brakhage:
Desistfilm, 1954
Reflections on Black, 1955
The Wonder Ring, 1955
Flesh of Morning, 1956
Loving, 1956
Daybreak and White Eye, 1957
Anticipation of the Night, 1958『夜への前ぶれ』
Window Water Baby Moving, 1959『窓のしずくと動く赤ん坊』
Cat's Cradle, 1959
Sirius Remembered, 1959『思い出のシリウス』
The Dead, 1960『ザ・デッド』
Thigh Line Lyre Triangular, 1961
Mothlight, 1963『モスライト』
Blue Moses, 1963

Dog Star Man, 1961-64『ドッグ・スター・マン』
The Art of Vision, 1965
Pasht, 1965
Bluewhite, Blood's Tone, Vein, 1965
Fire of Waters, 1965
The Horseman, The Woman, & The Moth, 1968
Lovemaking, 1968
Songs 1-14, 1964-65
Songs 15-22, 1965-66
23rd Psalm Branch, 1966
Songs 24-27, 1967-68
Songs 28-30, 1968-69
Scenes From Under Childhood, I-IV, 1969-70『幼年期の情景 No. 1―No. 4』
The Weir-Falcon Saga, 1970
Sexual Meditation No. 1: Motel, 1970
The Machine of Eden, 1970
The Animals of Eden and After, 1970
Angels', 1971
Door, 1971
Western History, 1971
The Peaceable Kingdom, 1971
Eyes, 1971
Deus Ex, 1971
Sexual Meditation: Room with View, 1971
The Shores of Phos: A Fable, 1972
The Wold Shadow, 1972
The Riddle of Lumen, 1972
The Act of Seeing with One's Own Eyes, 1972『自分自身の眼で見る行為』
Sincerity, 1973
The Text of Light, 1974

ロバート・ブリア Robert Breer:
Form Phases 1, 1952
Form Phases 2, 1953
Recreation, 1956
Motion Pictures No. 1, 1956
Jamestown Baloos, 1957『ジェームスタウン・バルース』
Eyewash, 1959

Blazes, 1961
Pat's Birthday, 1962『パットの誕生日』
Breathing, 1963『ブリージング』
Fist Fight, 1964『拳闘』
66, 1966
69, 1969『69』
70, 1971『70』
Gulls & Buoys, 1972
Fuji, 1974『富士山』

ロベール・ブレッソン Robert Bresson:
Les Dames du Bois de Boulogne, 1944（*The Ladies of the Bois de Boulogne*）『ブーローニュの森の貴婦人たち』
Le Journal d'un Curé de Campagne, 1950（Diary of A Country Priest）『田舎司祭の日記』
Un Condamné à Mort s'est Echappé, 1956（*A Man Escaped*）『抵抗』
Pickpocket, 1959『スリ』
Au Hasard Balthazar, 1966『バルタザールどこへ行く』
Mouchette, 1966『少女ムシェット』
Une Femme Douce, 1969（*A Gentle Creature*）『やさしい女』

ジェームズ・ブロートン James Broughton:
The Potted Psalm, 1946〔with Sidney Peterson〕
Mother's Day, 1948
Four in the Afternoon, 1951
Loony Tom, the Happy Lover, 1951
The Pleasure Garden, 1953
The Bed, 1968
Nuptiae, 1969
The Golden Positions, 1970
This Is It, 1971
Dreamwood, 1972
Testament, 1974
High Kukus, 1974

ルイス・ブニュエル Luis Buñuel:
Un Chien Andalou, 1928〔with Salvador Dali〕（*An Andalusian Dog*）『アンダルシアの犬』

L'Age d'Or, 1930（*The Golden Age*）『黄金時代』
Land Without Bread, 1932『糧なき土地』
Los Olvidados, 1950（*The Forgotten*）『忘れられた人々』

アルベルト・カヴァルカンティ Alberto Cavalcanti:
Rien que les Heures, 1927（*Nothing but the Hours*）『時のほか何物もなし』

チャーリー・チャップリン Charlie Chaplin:
A Woman, 1915『チャップリンの女装』
A Night in the Show, 1915『チャップリンの寄席見物』
Easy Street, 1917『チャップリンの勇敢』
Cure, 1917『チャップリンの霊泉』
Payday, 1922『給料日』
The Gold Rush, 1925『チャップリンの黄金狂時代』
Selected Features〔One Program per Cycle〕『チャップリン選集』
Selected Shorts〔One Program per Cycle〕『チャップリン短篇集』

ルネ・クレール René Clair:
Entr'acte, 1924〔with Francis Picabia〕『幕間』

ジャン・コクトー Jean Cocteau:
Le Sang d'un Poète, 1930（*The Blood of a Poet*）『詩人の血』
La Belle et la Bête, 1946（*Beauty and the Beast*）『美女と野獣』
Orphée, 1950『オルフェ』
Le Testament d'Orphée, 1960（*The Testament of Orpheus*）『オルフェの遺言』

ブルース・コナー Bruce Conner:
A Movie, 1958『映画』（『ある映画（A MOVIE）』）
Cosmic Ray, 1961『宇宙光線』
Report, 1965『レポート』

トニー・コンラッド Tony Conrad:
The Flicker, 1966『フリッカー』

ジョセフ・コーネル Joseph Cornell:

Rose Hobart, 1939『ローズ・ホバート』

Cotillion〔finished by Larry Jordan, 1969〕『コティヨン』

The Midnight Party〔finished by Larry Jordan, 1969〕『真夜中のパーティ』

The Children's Party〔finished by Larry Jordan, 1969〕

Centuries of June, 1955『六月の幾世紀』

Aviary, 1955『鳥の住まい』

Gnir Rednow, 1955

Nymphlight, ca. 1957『ニンフライト』

A Legend for Fountains〔photographed ca. 1957; completed in 1970〕『泉の伝説』

Angel, ca.1957『天使』

ダグラス・クロックウェル Douglas Crockwell:

Glens Falls Sequence, 1946『グレンズ・フォールズ・シークェンス』

The Long Bodies, 1949『ロング・ボディーズ』

マヤ・デレン Maya Deren:

Meshes of the Afternoon, 1943〔with Alexander Hammid〕『午後の網目』

At Land, 1944『陸地にて』

A Study in Choreography for Camera, 1945『カメラのための振付けの研究』

Ritual in Transfigured Time, 1946『変形された時間での儀礼』

アレクサンドル・ドヴジェンコ Alexandr Dovzhenko:

Zvenigora, 1928『ズヴェニーゴラ』

Arsenal, 1929『武器庫』(『アルセナール』)

Zemlya, 1930 (*Earth*)『大地』

Ivan, 1932『イワン』

Aerograd, 1935 (*Frontier*)『航空都市』

カール・テオドール・ドライヤー Carl Th. Dreyer:

Prästänkan, 1921 (*The Parson's Widow*)『牧師の未亡人』

Mikaël, 1924 (*Michael*)『ミカエル』

La Passion de Jeanne d'Arc, 1928 (*The Passion of Joan of

Arc）『裁かるるジャンヌ』
Vampyr, 1932『吸血鬼』
Vredens Dag, 1943（*Day of Wrath*）『怒りの日』
Ordet, 1955（*The Word*）『奇跡』
Gertrud, 1965『ゲアトルーズ』

マルセル・デュシャン Marcel Duchamp:
Anémic Cinéma, 1926〔with Man Ray〕『アネミック・シネマ』

ヴィキング・エッゲリング Viking Eggeling:
Symphonie Diagonale, 1924『対角線交響曲』

セルゲイ・エイゼンシュテイン Sergei Eisenstein:
Stachka, 1925（Strike）『ストライキ』
Bronenosets Potyomkin, 1925（*Battleship Potemkin*）『戦艦ポチョムキン』
Oktyabr, 1928（*October*）『十月』
Staroye i Novoye, 1929（*Old and New*）『全線』（『古きものと新しきもの』）

Ivan Grozny, I, II, 1944, 1946（*Ivan the Terrible*）『イワン雷帝（第1部・第2部）』

ジャン・エプスタイン Jean Epstein:
La Glace à Trois Faces, 1927（*The Three-Sided Mirror*）『三面鏡』
La Chute de la Maison Usher, 1928（*The Fall of the House of Usher*）『アッシャー家の末裔』

ルイ・フイヤード Louis Feuillade:
Fantômas, 1913-14『ファントマ』
Les Vampires, 1915『吸血ギャング団』
Tih Minh, 1919『ティ・ミン』

ロバート・フラハティ Robert Flaherty:
Nanook of the North, 1922『極北の怪異』（『極北のナヌーク』）
Man of Aran, 1934『アラン』

ボブ・フライシュナー Bob Fleischner:
Blonde Cobra, 1962〔with Ken Jacobs〕『ブロンド・コブラ』

ホリス・フランプトン Hollis Frampton:
Zorns Lemma, 1970
Hapax Legomena I:（*nostalgia*）, 1971『ノスタルジア』

ジョルジュ・フランジュ Georges Franju:
Le Sang des Bêtes, 1949（*Blood of the Beasts*）『野獣の血』

ロバート・フランク Robert Frank:
Pull My Daisy, 1959〔with Alfred Leslie〕『ひな菊を摘んで』（『プル・マイ・デイジー』）

アーニー・ゲール Ernie Gehr:
Reverberation, 1969
Serene Velocity, 1970
Still, 1971

ジャン・ジュネ Jean Genet:
Un Chant d'Amour, 1950（*The Song of Love*）『愛の唄』

ドウィネル・グラント Dwinell Grant:
Contrathemis, 1941
Stop Motion Tests, 1942
Color Sequence, 1943

デヴィッド・ウォーク・グリフィス D. W. Griffith:
The Birth of a Nation, 1915『国民の創生』
Intolerance, 1916『イントレランス』

アレクサンダー・ハミッド Alexander Hammid:
Meshes of the Afternoon, 1943〔with Maya Deren〕『午後の網目』

マルセル・アヌーン Marcel Hanoun:
Une Simple Histoire, 1958（*A Simple Story*）
L'Hiver, 1959（*Winter*）『冬』
Le Printemps, 1970（*Spring*）『春』

ジェローム・ヒル Jerome Hill:
Death in the Forenoon, 1955
Canaries, 1968
Film Portrait, 1971
イアン・ヒューゴ Ian Hugo:
Bells of Atlantis, 1952『アトランティスの鐘』

ケン・ジェイコブス Ken Jacobs:
Little Stabs at Happiness, 1961『幸福の小さな刺し傷』
Blonde Cobra, 1962〔with Bob Fleischner〕『ブロンド・コブラ』
Tom, Tom, The Piper's Son, 1969『トム、トム、笛吹きの息子』

ハンフリー・ジェニングス Humphrey Jennings:
Listen to Britain, 1941『英国に聞け』

ラリー・ジョーダン Larry Jordan:
Hamfat Asar, 1965
Duo Concertantes, 1962-64『コンサートのための二曲』
Gymnopedies, 1968
The Old House, Passing, 1966
Our Lady of the Sphere, 1968『天球の聖母』
バスター・キートン Buster Keaton:
Neighbors, 1920『キートンの隣同士』
The General, 1926『キートン将軍』(『キートンの大列車追跡』)
Selected Films〔One Program per Cycle〕『キートン選集』

ディミトリ・キルサノフ Dimitri Kirsanoff:
Ménilmontant, 1924-25『メニルモンタン』
Rapt, 1934『霧笛』

ペーター・クーベルカ Peter Kubelka:
Mosaik im Vertauen, 1955（*Mosaic in Confidence*）『自信にモザイク』(『信頼のモザイク』)
Adebar, 1957『アデバー』
Schwechater, 1958『シュヴェカター』

Arnulf Rainer, 1960『アーヌルフ・ライナー』
Unsere Afrikareise, 1966（*Our Trip to Africa*）『我らのアフリカ旅行』

ジョージ&マイク・クチャー George & Mike Kuchar:
Pussy on a Hot Tin Roof, 1961
Tootsies in Autumn, 1962

ジョージ・ランドウ〔オーウェン・ランド〕 George Landow〔a.k.a. Owen Land〕:
Fleming Faloon, 1964
Film in which there Appear, Sprocket Holes, Edge Lettering, Dirt Particles, etc., 1966『スプロケットの穴やエッジ・レターや汚い粒子がでてくる映画』(『エッジ・レタリング、ごみ、スプロケット穴などが現れるフィルム』)
Dipoteratology or Bardo Follies, 1967
The Film that Rises to the Surface of Clarified Butter, 1968
Institutional Quality, 1969
Remedial Reading Comprehension, 1971
What's Wrong With This Picture?, 1972
Thank You Jesus for the Eternal Present〔Parts 1&2〕, 1973-74

ローレル&ハーディ Laurel and Hardy:
Selected Films〔One Program per Cycle〕『ローレル&ハーディ選集』

フェルナン・レジェ Fernand Léger:
Ballet Mécanique, 1924〔with Dudley Murphy〕『バレエ・メカニック』

アルフレッド・レスリー Alfred Leslie:
Pull My Daisy, 1959〔with Robert Frank〕『ひな菊を摘んで』(『プル・マイ・デイジー』)

ヘレン・レヴィット Helen Levitt:
In the Street, 1952〔with Agee & Loeb〕

ジャニス・ローブ Janice Loeb:
In the Street, 1952〔with Agee & Levitt〕

ルイ&オーギュスト・リュミエール Louis & Auguste Lumière:
Selected Films〔One Program per Cycle〕『リュミエール選集』

レン・ライ Len Lye:
Tusalava, 1928『テュサラヴァ』
Trade Tatoo, 1937『トレード・タトー』
Rhythm, 1953『リズム』
Free Radicals, 1958『自由根』(『フリー・ラディカルズ』)

ウィラード・マース Willard Maas:
Geography of the Body, 1943『身体の地理学』

クリストファー・マクレーン Christopher MacLaine:
The End, 1953

グレゴリー・マルコプーロス Gregory Markopoulos:
Du Sang, de la Volupté et de la Mort, 1947-48（*Of Blood, of Pleasure and of Death*）
Psyche, 1948
Swain, 1950
Twice a Man, 1963
Himself as Herself, 1966
Ming Green, 1966
Eros, O Basileus, 1966
The Illiac Passion, 1967
Gammelion, 1968

ジョナス・メカス Jonas Mekas:
Walden: Diaries, Notes and Sketches, 1964-69『ウォールデン』
Reminiscences of a Journey to Lithuania, 1971『リトアニアへの旅の追憶』

ジョルジュ・メリエス Georges Méliès:
Selected Films〔Four Programs〕『メリエス選集』

Selected Films〔Five Programs〕『メリエス選集』
Selected Films〔Four Programs〕『メリエス選集』

マリー・メンケン Marie Menken:
Glimpse of the Garden, 1957
Arabesque for Kenneth Anger, 1961
Eye Music in Red Major, 1961
Notebook, 1962-63
Go! Go! Go!, 1963
Andy Warhol, 1965
Lights, 1965

フリードリヒ・ヴィルヘルム・ムルナウ F. W. Murnau:
Sunrise, 1927『サンライズ』

ダドリー・マーフィ Dudley Murphy:
Ballet Mécanique, 1924〔with Fernand Léger〕『バレエ・メカニック』

ロバート・ネルソン Robert Nelson:
The Great Blondino, 1967
Bleu Shut, 1970

アンドリュー・ノーレン Andrew Noren:
Kodak Ghost Poems, Part I ,1967

パット・オニール Pat O'Neill:
Saugus Series, 1973『ソーガス・シリーズ』

小津安二郎 Yasujiro Ozu:
Umarete Wa Mita Keredo, 1932（*I Was Born, … But*）『生れてはみたけれど』
Chichi Ariki, 1942（*There Was a Father*）『父ありき』

シドニー・ピーターソン Sidney Peterson:
The Potted Psalm, 1946〔with James Broughton〕
The Petrified Dog, 1948
Mr. Frenhofer and the Minotaur, 1949
The Lead Shoes, 1949

フランシス・ピカビア Francis Picabia:

Entr'acte, 1924〔with René Clair〕『幕間』

フセヴォロド・プドフキン Vsevolod Pudovkin:

Mat, 1926（Mother）『母』

マン・レイ Man Ray:

Le Retour à la Raison, 1923（Return to Reason）『理性への回帰』

Emak Bakia, 1927『エマク・バキア』

Etoile de Mer, 1928『ひとで』

Anémic Cinéma, 1926〔with Marcel Duchamp〕『アネミック・シネマ』

ジャン・ルノワール Jean Renoir:

La Règle du Jeu, 1939（*The Rules of the Game*）『ゲームの規則』

ロン・ライス Ron Rice:

Chumlum, 1964

ハンス・リヒター Hans Richter:

Rhythmus 21, 1921『リズム21』

Alles Dreht Sich, Alles Bewegt Sich, 1929（*Everything Revolves, Everything Turns*）

Zweigroschenzauber, 1929（*Two Pence Magic*）

レニ・リーフェンシュタール Leni Riefenstahl:

Triumph des Willens, 1934-35（*Triumph of the Will*）『意志の勝利』

Olympia, 1938『オリンピア』（『民族の祭典』『美の祭典』）

ロベルト・ロッセリーニ Roberto Rossellini:

Francesco, Giullare di Dio, 1949（*The Flowers of St. Francis*）『神の道化師フランチェスコ』

La Prise de Pouvoir par Louis XIV, 1966（*The Rise to Power of Louis XIV*）『ルイ14世の権力掌握』

ヴァルター・ルットマン Walter Ruttmann:

Berlin, die Symphonie der Grosstadt, 1927（*Berlin: Symphony of a City*）『伯林　大都会交響楽』

ポール・シャリッツ Paul Sharits:
N:O:T:H:I:N:G, 1968
T,O,U,C,H,I,N,G, 1969
S:TREAM:S:S:ECTION:S:ECTION:S:S:ECTIONED, 1968-70
Color Sound Frames, 1974

ハリー・スミス Harry Smith:
No. 1-5, 7, 10, 1939-56（Early Abstractions）『初期の抽象映画（ナンバー1・2・3・4・5・7・10）』
No. 11, 1957（Mirror Animations）
No. 12, 1958-61（Heaven and Earth Magic Feature）
No. 14, 1964（Late Superimpositions）
No. 16, 1967（Oz: The Tin Woodsman's Dream）

ジャック・スミス Jack Smith:
Scotch Tape, 1962
Flaming Creatures, 1963『燃え上がる生物』
No President, 1969『ノー・プレジデント』

マイケル・スノウ Michael Snow:
Wavelength, 1967『波長』
⟷, 1969（*Back and Forth*）『⟷（バック・アンド・フォース）』
La Région Centrale, 1970-71（*The Central Region*）『中央地帯』

ウォーレン・ソンバート Warren Sonbert:
Carriage Trade, 1972

フランク・スタウファチャー Frank Stauffacher:
Sausalito, 1948『サウサリート』

エーリヒ・フォン・シュトロハイム Erich von Stroheim:
Greed, 1924『グリード』

カール・ヴァレンティン Karl Valentin:
Der Firmling, 1934（*Confirmation Day*）

ジガ・ヴェルトフ Dziga Vertov:

Newsreel Material（*Kinonedelia*, 1918-19; *Kinopravda*, 1922, etc.）『ニュース映画集（「キノプラヴダ」他）』

Kinoglaz, 1925『キノグラース』

Shagai, Soviet!, 1925-26（*Forward, Soviet!*）

Shestaya Chast Mira, 1926（*The Sixth Part of the World*）『世界の六分の一』

Odinnadtsati, 1928（*The Eleventh Year*）『第十一年』

Chelovek s Kinoapparatom, 1929（*Man With a Movie Camera*）『カメラを持った男』

Entuziasm, 1931（*Enthusiasm*）『熱狂』

Tri Pesni O Leninye, 1934（*Three Songs About Lenin*）『レーニンの三つの歌』

ジャン・ヴィゴ Jean Vigo:

A Propos de Nice, 1929-30『ニースについて』

Taris, 1931（*Taris, Swimming Champion*）『水泳選手ジャン・タリス』

Zéro de Conduite, 1933（*Zero for Conduct*）『新学期・操行ゼロ』

L'Atalante, 1934『アタラント号』

アンディ・ウォーホル Andy Warhol:

Eat, 1963『イート』

Chelsea Girls, 1966『チェルシー・ガールズ』

Two Other Programs per Cycle〔Including: *Kiss*, 1963; *Blow Job*, 1963; *Harlot*, 1964; *My Hustler*, 1965; *Sausalito*, 1967〕『ウォーホル選集』

ジェームズ・シブリー・ワトソン&メルヴィル・ウェバー James Sibley Watson & Melville Webber:

The Fall of the House of Usher, 1928『アッシャー家の崩壊』

オーソン・ウェルズ Orson Welles:

Citizen Kane, 1941『市民ケーン』

ジェームズ・ホイットニー James Whitney:

Lapis, 1963-66『ラピス』

ジョン&ジェームズ・ホイットニー John & James Whitney:

Film Exercises 1-5, 1943-45

▽二〇一五年六月現在。アンソロジー・フィルム・アーカイヴスの公式ウェブサイト（http://anthologyfilmarchives.org/）による。

日本におけるアメリカ実験映画の受容——あとがきにかえて

西村智弘

アメリカ実験映画の紹介

本書『アメリカン・アヴァンガルド・ムーヴィ』が刊行される二〇一六年は、日本においてアメリカの実験映画を振り返るのにふさわしい年といってよいだろう。一九六六年六月、草月アートセンターの主催で〈アンダーグラウンド・シネマ：日本・アメリカ〉（草月会館ホール）が開催された。この上映会は、アメリカの実験映画（アンダーグラウンド映画）の存在を知らしめるとともに、若い世代の作家のあいだで実験映画をつくることが流行し、アングラ・ブームが生まれるきっかけとなった点で記念的な意味をもつ。今年は、その上映会が行われてからちょうど五〇年目に当たっている。この五〇年という節目において、アメリカの実験映画に改めて向き合う機会が与えられたといえるのだ。

一九六〇年代の後半、日本にアンダーグラウンド映画が台頭したことは、アメリカの実験映画の存在を抜きに考えることができない。もちろんすでに日本では、松本俊夫、城之内元晴、足立正生らによって実験映画が制作されていた。しかし、アメリカの実験映画が上映されるようになって、実験映画をめぐる状況が大きく変わったのである。その変化の契機となったのが〈アンダーグラウンド・シネマ：日本・アメリカ〉なのであった。

ただし、一九六六年以前にもアメリカの実験映画の情報は伝わっていたし、作品が上映されることもあった。アメリカの実験映画は、決して突然に輸入されたわけではなく、その影響も広範囲に渡っている。しかし、このあたりの事情についてはあまり知られていないようだ。そこでこの「あとがき」の場を借りて、アメリカの実験映画が日本でどのように受容されたのかを簡単に振り返っておきたい。

アメリカにおいて実験映画が本格的に台頭したのは、一九四〇年代に入ってからである。アメリカの実験映画は、一九二〇年代のヨーロッパに台頭した前衛映画（アヴァンギャルド映画）、とくにシュルレアリスム映画や抽象映画の影響を受けて始まった。シュルレアリズム映画の流れを汲む作家を代表していたのがマヤ・デレンであり、抽象映画の作家にはハリー・スミスやホイットニー兄弟らがいた。

早くも一九四〇年代にアメリカの実験映画に言及していたのが、美術評論家の瀧口修造である。瀧口が『映画春秋』一九四七年一一月号に寄稿した「その後の、そして最近の前衛映画」は、主に戦前のヨーロッパの前衛映画を解説したエッセイだが、同時代のアメリカの作家としてデレンやホイットニー兄弟の名前をあげていた。ただし瀧口は、実際に作品を観ていたわけではなく、海外の雑誌を読んで彼らの存在を知ったようである。

一九五四年一月には、東京国立近代美術のフィルム・ライブラリーが行った〈月例映写会〉のなかで、ジェームス・ディヴィスの抽象映画『カラーダンス』（1952）が上映されている。あまり知られていない作品だが、日本でアメリカの実験映画が上映された最初であろう。このような作品が上映されたのは、瀧口がフィルム・ライブラリーの運営委員であったことが影響しているかもしれない。

一九五六年、ノーマン・マクラレンの『線と色の即興詩』(1955)が長編映画の併映で劇場公開されて評判になっている。マクラレンはカナダの作家として紹介されたが、それまで戦前のヨーロッパの前衛映画しか知らなかった日本において、同時代の実験映画に関心が向けられるきっかけとなった。この時期、アメリカの実験映画の情報を日本に伝えたのは、映画評論家で映画作家のドナルド・リチーである。たとえばリチーは、『映画評論』一九五六年三月号の「アメリカのアヴァン＝ガルド映画――戦後アメリカに起こつた新らしい映画芸術運動」で、デレン、ケネス・アンガー、ジェイムス・ブロートンの作品を解説している。

一九六〇年、ジョナス・メカスはニューヨークで「ニュー・アメリカン・シネマ・グループ」を結成した。メンバーには、『アメリカの影』(1959)のジョン・カサヴェテスをはじめ、ライオネル・ロゴーシン、バート・スターン、ロバート・フランク、アルフレッド・レスリーらがいた。メカスが書いた「ニュー・アメリカン・シネマのための第一宣言」はよく知られていて、映画が個人の表現であることを主張し、検閲の廃止や配給の自由化を訴えている。ただしこのグループは、「ニューヨーク派」と呼ばれた独立系の劇映画を制作する作家たちの集まりで、必ずしも実験映画を想定していたわけではなかった。しかしメカスは、すぐに実験映画の作家を擁護するようになり、一九六二年に実験映画作家の協同組合「フィルムメーカーズ・コーポラティヴ」を設立した。

日本においてニュー・アメリカン・シネマ・グループは、商業映画の新しい動向として紹介されている。『世界映画資料』一九六〇年一月号は「世界映画の新しい波」を特集し、メカスの「自由な映画を目ざして」（三木宮彦訳）、メカスとカサヴェテスの「創造的で個性的な表現のために——独立映画賞と『影』」（金坂健二訳）を掲載している。[†1] メカスの文章が日本語に翻訳された最初であった。

一九六二年、ロゴーシンが来日して非公式に作品を上映した。植草甚一は、『映画評論』同年六月号のロゴーシンを論じたエッセイのなかで、ニューヨーク派の映画が「オフ・ブロードウェイ・シネマ」[†2]と呼ばれていることを紹介している。また金坂健二は、『映画評論』同年八月号の「オフ・ハリウッド・シネマ」でニューヨーク派の映画を論じている。その後金坂は、アメリカの実験映画を「オフ・ハリウッド・シネマ」と呼ぶようになった。

アメリカでは、一九五〇年代後半からスタン・ブラッケージ、スタン・ヴァンダービーク、ブルール・コナーらの実験映画作家が登場していた。実験映画が大きな勢力として台頭したのは一九六〇年代に入ってからで、続々と新しい作家が生まれている。アンダーグラウンド映画という名称が定着したのは六〇年代初頭のことだった。

アメリカの実験映画を日本で上映しようとする動きは早くからあった。山口勝弘は、一九六一年にニューヨークでメカスに会っており、日本とアメリカの実験映画を交換するプログラムの計画を立てている。[†3] このプログラムは草月アートセンターが上映する予定で、草月とメカスのあいだに立ってやりとりをしたのがオノ・ヨーコだった。オノは、一九六二年から六五年にかけてメカスを招待した上映会を行う計画を進めていたが、[†4] オノが日本を離れたために計画は立ち消えになった。

一方、秋山邦晴は、一九六三年にニューヨークに滞在したとき、実験映画のシネマテークに通いつめて多くの作品を観ていた。秋山は、帰国後に書いたレポートでアメリカの実験映画を「地下映画」[†5]

と呼んでいる。草月アートセンターの奈良義巳が強く関心を示したため、秋山はメカスに連絡を取ったが、この話も具体化しなかった。草月アートセンターは、早くからアメリカの実験映画を上映しようと試みていたものの、なかなか実現しなかった。

　草月アートセンターが一九六二年六月二日に行った〈SAC試写会〉（草月会館ホール）の「ペーター・クーベルカ作品」は、アメリカの作品ではなかったものの当時としてはかなり珍しい上映会であった。『モザイク』（『信頼のモザイク』1955）、『アデバー』（1957）、『シュベシヒアター』（『シュヴェカター』1958）、『アルヌルス・ライネル』（『アールヌフ・ライナー』1960）が公開されたが、白コマと黒コマの明滅だけで成立した『アルヌルス・ライネル』は、作品としてまともに観てもらえなかったようだ。上映会のレポートに、「寛大な観客席からクスクスと笑い声と拍手が起ると、画面は再び明暗のリズムをくり返す。そのとき、真白な画面に向けて、だれかがパチリとカメラのシャッターを切ったのには、一同大爆笑[†6]」とある。どうやらクーベルカの作品を上映するには、時期的に少々早すぎたようである。

アンダーグラウンド映画の上映

　一九六五年七月二六日、『藝術新潮』が主催した〈藝術新潮の鑑賞会〉（紀伊國屋ホール）の第一〇回「前衛と実験・2」では、ロバート・フランクとアルフレッド・レスリーの『ひな菊を摘んで』（『プル・マイ・デイジー』1958）、スタン・ヴァンダービークの『サイエンス・フリクション』（1959）、ロバート・ブリアの『パットの誕生日』（1962）などが上映された。[†7] これは、アメリカの実験映画を特集した最初だが、小さな催しでほとんど話題になっていない。

一九六六年二月から三月にかけて、草月アートセンターの主催で〈世界前衛映画祭：映画芸術の先駆者たち〉（草月会館ホール）が開催された。シネマテーク・フランセーズの創始者、アンリ・ラングロワのセレクションで、一三〇本ほどの作品を上映する大規模な映画祭だった。そのなかに「現代のアヴァンギャルド映画：アメリカ」というプログラムがあったのだが、なぜかアンダーグラウンド映画の主要作家が含まれていない。ラングロワは、アメリカの実験映画にあまり詳しくなかったのかもしれない。ただし、ケネス・アンガーの『スコピオ・ライジング』（1963）が選ばれており、これはよく知られたアンダーグラウンド映画の作品だったが、税関検査を通過しなかったため公開されなかった。

同年の六月、〈草月シネマテーク〉の枠で開催されたのが、冒頭で触れた〈アンダーグラウンド・シネマ：日本・アメリカ〉であった。この上映会について考えるためには、「フィルム・アンデパンダン」に触れておく必要があるだろう。フィルム・アンデパンダンは、一九六四年に飯村隆彦を中心に結成された実験映画のグループで、高林陽一、大林宣彦、金坂健二、佐藤重臣、石崎浩一郎、ドナルド・リチーらがメンバーだった。実質的な活動は一九六四年の〈第一回フィルム・アンデパンダン〉（紀伊國屋ホール）だけといってよいのだが、このグループに参加した作家や評論家がアメリカのアンダーグラウンド映画を日本に紹介する役割を果たしている。

〈アンダーグラウンド・シネマ：日本・アメリカ〉の作品をセレクションしたのが金坂で、渡米中に観た実験映画を集めていた。アメリカの作品は、スタン・ブラッケージの『モス・ライト』（1963）と『アメリカの詩』（1965）、カール・リンダーの『悪魔は死んだ』（1964）、ロバート・ネルソンの『この西瓜野郎』、ジョー・セデルマイヤーの『ムロフノク』（いずれも1965）で、日本からは飯村、金坂、リチーが出品した。上映会は連日満員で、新聞や雑誌に取り上げられ、アンダーグラウンド映画という名称が広まるきっかけとなった。金坂が選んだ作品がアンダーグラウンド映画を代表していたとはいえないが、この上映会は新しい映画の登場を印象付けたのだった。

　金坂は、オフ・ハリウッド・シネマの代わりにアンダーグラウンド映画という名称を使うようになっていた。[†8] 彼は、〈アンダーグラウンド・シネマ：日本・アメリカ〉のカタログに、メカスの「アンダーグラウンド・シネマ第一宣言」の訳を掲載しているのだが、これは「ニュー・アメリカン・シネマのための第一宣言」の翻訳で、勝手にタイトルを変えていた。宣言のなかの「血の色をした映画」というフレーズは、その後多くの映画作家や映画評論家によって引用されている。

　〈アンダーグラウンド・シネマ：日本・アメリカ〉は、かつてフィルム・アンデパンダンに参加したメンバーにとっても大きな意味をもっていた。『映画評論』の編集長であった佐藤は、この上映会の成功をきっかけに同誌でアンダーグラウンド映画の紹介を行うようになった。上映会直後に渡米した飯村は、アンダーグラウンド映画の情報をいち早く日本に発信した。金坂は、アンダーグラウンド映画とともにサイケデリック・カルチャーのようなアメリカの流行を紹介し、カリスマ的な映画評論家となっていく。

　〈アンダーグラウンド・シネマ：日本・アメリカ〉上映後は、堰を切ったようにアメリカの実験映画の上映が続いている。一九六六年一〇月から翌月にかけて開催された〈アメリカ短編映画の20年〉（東京国立近代美術館）では、エド・エムシュウィラーの『死の感覚』（1962）、ロバート・ブリアの『紅茶沸かしの上の馬』（1963）、ヴァンダービークの『ブレスデス』（1964）、ブルース・ベイリーの『カストロ通り』（『カストロ・ストリート』）、ポール・シャリッツの『光線・銃・ヴィールス』（いずれも1966）などが上映された。

一九六七年三月には、〈アンダーグラウンド・シネマ：日本・アメリカ〉の続編に当たる〈アンダーグラウンド・フィルム・フェスティバル〉（草月会館ホール）が開催された。海外作品をセレクションしたのが飯村で、メカスの『樹々の大砲』（1961）、ヴァンダービークの『世界の壁のためのパネル』（1965）、ベイリーの『オール・マイ・ライフ』、ジャッド・ヤルカットの『ターン・ターン・ターン』（いずれも1966）などが上映された。

同年五月にも、〈アメリカ戦後の実験映画——シュールレアリスムからアンダーグラウンド・シネマへ〉（朝日講堂、草月会館ホール）が開催されている。ハリー・スミスの『初期の抽象映画（ナンバー1・2・3・4・5・7・10）』（1939-46）、マヤ・デレンの『午後の網目』（1943）、『陸地で』（1944）、『カメラのための振付け研究』（1945）、レン・ライの『自由根』（『フリー・ラディカルズ』）、ブルース・コナーの『映画』（『A MOVIE』『ある映画（A MOVIE）』いずれも1958）、ブラッケージの『序章＝犬・星・人間』（『ドック・スター・マン』の「プレリュード」1961）、ジョン・ホイットニーの『キャタログ』（『カタログ』1962）、ラリー・ジョーダンの『コンサートのための二曲』（1965）など、アメリカの実験映画の古典的作品が網羅されていた。アンガーの『スコピオ・ライジング』は、〈世界前衛映画祭〉のときと同様に税関検査を通過しなかったが、税関職員のミスでフィルムが送られてきたため、草月会館ホールで非公式に上映された。

アメリカのアンダーグラウンド映画が日本に伝えたのは、誰もが自由に映画を制作してよいというメッセージであり、若い世代のあいだで実験映画を制作することが流行した。この流行を受けて草月アートセンターが開催したのが、一九六七年一一月の〈第一回草月実験映画祭〉（草月会館ホール）である。「招待作品部門」の枠では、ベイリーの『ミサ（弥撒）』（『弥撒（ミサ）ダコタ・スー族のために』1964）、ジョージ・クチャーの『呪いの崩壊』、アンディ・ウォーホルの『ヴィニール』（いずれも1965）などが上映された。ウォーホルは日本でも人気が高く、『スリープ』（1963）などのミニマリズム映画の情報も伝わっていたが、最初に公開されたのはサウンド映画の『ヴィニール』であった。

その後のアンダーグラウンド映画

一九六六年に渡米した飯村隆彦は、アメリカのアンダーグラウンド映画の動向を日本に報告していた。飯村は、『映画評論』同年一二月号に寄稿した「鳴動つづくアンダーグラウンド」で、「今、アメリカの芸術、あるいは映画において吹きまくっている嵐あるいは〝新しい波〟に、インターメディア、あるいはエクスパンデッド・シネマなどと呼ばれるものがある」[†9]と書いて、マルチ・プロジェクションによるスタン・ヴァンダービークの作品、映画とパフォーマンスを組み合わせたロバート・ホイットマンの作品などを解説した。これは、エクスパンデッド・シネマやインターメディアを日本に紹介した最初であろう。

当時、エクスパンデッド・シネマとインターメディアは同じような動向として理解されたが、前者が映画の概念を拡張することで通常の上映形態を超えていく試みであったのに対し、後者はハプニングの延長に光や映像、電子音楽などのテクノロジーを導入したものだったといえる。すでに日本では、現代美術や現代音楽の分野でハプニングが台頭していて、エクスパンデッド・シネマやインターメディアはこうした動向と連動しつつ、サイケデリック・カルチャーやアート&テクノロジーの動向とも結びついて、一九六〇年代末頃の流行になった。

アンダーグラウンド映画の影響は、映画という領域を超えて広がっていた。アンダーグラウンド映画の略称である「アングラ」(佐藤重臣の命名といわれる)は、寺山修司や唐十郎の演劇などに用いられただけでなく、猥雑な若者文化を指す代名詞となった。こうしたアングラ・ブームのさなかの一九六八年九月、金坂健二、佐藤重臣、松本俊夫によって実験映画作家の協同組合「ジャパン・フィルムメーカーズ・コーポラティブ」が設立された。いうまでもなくこれは、メカスが組織した「フィルムメーカーズ・コーポラティヴ」を参照したものである。

〈草月実験映画祭〉の第二回は、一九六八年一〇月に〈フィルム・アート・フェスティバル東京1968〉と改称して開催された。この映画祭で注目すべきは、飯村のセレクションによる「知覚的映画特集」で、アメリカのアンダーグラウンド映画の新しい動向に焦点を当てていた。上映されたのは、トニー・コンラッドの『フリッカー』、ジョージ・ランドウの『スプロケットの穴やエッジ・レタリング、ごみ、スプロケット穴などが現れるフィルム』(『エッジ・レタリング、ごみ、スプロケット穴などが現れるフィルム』)、ポール・シャリッツの『かみそりの刃からのスリー・ループス』（いずれも1966）、マイケル・スノウの『波長』（1967）などである。

「知覚的映画特集」で上映された作品は、アダムス・シトニーが提唱した「構造映画」に属している。構造映画とは、カメラやフィルムなど映画の原理的な側面を主題化した作品を指し、要素を切り詰めたストイックなスタイルに特徴があった。ただし、当時それらの作品はサイケデリック・シネマと理解されたようである。[†10] 明滅で成立したコンラッドやシャリッツの作品はともかく、ランドウやスノウの作品をサイケデリック・シネマに分類するのは無理があるが、構造映画の発想がなかったのも当然だった。なぜなら、シトニーが「構造映画」と題する論文を『フィルム・カルチャー』に発表したのは一九六九年のことであり、一九六八年の時点ではアメリカでも構造映画という名称は知られていなかったからである。

一九六九年二月五日から七日までの三日間、代々木体育館の第二競技場で〈クロストーク／インターメディア〉が開催された。これは、秋山邦晴や湯浅譲二らの現代音楽関係者が企画したアート＆テクノロジーのイベントだが、実験映画の作家も少なからず参加していた。このときヴァンダービークが来日し、マルチ・プロジェクションによる『発見されたフィルム』、コンピュータグラフィックスを使った『ポエム・フィールド』（1964-67）を発表している。[†11] また彼は、草月会館ホールで上映と講演を行った。

メカスの呼びかけによって一九六八年に結成された「ニューズリール」は、映画と政治運動を結びつけ、映画による社会変革を目指したグループである。ニューズリール配給作品として最初に選ばれたのは、おおえまさのりがニューヨークで制作した『NO GAME』（1967）で、国際反戦デーのデモを撮影したドキュメンタリーであった。一九六九年に帰国したおおえは、金坂らとともに「ニューズリール・ジャパン」を結成し、映画による革命を目指した活動を行った。

一九六〇年代末頃は、日本万国博覧会に対する反対運動、公募展に対する反対運動などの造反運動が活発になっており、アンダーグラウンド映画作家の大半が参加していた。そうしたなかで、〈フィルム・アート・フェスティバル東京1969〉が反対派の造反運動によって中止に追いやられる事件もあった。実験映画作家が政治的な運動に傾斜したことは、アンダーグラウンド映画を衰退させる要因にもなっている。作家たちのあいだに対立が生まれることで活動が停滞したばかりではなく、造反運動が収束するとともにアンダーグラウンド映画に対する一般的な関心も失われてしまうからである。

アンダーグラウンド映画の流行は一九六九年で終わってしまったが、アメリカの実験映画の上映がなくなったわけではなかった。一九七〇年には、アメリカ文化センターの主催で〈アメリカの実験映画：30年の回顧史〉のプログラムが各地を巡回し、ケネス・アンガーやジェームズ・ブロートンらの作品を上映している。また、一九七一年に『季刊フィルム』主催の〈フィルムアート・シネマテーク〉がスタートしており、二面スクリーンによるアンディ・ウォーホルの映画『チェルシー・ガールズ』（1966）などを上映した。[†12]

先に触れたシトニーの論文「構造映画」は、比較的早い時期に伝わっている。飯村による抄訳「構造的映画」が『季刊フィルム』六号（一九七〇年七月）に掲載され、石崎浩一郎による全訳が『アメリカの実験映画――〈フィルム・カルチュア〉映画論集』（フィルムアート社、一九七二年）に収録された。構造映画に相当する作品は〈フィルム・アート・フェスティバル東京1968〉で上映されていたものの、当時はさほど評判になっていない。しかし、一九七〇年代初頭には構造映画の影響を受けた作家が登場している。そうした作家には松本俊夫や居田伊佐雄らがおり、映画のフィルムや写真の再撮影、コマ単位の編集ないしはコマ撮りといった技巧的な作品を制作した。

一九七三年には、メカスの代表作『リトアニアへの旅の追憶』（1972）が公開されている。彼の作品はすでに『樹々の大砲』が上映されていたが、当時はそれほど注目されなかった。しかし、『リトアニアへの旅の追憶』が日本の実験映画作家に与えた影響は絶大で、日常にカメラを向ける日記的な映画をつくる作家が続出した。たとえば、かわなかのぶひろ、萩原朔美、鈴木志郎康らは、メカスの作品の影響から日記的な作風へと移行している。

一九七〇年代初頭には、六〇年代から実験映画を制作していた作家に若い世代の作家が加わって、日本の実験映画は新たな活況を呈している。一九七〇年代の日本の実験映画は、構造映画と日記映画から影響を受けた作品を中心に発展したと考えることができる。両者のスタイルは一見すると対照的だが、構造映画が映画という表現媒体の本質を反省的に捉える映画であったとすれば、日記映画は作家自身という表現の主体を反省的に捉えた映画であったといえよう。一九七〇年代の日本の実験映画は、対抗文化を担った六〇年代の実験映画のような派手さはないが、全体に作品が内向的になっており、ここに表現としての深化を認めることができる。

そして、構造的な映画と日記的な映画という一九七〇年代の実験映画の傾向は、そのまま八〇年代に引き継がれている。この時代にもプライベート・ドキュメンタリーを制作する作家が数多く存在しており、その一方で、写真をコマ単位で再撮する伊藤高志のような技巧的な実験映画を手がける作家が台頭していた。さらにこれらの傾向は、一九九〇年代の実験映画にも受け継がれている。日本の実験映画は、アメリカの実験映画の影響によってひとつの源流が形成されたといえるのであった。アメリカの実験映画がどのように受容されたのかを振り返ることは、日本の実験映画がどのように展開したのかを考えることにつながっている。

†1 「創造的で個性的な表現のために」は、一九五九年にカサヴェテスの『アメリカの影』が「第一回インデペンデント・フィルム賞」に選ばれたときに書かれた文章である。「自由な映画を目ざして」は、ニューヨーク派の作品を論じたエッセイだが、スタン・ブラッケージの『デジスト・フィルム』(1954)にも言及していた。

†2 植草甚一「ライオネル・ロゴージンの二つの世界――『アフリカに帰れ』と『バワリーで』を見て」『映画評論』一九巻六号、一九六二年六月号、七五頁。

†3 山口勝弘「ある手紙と日記による反省」『記録映画』六巻三号、一九六三年一月号、一四―一五頁。

†4 このあたりの事情については、ジョナス・メカス編『メカスの友人日記――レノン/ヨーコ/マチューナス』(木下哲夫訳、晶文社、一九八九年)に収録されたメカスとオノの書簡を参照。

†5 秋山邦晴「ニューヨークの実験映画」『アニメーション・フェスティバル』草月アートセンター、一九六四年、頁付なし。

†6 「LE BEAU TOKYO」『藝術新潮』一三巻七号、一九六二年七月号、一三五頁。

†7 同年六月に行われた第九回「前衛と実験」は、戦前のヨーロッパにおける前衛映画の特集だった。

†8 金坂が「アンダーグラウンド」という名称を使ったのは、『日本読書新聞』一九六六年五月三〇日号の「繁栄の国アメリカの苦悩――オフ・ハリウッド映画現況」のなかで、「アンダーグラウンド・フィルム」と書いたのが最初であろう。

†9 飯村隆彦「鳴動つづくアンダーグラウンド」『映画評論』二三巻一二号、一九六六年一二月号、二二頁。

†10 金坂健二は、「サイケデリック・シネマと、『フリッカー』や『波長』を切り離して論じたのでは、まったく芸術とぼくらの現況にアプローチできぬ」と書いている（「映画におけるミニマルとサイケ――『フリッカー』からおおえ・まさのりまで」『映画評論』二六巻七号、一九六九年七月号、三五頁）。

†11 アメリカの実験映画は、コンピュータ・アートの文脈でも注目されていた。槌屋治紀や幸村真佐男らが一九六六年に結成した「CTG（コンピュータ・テクニック・グループ）」は、日本の最初のコンピュータ・アートのグループである。彼らが一九七〇年一月二二日に行った解散イベント〈eve of mass computication コンピュータによる映像の可能性を探る：コンピュータ・フィルムを集めて〉（岩波ホール）では、ヴァンダービークの『ポエム・フィールド』、ジョン・ホイットニーの『ECPERIMENTS IN MOTION GRAPHICS』（1968）が上映されている。

†12 ウォーホルの映画は、その後しばらく日本で上映されることがなかったが、一九九〇年の〈イメージフォーラム・フェスティバル 1990〉（シードホール）で、『キス』『イート』（いずれも 1963）、『エンパイア（短縮版）』（1964）、『チェルシー・ガールズ』『ビューティ#2』（1966）、『ロンサム・カウボーイズ』（1967）が公開され、翌年には、イメージフォーラムの主催で〈アンディ・ウォーホル映画回顧展〉が各地を巡回した。

あとがき

金子　遊

本書『アメリカン・アヴァンガルド・ムーヴィ』の企画が立ちあがったのは、二〇一五年一月のことだった。企画書を書いたのは森話社の五十嵐健司氏であり、そのなかではすでに「アメリカン・アヴァンギャルド映画の作家、時代、歴史に関する論集」「現代の実験映画の状況や映像作家もあつかう」「フィルムを物質や上映という観点から再考する」という三つの方向性は示されていた。編者のひとりとして声をかけてもらい、自分としては常々マヤ・デレンに関して長い論考を書いてみたいという希望があったので、わたし自身のテーマはすぐに定まった。

アンディ・ウォーホルが撮った実験映画について西村智弘氏にまとまった文章を書いてもらいたいというのはわたしの希望だった。二〇一四年二月から五月にかけて森美術館で〈アンディ・ウォーホル展：永遠の15分〉という展覧会が開催されたが、そのレクチャーシリーズのなかで西村氏は「ウォーホルと映像」（二〇一四年三月三一日）という講演をおこない、それを聴衆としてきいたわたしはこれをいつか活字にしたいと考えていた。西村氏が美術出版社主催の「芸術評論募集」に応募した「ウォーホル／映画のミニマリズム」で入選して以来、映像評論家として活動するようになったことも何かの縁のように思われた。これでマヤ・デレンとウォーホルという二本の軸が定まり、編者も西村氏にお願いすることにした。

執筆者とテーマは西村智弘氏、わたし、五十嵐健司氏の三人による打ちあわせのなかでおのずと決まっていった。ひとつの基軸は、実験映画についてあまり書いてこなかった書き手にこれまでにない切り口から論じてほしいということだった。岡田秀則氏による「前衛を分かち合う場所」が、日本語圏でもよく知られるジョナス・メカスたちの活動をアーキヴィストならではの視点から浮かびあがらせているのはそのいい例となった。それとは別に、世界的には高名な実験映画作家でありながら、日本語圏では本格的な紹介が少ないペーター・クーベルカについて誰かにきちんと書いてもらう必要があった。「ペーター・クーベルカ」を執筆した太田曜氏は、フランクフルトの美術大学でクーベルカの講座を受講した実験映画作家であり、この人しかいないという人選としてすぐに決まった。アメリカのアンダーグラウンド映画、あるいはアメリカの実験映画といえば、一般的な常識からすれば、一九五〇年代から七〇年代くらいまでのムーブメントを指す言葉である。その歴史的な検証に関しては、冒頭におかれた越後谷卓司氏による論考「モダニズムの臨界点と、その先へ」に詳しいのでそちらに譲ることにする。本書の論考でいうならば、阪本裕文氏による構造映画論「マイケル・スノウ再考」や、ジュリアン・ロス氏による「パフォーマンスとしてのエクスパンデッド・シネマ」あたりまでが、七〇年代のアンダーグラウンド映画や実験映画の範疇に入る最後の時代をあつかったものではなかろうか。

ところが本書では、八〇年代以降も活躍している映画作家やエクスペリメンタルな映画・映像作品の動向についてもカバーしており、まさにそれこそが白眉となっている。平倉圭氏による「異鳴的うなり」では、ロバート・スミッソンによる七〇年の作品を徹底的に解剖している。スミッソン自身は一九七三年にアースワークの建設予定地を撮影していて飛行機の墜落で死亡した。通常は現代美術の文脈で論じられる作家だが、本書では時代的にアンダーグラウンド映画と並走していた映画作家として登場する。また、吉田孝行氏による「不在の人物とその表象」で詳述されるジェームズ・ベニングは、マイケル・スノウらの影響を受けて七〇年代から作品を発表しているアンダーグラウンド映画以降の実験映画作家である。前者を横軸としての振れ幅、後者を縦軸としての振れ幅として見れば、本書が指し示そうとしている動向の輪郭が立ちあがってくるのではないか。

いみじくも越後谷卓司氏が論考で示すように、アメリカの実験映画の源流には一九二〇年代のヨーロッパでおきた前衛映画の運動があり、ヨーロッパでの二度にわたる大戦をさけるようにして、マルセル・デュシャンやハンス・リヒターといった美術家たち、オスカー・フィッシンガーのような抽象映画のつくり手がアメリカへ亡命したことで、後年のアンダーグラウンド映画や実験映画へといたる土壌はつくられていった。四〇年代にいち早く実験映画を代表する作品をつくりだし、「アメリカ実験映画の母」と呼ばれたマヤ・デレン自身が、ロシアから亡命してきたユダヤ系の精神科医の娘であった。どのような作家、どのような作品がアンダーグラウンド映画や実験映画に属するのか、それを確定づけることはむずかしいが、岡田秀則氏が提示している「エッセンシャル・シネマ・レパートリー」の貴重なリストを熟視すれば、その大体の概要と彼らが参考にした先駆的な作品が見えてくる。すなわち、本書が示そうとしているのは、一九二〇年代のヨーロッパの前衛映画（ドイツ表現主義の映画、ロシアのアヴァンギャルド映画を含む）を源流にして、六〇年代のアメリカで最盛期を迎えたものの、その後は終息してしまった一ジャンルとしてのアンダーグラウンド映画や実験映画を回顧的に論じているのではないということだ。その精神的な潮流は脈々と現代までつづいており、ときにはロバート・スミッソンのような美術家たちへと種子をまき、ときにはジェームス・ベニングのような正統な後継者を得て、現在もさまざまな形で制作され、上映され、研究されているのがアメリカのアヴァンギャルド映画なのだ。そのことを示すために欠かせなかったのが、西川智也氏による「アメリカ／実験映画／現況」である。ニューヨークで暮らし、みずから映画作家／キュレーターとして、実験映画の制作と上映運動をつづけている西川氏のなかに、アメリカのアヴァンギャルド映画の精神が生きていることをわたしたちは目撃する。

前述のように、本書の企画と編集を担当したのは森話社の五十嵐健司氏である。映画に関する書籍の出版が困難になっているなかで、アメリカのアヴァンギャルド映画の論集を刊行するという奇跡が可能になったのは、五十嵐氏の情熱に負うところが大きい。この場をかりて感謝の意を表したい。最後に本書『アメリカン・アヴァンガルド・ムーヴィ』に寄稿くださった執筆者のみなさんに心から感謝の言葉を申し述べたい。本書を編むまでわたし自身も確信をもてずにいたのだが、この論集を通読した今であれば、自信をもって言い切ることができる。すなわち、アメリカン・アヴァンガルド映画は生きている、と。

二〇一六年八月

“Curating Problems for Expanded Cinema,” *Preservation, Radicalism and the Avant-Garde Canon*, Palgrave MacMillan, 2016、「映画における直接行動」『赤瀬川原平』（共著、河出書房新社、2014）など。

阪本裕文（さかもと・ひろふみ）

映像研究者。稚内北星学園大学准教授、NPO法人戦後映像芸術アーカイブ代表理事。映像研究。

著書に『メディアアートの世界——実験映像1960-2007』（共著、国書刊行会、2008）、編著に『白昼夢——松本俊夫の世界』（共編、久万美術館、2012）、『松本俊夫著作集成』（森話社、2016-）、『記録映画（復刻版）』（共編、不二出版、2015-16）など。

平倉 圭（ひらくら・けい）

研究者、制作者。横浜国立大学大学院都市イノベーション研究院准教授。芸術理論。

著書に『ゴダール的方法』（インスクリプト、2010）、論文に「多重周期構造——セザンヌのクラスター・ストローク」（『ユリイカ』2012年4月号）など。

吉田孝行（よしだ・たかゆき）

映像作家、映像研究者。

ドキュメンタリーとヴィデオアートを横断する映像作品を制作、短編『ぽんぽこマウンテン』（2016）が世界各地の映画祭、ヴィデオアート祭で上映される。著書に『クリス・マルケル 遊動と闘争のシネアスト』（共著、森話社、2014）など。

西川智也（にしかわ・ともなり）

映像作家、映像キュレーター。ニューヨーク州立大学ビンガムトン校（ビンガムトン大学）映画学部助教授。アヴァンガルド、実験映画。

代表作に『Market Street』（2005）、『Tokyo - Ebisu』（2010）、『sound of a million insects, light of a thousand stars』（2013）など。キュレーターとしてドレスデン短編映画祭、サンフランシスコ近代美術館などで上映プログラムを紹介。

岡田秀則（おかだ・ひでのり）

フィルム・アーキビスト、映画研究者。東京国立近代美術館フィルムセンター主任研究員。映画史、映画アーカイビング。

著書に『映画という《物体X》フィルム・アーカイブの眼で見た映画』（立東舎、2016）、『甦る相米慎二』（共著、インスクリプト、2011）、『岩波映画の1億フレーム』（共著、東京大学出版会、2012）、『クリス・マルケル 遊動と闘争のシネアスト』（共著、森話社、2014）など。

[編者]

西村智弘（にしむら・ともひろ）
映像評論家、美術評論家。東京造形大学、東京工芸大学、多摩美術大学非常勤講師。映像史、現代美術。
著書に『日本芸術写真史―― 浮世絵からデジカメまで』（美学出版社、2008）、論文に「アニメーションの概念はいかにして変容したか――1960年代初頭のリミテッド・アニメーションから考える」（『多摩美術大学研究紀要』30号、2016）など。

金子 遊（かねこ・ゆう）
映像作家、批評家。慶應義塾大学環境情報学部非常勤講師。映像研究、民族誌学。
著書に『辺境のフォークロア』（河出書房新社、2015）、『異境の文学』（アーツアンドクラフツ、2016）、編著に『クリス・マルケル 遊動と闘争のシネアスト』（共編、森話社、2014）、『国境を超える現代ヨーロッパ映画250』（共編、河出書房新社、2015）など。

[執筆者]（掲載順）

越後谷卓司（えちごや・たかし）
愛知県美術館主任学芸員。あいちトリエンナーレ2010、13、16映像プログラムキュレーター。
著書に『映画は世界を記録する――ドキュメンタリー再考』（共著、森話社、2006）、『フィルムメーカーズ 個人映画のつくり方』（共著、アーツアンドクラフツ、2011）、『クリス・マルケル 遊動と闘争のシネアスト』（共著、森話社、2014）など。

太田 曜（おおた・よう）
実験映画制作、研究。東京造形大学、尚美学園大学ほか非常勤講師。
代表作に『TEMPS TOPOLOGIQUE』（1981-1982）、『STÄDEL』（1985）、『L' Image de la Pucelle』（2012-13）『BLANK SPACE』（2016）など。論文に「造形の素材としての映画フィルム」（『東京造形大学研究報3』2002）、「映画が生成する空間と運動」（『東京造形大学雑誌』第10号、1999）など。

ジュリアン・ロス（Julian Ross）
映像研究者、映像キュレーター。英国ウェストミンスター大学博士研究員。ロッテルダム国際映画祭プログラマー。
Tate Modern, British Film Institute, Eye Film Institute, Anthology Film Archive などで日本の実験映画を中心に映画・パフォーマンスプログラムを紹介。論文に

アメリカン・アヴァンガルド・ムーヴィ

発行日……………………………2016年11月25日・初版第1刷発行

編者………………………………西村智弘・金子 遊

発行者……………………………大石良則

発行所……………………………株式会社森話社

〒101-0064 東京都千代田区猿楽町1-2-3

Tel 03-3292-2636

Fax 03-3292-2638

振替 00130-2-149068

印刷………………………………株式会社厚徳社

製本………………………………榎本製本株式会社

ISBN 978-4-86405-103-3 C1074